Über dieses Buch Gorkis ›Autobiographische Romane‹ stehen in einer Tradition literarischer Selbstzeugnisse, zu denen Goethes ›Dichtung und Wahrheit‹ ebenso gehört wie Rousseaus ›Confessions‹. Doch während die klassische Autobiographie die Entdeckung des Individuums ins Zentrum rückt, ist Gorkis Trilogie das Porträt einer Zeit, einer Klasse, einer Familie und eines Kindes.

In ›Meine Kindheit‹ wird von den frühen Erlebnissen und zentralen Gestalten, die das Kind Alexej Peschkow prägten, (später nannte sich der Autor Maxim Gorki) in eindringlichen Bildern erzählt: beginnend mit dem Tod des Vaters und der sich anschließenden Schiffreise auf der Wolga, die den zweijährigen Alexej und seine Mutter ins Haus der Großeltern nach Nishnij Nowgorod führt, über die dort verbrachten Lebensjahre in der Obhut der geliebten und wundersam sanftmütigen Großmutter und ihrem Widerpart, dem despotischen, jähzornig brutalen Großvater, bis hin zum Tod der Mutter; zu diesem Zeitpunkt ist Gorki elf Jahre alt.

»Der unerschöpfliche Reichtum an einprägsam gezeichneten Bildern und Gestalten, an Beobachtungen, Erlebnissen und Episoden macht dieses Buch zu einem Spiegel des russischen Kleinbürgertums schlechthin. Gorkis Sprache ist von vollkommener Einfachheit. In ihrer schlichten Schönheit, Wahrhaftigkeit und künstlerischen Makellosigkeit bedeutet die Autobiographie einen Höhepunkt in seinem Schaffen.« (Kindlers Literaturlexikon)

Der Autor Maxim Gorki, 1868 in Nishnij Nowgorod geboren, starb 1936 in Moskau. In jüngeren Jahren führte er ein unstetes Wanderleben mit wechselnden Berufen, das ihn Anfang der 90er Jahre des vorigen Jahrhunderts durch das Wolgagebiet, die Ukraine, die Krim und den Kaukasus führte. 1906 reiste Gorki nach Amerika und lebte danach jahrelang in Westeuropa, vor allem auf Capri. Maxim Gorki gehört zu den bedeutendsten russischen Schriftstellern. Er war mit Lenin befreundet und schrieb zahlreiche Erzählungen, Dramen und Romane. Sein Hauptwerk ›Klim Samgin‹ gilt als Schlüsselroman für das Verständnis des modernen Rußland.

Als Fischer Taschenbuch lieferbar: ›Italienische Märchen‹ (Bd. 9181), ›Erzählungen aus dem alten Rußland‹ (Bd. 9294), ›Unbekannte Erzählungen‹ (Bd. 9245), ›Unter fremden Menschen‹ (Bd. 9588) und ›Meine Universitäten‹ (Bd. 9587). In den beiden letztgenannten Bänden erzählt M. Gorki die Geschichte seiner Kindheit weiter.

Maxim Gorki

Meine Kindheit

Aus dem Russischen von
Georg Schwarz
Mit einem Nachwort
von Gisela Erbslöh

Fischer Taschenbuch Verlag

8.–9. Tausend: März 1991

Ungekürzte Ausgabe
Veröffentlicht im Fischer Taschenbuch Verlag GmbH,
Frankfurt am Main, März 1990

Lizenzausgabe mit freundlicher Genehmigung
des Winkler Verlags, München
›Meine Kindheit‹ aus:
Maxim Gorki, Autobiographische Romane
Winkler Verlag München 1972
Für das Nachwort von Gisela Erbslöh:

Umschlaggestaltung: Buchholz/Hinsch/Hensinger
Umschlagabbildung: Kasimir Malewitsch
›Blühende Apfelbäume‹, 1904 (Ausschnitt)
Druck und Bindung: Clausen & Bosse, Leck
Printed in Germany
ISBN 3-596-9586-6

MEINE KINDHEIT

Meinem Sohn

I

In dem halbdunklen engen Zimmer liegt auf dem Fußboden, am Fenster, mein Vater, er ist weiß gekleidet und ungewöhnlich lang. Die Zehen seiner bloßen Füße sind sonderbar gespreizt, und auch die Finger an seinen gütigen Händen, die still auf der Brust ruhen, sind gekrümmt. Schwärzliche Scheiben von Kupfermünzen verschließen die heiteren Augen, sein gutes Gesicht ist dunkel, und seine unschön gebleckten Zähne erschrecken mich.

Die Mutter liegt halbnackt, in einem roten Rock, auf den Knien und kämmt mit einem schwarzen Kamm, mit dem ich gerne Wassermelonenscheiben zersägte, die langen und weichen Haare des Vaters aus seiner Stirn in den Nacken zurück. Sie spricht mit tiefer, heiserer Stimme ununterbrochen vor sich hin, die grauen Augen sind verschwollen und scheinen zu schmelzen – sie zerfließen in großen Tränen.

Mich hält die Großmutter an der Hand – sie ist rundlich, hat einen großen Kopf, riesige Augen und eine komische großporige Nase. Die Großmutter ist völlig schwarz, sehr weich und außerordentlich interessant. Auch sie weint, und ihre eigenartige, angenehme Stimme fällt in das Weinen meiner Mutter ein. Sie zittert an allen Gliedern, sie zerrt und schiebt mich auf meinen Vater zu. Ich sperre mich dagegen und versuche, mich hinter ihr zu verstecken. Mir ist ängstlich zumute und peinlich auch.

Ich hatte noch nie gesehen, daß Erwachsene weinen, und ich verstand die Worte nicht, die die Großmutter mehrmals wiederholte: »So nimm schon Abschied vom Vater, du siehst ihn nie wieder, er ist gestorben, der Gute, zu früh, lange vor seiner Zeit . . .«

Ich war schwer krank gewesen und eben erst wieder auf den Beinen. Während der Krankheit hatte mein Vater – daran erinnere ich mich gut – vergnügt mit mir herumgetollt, dann war er plötzlich verschwunden und wurde von der Großmutter, einer merkwürdigen Frau, abgelöst.

»Woher bist du gekommen?« fragte ich sie.

Sie entgegnete: »Von oben, aus Nishnij. Ich bin aber nicht gekommen, nicht gegangen, sondern gefahren. Auf dem Wasser kann man nicht gehen, du Spatz!«

Das war komisch und unverständlich. Oben im Haus wohnten Perser mit gefärbten Bärten, während im Keller ein gelber alter Kalmück mit Schaffellen handelte. Die Treppe konnte man hinunterfahren, rittlings auf dem Geländer, und, wenn man ausrutschte, wohl auch kopfüber hinunterkugeln – das wußte ich gut. Aber was hatte das Wasser damit zu tun? Alles das stimmte nicht, war lustig durcheinandergebracht.

»Und wieso bin ich ein Spatz?«

»Ein Spatz – für die Katz«, sagte sie und lachte auch.

Sie sprach freundlich, heiter und angenehm. Ich freundete mich gleich am ersten Tag mit ihr an, und jetzt möchte ich gerne, daß sie rasch dieses Zimmer mit mir verläßt.

Meine Mutter bedrückt mich; ihr Weinen und Schreien ruft ein neues, banges Gefühl in mir hervor. So habe ich sie noch nie gesehen – sie ist sonst immer streng und wortkarg. Sie wirkt glatt, sauber und groß wie ein Pferd; sie hat einen harten Körper und schrecklich starke Arme. Doch jetzt ist sie unangenehm aufgeschwemmt und zerzaust, alles an ihr ist unordentlich. Ihr Haar, das den Kopf sonst sauber wie eine große helle Mütze bedeckte, fällt auf die nackten Schultern herab oder hängt in die Augen, während die andere Hälfte, zum Zopf geflochten, herunterbaumelt und immer wieder Vaters entschlummertes Gesicht berührt. Ich stehe schon lange im Zimmer, aber sie sieht mich nicht an – sie kämmt den Vater, schreit, erstickt in Tränen.

Mehrere schwarze Männer und ein Stadtpolizist schauen zur Tür herein. Ärgerlich ruft der Stadtpolizist: »Rasch! Fortschaffen!«

Das Fenster ist mit einem dunklen Tuch verhängt; es bläht sich wie ein Segel. Eines Tages fuhr mich mein Vater in einem Boot spazieren, das hatte ein Segel. Plötzlich hallte ein Donnerschlag. Der Vater lachte damals, drückte mich fest zwischen seine Knie und rief: »Macht nichts, hab keine Angst, Luk!«

Die Mutter fuhr plötzlich schwerfällig in die Höhe, sackte gleich wieder zusammen und fiel hintenüber – ihre Haare verstreuten sich über den Fußboden; das blicklose weiße Gesicht lief bläulich an, die Zähne waren gebleckt wie beim Vater, und mit schreckenerregender Stimme sagte sie: »Tür zu . . . Alexej – hinaus!«

Die Großmutter stieß mich beiseite, stürzte zur Tür und rief: »Ihr Lieben, habt keine Angst, rührt sie nicht an, geht schon, um Christi willen! Das ist nicht die Cholera, die Wehen beginnen, ich bitte euch! Ach du meine Güte!«

Ich verbarg mich in einer dunklen Ecke hinter einer Truhe und sah von dort aus zu, wie sich die Mutter auf dem Fußboden krümmte, stöhnte und mit den Zähnen knirschte, während die Großmutter um sie herum auf den Knien kroch und zärtlich und voller Freude auf sie einredete: »Im Namen des Vaters und des Sohnes! Halt aus, Warjuscha! . . . Heilige Muttergottes, Fürbitterin . . .«

Ich fürchtete mich. Sie wälzten sich auf dem Fußboden neben dem Vater, stießen ihn an, stöhnten und schrien, während er regungslos blieb und zu lachen schien. Es dauerte lange – dieses Herumwälzen auf dem Fußboden. Wiederholt sprang meine Mutter auf und sank wieder zu Boden. Die Großmutter rollte mehrmals zur Tür hinaus – wie eine große, schwarze weiche Kugel. Dann schrie plötzlich im Dunkeln ein Kind.

»Gott sei Dank!« sagte die Großmutter. »Ein Junge!«

Und sie entzündete eine Kerze.

Ich muß in meiner Ecke eingeschlafen sein. Ich kann mich an weiter nichts erinnern.

Das nächste, was sich meinem Gedächtnis einprägte, sind ein regnerischer Tag und eine öde Friedhofsecke. Ich stehe auf einem glitschigen Hügel klebriger Erde und blicke in eine Grube, in die man den Sarg mit dem Vater hinuntergelassen hat; auf ihrem Grunde ist viel Wasser, und es sind Frösche darin – zwei haben schon den gelben Sargdeckel erklommen.

Am Grabe standen ich, die Großmutter, der nasse Stadtpolizist und zwei böse blickende Männer mit Spaten in den Händen. Ein warmer Regen, fein wie Glasperlen, sprühte auf uns nieder.

»Los, schüttet zu«, befahl der Stadtpolizist und trat beiseite.

Die Großmutter brach in Tränen aus und bedeckte ihr Gesicht mit den Kopftuchzipfeln. Die Männer beugten sich vor und schaufelten eilig Erde ins Grab. Das Wasser gluckste, die Frösche sprangen vom Sarg hinunter und schnellten sich an den Grubenwänden hoch, aber die Erdschollen trafen sie und stießen sie auf den Grund zurück.

»Komm beiseite, Ljonja«, sagte die Großmutter und nahm mich bei der Schulter; ich entwand mich ihrer Hand, ich wollte nicht.

»Du bist mir einer, Herrgott«, beklagte sich die Großmutter – sei es nun über mich, sei's über Gott – und stand lange und schweigend da, mit gesenktem Kopf. Das Grab war schon bis zur Erdoberfläche zugeschüttet, aber sie rührte sich nicht.

Die Männer schlugen mit den Spaten die Erde fest, daß es klatschte. Ein Wind kam auf und verjagte den Regen, trug ihn mit sich fort. Die Großmutter nahm mich bei der Hand und führte mich an vielen dunklen Kreuzen vorbei zur fernen Kirche.

»Warum weinst du denn nicht?« fragte sie, als wir die Friedhofsmauer hinter uns hatten. »Du solltest ein bißchen weinen!«

»Ich möchte nicht«, entgegnete ich.

»Nun gut, wenn du nicht möchtest, brauchst du auch nicht«, sagte sie leise.

Das alles war sonderbar: Ich weinte selten und nur, wenn man mich kränkte, nicht, wenn mir etwas weh tat; der Vater lachte immer nur über meine Tränen, während die Mutter mich anschrie: »Heul nicht!«

Später fuhren wir in einer Droschke durch eine breite, sehr schmutzige Straße, an dunkelroten Häusern vorbei. Ich fragte die Großmutter: »Und können die Frösche nicht mehr heraus?«

»Nein, jetzt nicht mehr«, entgegnete sie. »Gott sei mit ihnen!«

Weder der Vater noch die Mutter nahmen den Namen Gottes so oft und mit solcher Selbstverständlichkeit in den Mund.

Einige Tage darauf fahren die Großmutter, die Mutter und ich in einer kleinen Kabine auf einem Dampfer. Mein neugeborener Bruder Maxim ist gestorben und liegt in der Ecke auf einem Tisch, weiß eingehüllt und mit einem roten Bändchen umwikkelt.

Ich habe mich auf Bündeln und Koffern eingerichtet und sehe aus dem Fenster, das rund ist und sich wie ein Pferdeauge wölbt;

hinter dem nassen Glas strömt ohne Ende trübes, schäumendes Wasser vorbei. Manchmal bäumt es sich auf und leckt am Glase. Ich springe dann unwillkürlich auf den Fußboden.

»Hab keine Angst«, sagt die Großmutter, hebt mich mühelos mit ihren weichen Armen hoch und stellt mich wieder auf die Bündel.

Über dem Wasser liegt grauer nasser Nebel; irgendwo in der Ferne taucht dunkles Land auf und verschwindet aufs neue in Nebel und Wasser. Alles ringsum zittert und bebt. Nur die Mutter lehnt, die Hände hinter dem Kopf verschränkt, fest und regungslos an der Wand. Ihr Gesicht ist dunkel, eisern, blicklos, die Augen sind fest geschlossen, sie schweigt und ist ganz anders, mir ganz neu; selbst das Kleid, das sie anhat, kenne ich nicht.

Die Großmutter sagt mehr als einmal mit leiser Stimme zu ihr: »Warja, du solltest etwas essen. Eine Kleinigkeit! Ja?«

Sie schweigt und rührt sich nicht.

Mit mir flüstert die Großmutter, mit der Mutter spricht sie lauter, aber mit einer gewissen Scheu, behutsam und nur sehr wenig. Mir scheint, daß sie sich vor ihr fürchtet. Das ist mir gut verständlich und bringt mir die Großmutter viel näher.

»Saratow«, sagte die Mutter ärgerlich und überraschend laut. »Wo bleibt denn der Matrose?«

Selbst ihre Worte sind seltsam und fremd: Saratow, der Matrose.

Ein breitschultriger grauhaariger Mann, der blau gekleidet war, trat ein und brachte einen kleinen Kasten mit. Die Großmutter nahm ihm den Kasten ab, legte den Körper des Bruders hinein und trug ihn, nachdem sie ihn eingepackt hatte, mit ausgestreckten Armen zur Tür, hätte sich aber – dick, wie sie war – nur seitlich durch die schmale Öffnung hindurchzwängen können und blieb in komischer Verwirrung vor ihr stehen.

»Ach, Mama«, rief die Mutter und nahm ihr den Sarg ab, worauf beide verschwanden, während ich in der Kabine zurückblieb und den blaugekleideten Mann anstarrte.

»Ist also von euch gegangen, das Brüderchen?« sagte er und beugte sich über mich.

»Wer bist du?« – »Ein Matrose.« – »Und wer ist – Saratow?« – »Eine Stadt. Schau durch das Fenster – da ist sie!«

Vor dem Fenster glitt Land vorüber; dunkel und steil, rauchte es von Nebel und erinnerte an ein großes, dampfendes, eben erst abgeschnittenes Stück Brot.

»Und wo ist die Großmutter hingegangen?« – »Den Enkel beerdigen.« – »Wird man ihn in der Erde vergraben?« – »Was denn sonst? Gewiß wird man das.«

Ich erzählte dem Matrosen, wie die lebenden Frösche vergraben wurden, als man meinen Vater beerdigte. Er nahm mich in die Arme, hob mich hoch, drückte mich an sich und küßte mich.

»Ach, Freund, was bist du noch dumm!« sagte er. »Die Frösche brauchen dir nicht leid zu tun, Gott sei mit ihnen! Bedaure lieber die Mutter – sieh, wie der Kummer sie niederdrückt!«

Über uns brummte und heulte es. Ich wußte schon, daß das der Dampfer war, und bekam keinen Schreck, doch der Matrose stellte mich rasch auf den Fußboden, stürzte davon und rief mir zu: »Ich muß mich beeilen!«

Auch ich verspürte den Wunsch fortzulaufen. Ich trat durch die Tür. Der halbdunkle schmale Gang war leer. Nicht weit von der Tür blitzte Messing an Treppenstufen. Ich warf einen Blick nach oben und erkannte Menschen mit Quersäcken und Bündeln in den Händen. Mir wurde klar, daß alle den Dampfer verließen – also mußte auch ich von ihm hinunter.

Als ich dann aber in der Menge der Männer an der Dampferreling stand, vor dem Steg, der zum Ufer hinüberführte, fingen alle an zu rufen: »Wessen Junge ist das? Zu wem gehörst du?«

»Ich weiß nicht.«

Ich wurde lange hin und her geschoben, geschüttelt, gerüttelt und befühlt. Schließlich tauchte der grauhaarige Matrose auf, ergriff mich und erklärte: »Das ist der aus Astrachan, aus der Kabine ...«

Er trug mich im Laufschritt in die Kajüte hinunter, packte mich auf die Bündel und ging wieder fort, wobei er mir mit dem Finger drohte: »Paß auf, du!«

Die Geräusche über meinem Kopf wurden immer leiser, der Dampfer bebte nicht mehr, patschte nicht mehr mit den Radschaufeln aufs Wasser. Eine nasse Wand versperrte das Kabinenfenster. Es wurde dunkel und stickig, die Bündel schienen aufzuquellen und mich zu beengen, alles war unangenehm. Vielleicht wollte man mich für immer allein auf dem leeren Dampfer zurücklassen.

Ich trat an die Tür. Sie ging nicht auf, die Messingklinke ließ sich nicht herunterdrücken. Ich nahm eine Milchflasche und hieb sie mit Wucht gegen die Klinke. Die Flasche zersprang in Scherben, die Milch ergoß sich über meine Beine und lief in die Stiefel hinein.

Wütend über das Mißgeschick, legte ich mich auf die Bündel, begann leise zu weinen und schlief unter Tränen ein.

Als ich erwachte, patschten die Radschaufeln wieder aufs Wasser, der Dampfer bebte, das Kabinenfenster funkelte wie die Sonne. Die Großmutter saß neben mir, kämmte ihr Haar, verzog dabei das Gesicht und murmelte etwas vor sich hin. Sie hatte merkwürdig viel Haar, es bedeckte die Schultern, die Brust, die Knie und lag auf dem Fußboden – dicht, schwarz, ins Blaue hinüberspielend. Sie hob es mit einer Hand vom Fußboden hoch, ließ es hinunterhängen und drückte einen weitzahnigen hölzernen Kamm mit Mühe in die dicken Strähnen; ihre Lippen krümmten sich, ärgerlich blitzten die dunklen Augen, das Gesicht wirkte in der Masse des Haars komisch und klein.

Sie erschien heute böse, als ich sie aber fragte, warum sie so lange Haare habe, entgegnete sie mit der warmen und weichen Stimme von gestern: »Der Herrgott hat mich damit wohl strafen wollen – versuche einer, die Verdammten auszukämmen! Als ich noch jung war, hab ich mit dieser Mähne geprahlt, im Alter verfluche ich sie! Und du – schlaf! Es ist noch früh, die Sonne ist eben erst wach geworden und aufgestanden . . .«

»Ich mag nicht mehr schlafen!«

»Dann laß es bleiben«, willigte sie sogleich ein, während sie das Haar zusammenflocht und zu der Liegebank hinüberblickte, wo mit dem Gesicht nach oben, kerzengerade ausgestreckt, die Mutter lag. »Wie hast du denn gestern die Flasche zerschlagen? Erzähle mal, aber leise!«

Sie sprach immer singend und irgendwie besonders, und ihre Worte blieben leicht in meinem Gedächtnis haften; sie waren Blumen ähnlich, ebenso freundlich, farbig und voller Saft. Wenn sie lächelte, erweiterten sich ihre Pupillen, die dunkel waren wie Kirschen und unaussprechlich angenehm aufleuchteten, ihr Lächeln entblößte fröhlich die weißen kräftigen Zähne, und das ganze Gesicht erschien, trotz der dunklen Wangenhaut mit den vielen Fältchen, jung und hell. Verdorben wurde es nur durch die großporige, an der Spitze rote Nase mit den geblähten Nasenflügeln. Die Großmutter schnupfte Tabak aus einer schwarzen, mit Silber verzierten Tabakdose. Ihre ganze Erscheinung hatte etwas Dunkles, aus ihren Augen leuchtete jedoch mit einem unverlöschlichen, heiteren und warmen Licht ihr Inneres. Sie hielt sich geduckt, war beinah buckelig und sehr füllig, bewegte sich aber leicht und gewandt wie eine große Katze – sie war auch genauso weich wie dieses anschmiegsame Tier.

Ich hatte, bevor sie kam, gleichsam im Dunkel versteckt geschlafen; doch dann erschien sie, weckte mich auf, führte mich ins Licht, verspann alles um mich herum zu einem fortlaufenden Faden, verflocht alles ringsum zu buntem Spitzenwerk und wurde sogleich zum Freund für mein ganzes Leben, zum Menschen, der meinem Herzen am nächsten stand, der mir am besten verständlich, am teuersten war – ihre selbstlose Liebe zur Welt bereicherte mich, sie gab mir Festigkeit und Stärke für ein schweres Leben.

Vor vierzig Jahren fuhren die Dampfer noch reichlich langsam; wir brauchten bis Nishnij sehr viel Zeit, und ich kann mich an diese ersten überwältigend schönen Tage noch gut erinnern.

Es herrscht beständiges, trockenes Wetter; ich bin mit der Großmutter von morgens bis abends an Deck, unter dem klaren Himmel, zwischen den Wolgaufern, die vom Herbst vergoldet und wie mit Seide gestickt sind. Langsam strebt der helle, rostrote Dampfer, einen Lastkahn am langen Schlepptau, stromauf – träge und dumpf patschen die Radschaufeln aufs graublaue Wasser. Der Lastkahn ist grau und erinnert an eine Mauerassel. Unmerklich schwebt über der Wolga die Sonne auf ihrer Bahn. Jede Stunde ist alles ringsum neu und verändert. Wie üppige Falten im reichen Kleide der Erde ziehen sich grüne Berglehnen hin. An den Ufern liegen Städte und Dörfer, sie sind von weitem wie lauter Knusperhäuschen anzusehen. Goldenes Herbstlaub treibt auf dem Wasser.

»Sieh doch, wie schön das ist!« ruft alle Augenblicke die Großmutter, geht hinüber von Bord zu Bord und strahlt über das ganze Gesicht; ihre Augen sind freudig geweitet.

Oft genug ist sie vom Ufer so gebannt, daß sie mich völlig vergißt. Sie steht an der Reling, die Hände über der Brust gefaltet, lächelt und schweigt, während Tränen in ihren Augen glitzern. Ich zupfe sie an ihrem dunklen, mit einem Blumenmuster bedruckten Rock.

»Was ist denn?« fährt sie auf. »Ich habe wohl ein bißchen vor mich hin geträumt.«

»Und warum weinst du?«

»Das, Bester, kommt von der Freude und auch vom Alter«, entgegnet sie und lächelt. »Ich bin doch schon alt, ich habe mehr als sechzig Lenze auf dem Buckel.«

Sie nimmt eine Prise Tabak und beginnt zu erzählen – allerlei wunderliche Geschichten von gutherzigen Räubern, von heiligen Leuten, von mancherlei Tieren und Höllenspuk.

Sie erzählt geheimnisvoll mit leiser Stimme, beugt sich zu mir vor und sieht mir mit geweiteten Pupillen in die Augen, als wolle sie mir belebende Kräfte ins Herz gießen. Sie spricht, als ob sie singe, und ihre Worte klingen immer wohlgefälliger, je länger sie erzählt. Ihr zuzuhören ist unbeschreiblich angenehm. Ich lausche ihren Worten und bettele: »Weiter!«

»Weiter aber ging es so: Da sitzt also der alte Hausgeist in der Höhlung unter dem Ofen, hat einen Nudelsplitter in der Pfote, schaukelt hin und her und flennt: ›Ach, Mäuschen, es tut ja so weh, ach, Mäuschen, ich halt's nicht aus!‹«

Sie hebt das eine Bein hoch, umfaßt es mit den Händen, wiegt es hin und her und verzieht komisch das Gesicht, als ob sie selber den Schmerz empfände.

Um sie herum stehen die Matrosen, lauter bärtige, freundliche Männer. Sie hören ihr zu, lachen, rühmen, wie sie erzählt, und betteln wie ich: »Los, Großmutter, erzähl noch was!«

Und später sagen sie: »Kommt mit, Abendbrot essen!«

Beim Abendessen bewirten sie sie mit Wodka und mich mit Wasser- und Zuckermelone; das geschieht heimlich; denn an Bord befindet sich ein Mann, der das Obstessen verbietet, das Obst fortnimmt und in den Fluß wirft. Er ist gekleidet wie ein

Stadtpolizist, hat Messingknöpfe und ist fortwährend betrunken; die Leute verstecken sich vor ihm.

Die Mutter kommt nur selten an Deck und hält sich immer ein Stück von uns entfernt. Sie schweigt in einem fort, die Mutter. Ich sehe ihren großen, schlanken Körper, das dunkle, eisenharte Gesicht, die schwere Krone des hellen, in Zöpfe geflochtenen Haars, ihre ganze starke und feste Gestalt gleichsam durch einen Nebelschleier, durch eine durchsichtige Wolke; unfreundlich, wie aus weiter Ferne blicken mich ihre grauen Augen an – sie sind ebenso groß wie die der Großmutter.

Einmal sagte sie streng: »Die Leute lachen über Sie, Mama!«

»Mein Gott!« entgegnete unbekümmert die Großmutter. »Sollen sie doch! Wohl bekomm's!«

Ich erinnere mich an Großmutters kindliche Freude beim Anblick von Nishnij. Sie zerrte mich an der Hand, drängte mich an die Reling und rief: »Sieh doch nur, wie schön! Da ist es, du Guter, da ist unser Nishnij! So sieht es aus, Gottes Nishnij! Die Kirchen da drüben scheinen zu schweben!«

Und sie flehte die Mutter fast unter Tränen an: »Warjuscha, so schau doch mal hin, ja? Hattest es sicherlich schon vergessen! So freu dich doch!«

Die Mutter lächelte finster.

Als der Dampfer der schönen Stadt gegenüber mitten auf dem Fluß anhielt, der gedrängt voller Schiffe lag und Hunderte von spitzen Masten zum Himmel sträubte, kam ein großes Boot mit zahlreichen Insassen auf die Bordwand zu und hakte sich mit dem Bootshaken am heruntergelassenen Fallreep fest, einer nach dem anderen kletterten die Leute aus dem Boot an Deck. Allen voran kam mit raschen Schritten ein vertrocknetes altes Männlein herauf – in langem schwarzem Rock, mit goldrotem Bärtchen, mit grünen Äuglein und einer Nase, die einem Vogelschnabel glich.

»Papa!« rief die Mutter mit lauter und tiefer Stimme und beugte sich zu ihm vor, während er sie am Kopfe faßte, ihr mit den roten kleinen Händen rasch über die Wangen strich und kreischte: »Was denn, du Dumme? Ahaaa! Na also ... Ach iiihr ...«

Die Großmutter, die sich wie eine Dampferschraube drehte,

umarmte und küßte alle zugleich; sie drängte mich auf die Leute zu und sprach dabei hastig auf mich ein: »Nun, rasch doch! Das ist Onkel Michailo und das – Jakow . . . Hier Tante Natalja, dann deine Vettern – beide heißen sie Sascha – und die Kusine Katerina. Alles unsere Sippschaft, du siehst, wie viele es sind!«

Der Großvater sagte zu ihr: »Bist du gesund, Mutter?«

Und sie gaben sich einen dreifachen Kuß.

Der Großvater griff mich aus dem Gedränge heraus und fragte, meinen Kopf zwischen den Händen: »Was bist denn du für einer?«

»Ich bin der aus Astrachan, aus der Kabine . . .«

»Was redet er da?« wandte sich der Großvater an meine Mutter, wartete ihre Antwort jedoch nicht ab, sondern schob mich ein Stück von sich fort und sagte: »Backenknochen – wie der Vater . . . Los jetzt, hinunter ins Boot!«

Wir ruderten zum Ufer hinüber und gingen alle in einem Haufen die Auffahrt hinauf – sie war mit großen Kopfsteinen gepflastert; links und rechts zogen sich zwei Hänge hin, die karges, heruntergetretenes Gras bedeckte.

Der Großvater und die Mutter bildeten die Spitze. Er reichte ihr bis an die Schulter und ging mit raschen, kurzen Schrittchen neben ihr her, während sie von oben auf ihn herabsah und in der Luft dahinzuschweben schien. Ihnen folgten schweigend die Onkel: der schwarze, glatthaarige Michail, dürr wie der Großvater, und der blonde, krausköpfige Jakow, dann irgendwelche dicken Frauen in grellen Kleidern und wohl ein halbes Dutzend Kinder, alle älter als ich und alle sehr still. Ich ging mit der Großmutter und der kleinen Tante Natalja. Blaß und blauäugig, mit riesigem Bauch, blieb sie alle Augenblicke stehen und keuchte: »Ich kann nicht mehr!«

»Warum haben sie dich überhaupt mitgenommen?« schalt die Großmutter ärgerlich. »So eine unvernünftige Sippschaft!«

Weder die Erwachsenen noch die Kinder gefielen mir, ich fühlte mich unter ihnen als Fremder, sogar die Großmutter verblaßte und rückte irgendwie von mir fort.

Besonders mißfiel mir jedoch mein Großvater; ich spürte sofort den Feind in ihm heraus, so daß gespannte Aufmerksamkeit und eine besorgte Neugier ihm gegenüber in mir erwachten.

Wir langten am Ende der Auffahrt an. Ganz oben stand, gegen den rechten Hang gelehnt, am Anfang der Straße, ein einstöckiges, geducktes Haus, schmutzigrosa gestrichen, mit niedrigem, tief heruntergezogenem Dach und vorspringenden Fenstern. Von der Straße gesehen, erschien es mir groß, aber innen, in seinen kleinen, halbdunklen Stuben, war es eng. Überall hasteten – wie vor dem Anlegen auf einem Dampfer – ärgerliche Menschen umher, tobten gleich einem Schwarm durchtriebener Spatzen die Kinder, und es herrschte ein beißender, unbekannter Geruch.

Ich geriet auf den Hof. Auch der Hof wirkte unangenehm. – Er hing voller riesiger nasser Lappen und war mit Bottichen vollgestellt, die ein dickes, farbiges Wasser enthielten. Auch in ihm weichten irgendwelche Lappen. In einer Ecke, in der sich ein niedriger, halbzerfallener Anbau befand, flammte in einem Ofen gespaltenes Holz, man hörte, wie etwas brodelte und zischte, und jemand, der unsichtbar blieb, wiederholte mit lauter Stimme die seltsamen Worte: »Sandel ... Fuchsin ... Vitriol ...«

II

Ein buntes, bewegtes, unaussprechlich merkwürdiges Leben nahm seinen Anfang und floß erschreckend rasch dahin. Es erscheint mir in der Erinnerung wie ein düsteres Märchen, das ein gütiger, aber quälend wahrheitsliebender Genius geschickt erzählt. Wenn ich heute die Vergangenheit heraufbeschwöre, fällt es mir manchmal schwer zu glauben, daß sich alles wirklich so zugetragen hat. Ich möchte manches leugnen, es einfach nicht wahrhaben – zu reich an Grausamkeit und Härte war das finstere Leben der »unvernünftigen Sippschaft«.

Aber die Wahrheit steht über dem Erbarmen, und ich erzähle schließlich nicht von mir, sondern von jenem engen, stickigen Kreis unheimlicher Eindrücke, in dem der einfache russische Mensch lebte und – bis auf den heutigen Tag – lebt.

Großvaters Haus war von der hitzigen Atmosphäre einer Feindschaft aller gegen alle erfüllt; sie vergiftete die Erwachsenen, und selbst die Kinder nahmen leidenschaftlich an ihr teil. Ich erfuhr später aus Großmutters Erzählungen, daß meine Mutter zu einem Zeitpunkt zu Hause eintraf, als ihre Brüder hartnäckig darauf bestanden, der Vater solle seinen Besitz aufteilen. Die unerwartete Rückkehr meiner Mutter verschärfte und verstärkte den Wunsch der Brüder, sich auszahlen zu lassen, noch mehr. Sie fürchteten, meine Mutter werde die Mitgift beanspruchen, die ihr vom Großvater bestimmt, zunächst aber zurückbehalten worden war, weil sie sich heimlich und gegen seinen Willen verheiratet hatte. Meine Onkel waren der Ansicht, daß diese Mitgift unter ihnen aufgeteilt werden müsse. Auch stritten sie sich seit langem und heftig untereinander, wer eine Werkstatt in der Stadt und wer eine jenseits der Oka, in der Vorstadt Kunawino eröffnen solle.

Schon bald nach unserer Ankunft entbrannte in der Küche während des Mittagessens ein Streit; die Onkel sprangen plötzlich von ihren Plätzen, beugten sich über den Tisch zum Großvater vor und winselten oder knurrten ihn an, wobei sie kläglich die Zähne bleckten und sich wie Hunde schüttelten, während der Großvater mit dem Löffel auf den Tisch schlug, rot anlief und wie ein Hahn kreischte: »Ich enterbe euch!«

Mit schmerzlich verzogenem Gesicht mischte sich die Großmutter ein: »Gib ihnen alles ab, Vater, tu's, dann hast du endlich deine Ruhe!«

»Mund halten, du mit deiner Nachgiebigkeit!« schrie mit blitzenden Augen der Großvater, und es blieb rätselhaft, wieso er, der Kleine und Dürre, so ohrenbetäubend brüllen konnte.

Die Mutter erhob sich schweigend von ihrem Platz, trat ohne Eile ans Fenster und wandte allen den Rücken zu.

Onkel Michailo schlug seinem Bruder plötzlich mit dem Handrücken ins Gesicht, der schrie auf, sie fielen übereinander her und wälzten sich röchelnd, schimpfend und stöhnend auf dem Fußboden.

Die Kinder fingen an zu weinen; die schwangere Tante Natalja brach in verzweifeltes Schreien aus; meine Mutter drückte sie an sich und zog sie irgendwohin mit sich fort; Jewgenja, die sonst so fröhliche pockennarbige Kinderfrau, versuchte, die Kinder aus der Küche zu vertreiben; Stühle fielen um; der junge, breitschultrige Geselle Zyganok saß rittlings auf Onkel Michails Rükken, während der Meister, Grigorij Iwanowitsch, ein glatzköpfiger, bärtiger Mann mit dunkler Brille, dem Onkel in aller Seelenruhe mit einem Handtuch die Hände fesselte.

Der Onkel reckte den Hals, kratzte mit seinem spärlichen schwarzen Bart auf dem Fußboden herum und röchelte schrekkenerregend, während der Großvater immerzu um den Tisch lief und jammerte: »Und das wollen Brüder sein! Vom selben Fleisch und Blut! Ach iiihr ...«

Ich war gleich zu Beginn der Auseinandersetzung erschrocken auf den Ofen geklettert und sah von dort mit schaudernder Verwunderung zu, wie die Großmutter über einem kupfernen Handwaschbecken Onkel Jakows blutig geschlagenes Gesicht wusch; er weinte und trampelte mit den Füßen, während sie mit dumpfer Stimme sagte: »Kommt zu euch, ihr Gottverfluchten, verdammte Sippschaft, ihr!«

Der Großvater zog das zerrissene Hemd über die Schultern und schrie sie an: »Du Hexe hast ein schönes Gezücht in die Welt gesetzt!«

Nachdem Onkel Jakow gegangen war, wandte sich die Großmutter zur Ecke, wo sie herzergreifend jammerte: »Heilige Muttergottes, gib meinen Kindern die Vernunft zurück!«

Der Großvater stellte sich neben sie und sagte mit leiser Stimme, den Blick auf den Tisch gerichtet, wo alles umgeworfen, vergossen war: »Du, Mutter, hab auf sie acht, sonst bringen sie Warwara noch um, der Herrgott verhüt's ...«

»Was redest du da! Zieh schon dein Hemd aus, ich stopfe es dir ...«

Und sie preßte Großvaters Kopf zwischen ihre Hände und küßte ihn auf die Stirn; er seinerseits – klein, wie er ihr gegenüber war – drückte sein Gesicht an ihre Schulter.

»Sieht ganz danach aus, daß wir sie auszahlen müssen, Mutter ...« – »Ja doch, Vater, ja, ja!«

Sie unterhielten sich eine ganze Weile; zunächst in aller Freundschaft; dann scharrte der Großvater mit dem Fuß auf dem Fußboden wie ein Hahn, bevor es zum Kampfe geht, drohte der Großmutter mit dem Finger und murmelte laut: »Ich kenne dich, du liebst sie mehr! Dabei ist dein Mischka ein Jesuit und Jaschka ein Freidenker! Sie werden mein Hab und Gut durchbringen, vertrinken ...«

Ich drehte mich ungeschickt auf dem Ofen um, so daß ein Bügeleisen hinunterfiel; es polterte über die Stufen hin und klatschte in einen Zuber mit Abwaschwasser. Der Großvater sprang eine Stufe hinauf, zerrte mich von oben herunter und starrte mir ins Gesicht, als sehe er mich zum erstenmal.

»Wer hat dich auf den Ofen gesetzt? Die Mutter?« – »Ich bin allein hinaufgeklettert.« – »Du lügst.« – »Nein, ich allein. Ich hatte Angst.«

Er stieß mich von sich und schlug mir mit der flachen Hand leicht vor die Stirn.

»Ganz wie der Vater! Mach, daß du fortkommst . . .«

Ich war froh, mich aus der Küche retten zu können.

Ich sah sehr wohl, daß mich der Großvater mit seinen klugen, scharfen grünen Augen beobachtete, und ich fürchtete mich vor ihm. Ich erinnere mich, daß ich mich vor diesen verbrennenden Blicken immer verstecken wollte. Mir schien, mein Großvater sei einfach böse. Mit jedermann sprach er spöttisch, in kränkendem Ton: Er forderte jeden heraus und bemühte sich, ihn zu ärgern.

»Ach iiihr!« rief er oft aus; und dieses gedehnte »iiihr« erregte stets ein unangenehmes, ein wenig fröstelndes Gefühl bei mir.

Am Feierabend, wenn er, die Onkel und die Arbeiter aus der Werkstatt in die Küche herüberkamen, um ihren Abendtee zu trinken, alle müde und mit Händen, die von Sandel verfärbt und von Vitriol verbrannt waren, mit Haaren, die ein schmales Band zusammenhielt, alle den dunklen Ikonen ähnlich, die in der Ecke hingen – in dieser gefährlichen Stunde pflegte sich der Großvater mir gegenüber niederzusetzen und sich mit mir zu unterhalten, öfter als mit den anderen Enkeln, deren Neid er damit hervorrief. Er wirkte dabei sehr gewandt, geschliffen und spitz. Seine hochgeschlossene, seidengestickte Atlasweste war alt und abgetragen, das Baumwollhemd zerknittert, die Hosen waren über den Knien mit großen Flicken geschmückt, und doch erschien er sauberer und besser gekleidet als seine Söhne, die in Jacketts, mit Vorhemden und seidenen Halstüchern umhergingen.

Wenige Tage nach unserer Ankunft ließ er mich Gebete lernen. Alle anderen Kinder waren älter und wurden bereits vom Küster der Uspenskij-Kirche im Lesen und Schreiben unterrichtet; die goldenen Kuppeln dieser Kirche konnte man aus den Fenstern unseres Hauses sehen.

Mich unterrichtete die stille, scheue Tante Natalja, eine Frau mit einem Kindergesicht und Augen, die so durchsichtig waren, daß man durch sie hindurch – so wenigstens schien mir – alles erkennen konnte, was sich hinter dem Kopf befand.

Ich liebte es, ihr lange in die Augen zu sehen, ohne zu zwinkern und ohne den Blick von ihr abzuwenden; sie blinzelte, wandte den Kopf hin und her und bat leise, fast tonlos: »So sprich schon, bitte: ›Vater unser, der du bist . . .‹«

Und wenn ich fragte: »Was bedeutet – ›also auch‹?«, sah sie sich scheu um und riet: »Frag lieber nicht, es wird dadurch nur schlimmer! Sprich mir einfach nach: ›Vater unser‹ . . . Nun?«

Das beunruhigte mich: Wieso konnte man durch Fragen etwas verschlimmern? Das »also auch« nahm für mich einen versteckten Sinn an, und ich verdrehte es absichtlich auf jede Weise: »Als so huch«, »also hauch . . .«

Aber die bleiche, gleichsam dahinschmelzende Tante verbesserte mich geduldig mit ihrer ständig versagenden Stimme: »Nicht doch, sage ganz einfach: ›also auch‹ . . .«

Dennoch war weder sie selbst, noch was sie sagte, so einfach. Das regte mich auf und erschwerte es mir, das Gebet zu behalten.

Eines Tages fragte der Großvater: »Nun, Aljoschka, was hast du heute gemacht? Gespielt? Das sehe ich an der Beule auf deiner Stirn! Will aber noch nicht allzuviel heißen – mit einer Beule an der Stirn herumzustolzieren! Und hast du auch das Vaterunser gelernt?«

Die Tante warf vorsichtig ein: »Er hat ein schlechtes Gedächtnis.«

Der Großvater lächelte spöttisch und hob belustigt die rötlichen Brauen.

»Wenn sich das so verhält, muß man ihm Dresche geben.«

Dann wandte er sich aufs neue an mich: »Hast du vom Vater Dresche bekommen?«

Ich wußte nicht, was er meinte, und schwieg mich aus, während die Mutter sagte: »Nein, Maxim hat ihn nie geschlagen und auch mir untersagt, es zu tun.«

»Wieso denn das?«

»Er meinte, mit Schlägen könne man nun mal niemand erziehen.«

»War eben in allem ein Narr, der verstorbene Maxim, der Herrgott verzeih mir!« entgegnete ärgerlich und sehr betont der Großvater.

Seine Worte kränkten mich. Er bemerkte es.

»Was plusterst du dich auf? Sieh einer an . . .«

Er strich sich über das silbrig-rötliche Haar und setzte hinzu: »Am Sonnabend werde ich Saschka wegen des Fingerhuts durchwamsen.«

»Was ist – durchwamsen?« fragte ich.

Alles brach in Lachen aus, und der Großvater sagte: »Warte nur ab, du wirst es schon noch merken.«

Ich schwieg still und überlegte mir: Ein Wams, das war ein Kleidungsstück, das man zu uns zum Färben brachte, während Dresche und Schläge augenscheinlich ein und dasselbe bedeuteten. Man schlug Pferde, Hunde, Katzen; in Astrachan schlugen die Stadtpolizisten die Perser – das hatte ich selber gesehen. Daß man auch Kinder schlug, war mir neu; zwar verabfolgten hier die Onkel den Kindern gelegentlich eine Kopfnuß – bald vor die Stirn, bald ins Genick –, aber die Kinder nahmen das gelassen hin und rieben sich höchstens die betreffende Stelle. Immer wieder fragte ich sie: »Tut's denn nicht weh?«

Und jedesmal entgegneten sie tapfer: »Nein, nicht im geringsten!«

Von der aufregenden Geschichte mit dem Fingerhut hatte ich schon gehört. Abends, zwischen dem Nachmittagstee und dem Abendbrot, nähten die Onkel und der Meister die fertig gefärbten Stoffteile zum »Stück« zusammen und versahen sie mit einem Pappetikett. Onkel Michail, der dem halbblinden Grigorij einen Streich spielen wollte, ließ des Meisters Fingerhut vom neunjährigen Neffen über einer Kerzenflamme zum Glühen bringen. Sascha faßte den Fingerhut mit einer Lichtschere, brachte ihn kräftig zum Glühen, schob ihn unauffällig Grigorij hin und verbarg sich hinter dem Ofen, aber eben in diesem Augenblick kam der Großvater herein, setzte sich nieder, um zu arbeiten, und steckte selber den Finger in den glühend heißen Fingerhut.

Ich erinnere mich noch, wie sich der Großvater, als ich auf den

Lärm hin in die Küche gelaufen kam, mit den verbrannten Fingern ans Ohr griff, komisch herumsprang und schrie: »Wer hat das getan, ihr Heidenpack?«

Onkel Michail beugte sich über den Tisch, rollte den Fingerhut hin und her und blies auf ihn. Meister Grigorij fuhr unerschütterlich fort zu nähen, über seine riesige Glatze huschten Schatten. Onkel Jakow kam herbeigelaufen, verbarg sich in der Ofenecke und kicherte dort leise vor sich hin; Großmutter rieb rohe Kartoffeln auf einem Reibeisen.

»Das hat dir Jakows Saschka eingebrockt!« sagte plötzlich Onkel Michail.

»Du lügst!« schrie Jakow und stürzte hinter dem Ofen hervor.

Und irgendwo in der Ecke weinte sein Sohn und rief: »Papa, glaube ihm nicht! Er hat mich dazu angestiftet!«

Die Onkel gerieten aneinander. Der Großvater dagegen beruhigte sich sogleich, drückte die geriebenen Kartoffeln an seinen Finger und ging schweigend davon. Mich nahm er mit.

Alle meinten, der Schuldige sei Onkel Michail. So war es durchaus natürlich, daß ich mich während des Tees erkundigte, ob man ihm Dresche verabfolgen, ihn sozusagen verwamsen werde.

»Verdient hätte er es«, brummte der Großvater und sah mich aus den Augenwinkeln an.

Onkel Michail schlug mit der Hand auf den Tisch und rief meiner Mutter zu: »Warwara, bring deinen Sprößling zur Vernunft, sonst dreh ich ihm den Hals um!«

Die Mutter entgegnete nur: »Versuch's doch . . .«

Und alle schwiegen still.

Sie verstand sich darauf, die Leute mit einem kurzen Wort von sich abzuschütteln, sie in die Schranken zu weisen, so daß sie kleinlaut wurden.

Mir wurde klar, daß sich alle vor meiner Mutter fürchteten; selbst der Großvater sprach mit ihr viel leiser. Das schmeichelte mir, und stolz prahlte ich vor meinen Vettern: »Meine Mutter ist stärker als alle anderen!«

Sie widersprachen nicht.

Doch das, was dann am Sonnabend geschah, versetzte meinem Verhältnis zur Mutter einen Schlag.

Bis zum Sonnabend fand nämlich auch ich noch Zeit, etwas anzustellen.

Es fesselte mich außerordentlich, wie geschickt die Erwachsenen die Farben der Stoffe veränderten; sie nahmen einen gelben, weichten ihn in einem schwärzlichen Wasser ein, und der Stoff wurde blau – »indigoblau«; oder sie tauchten einen grauen Stoff in eine fuchsrote Flüssigkeit und erhielten einen roten – einen in »Bordeaux«. Einfach, und dennoch nicht recht verständlich.

Ich verspürte den Wunsch, selber etwas zu färben, und sagte es Jakows Sascha, einem gesetzten Jungen; er bemühte sich immer um den Beifall der Erwachsenen, war freundlich zu allen und immer bereit, jedermann eine Gefälligkeit zu erweisen. Die Erwachsenen lobten ihn für seinen Gehorsam und seinen Verstand, aber der Großvater blickte Sascha schief an und meinte: »So ein Speichellecker!«

Mager, dunkel, mit glotzenden Krebsaugen, sprach Jakows Sascha hastig und leise, verschluckte die Worte und sah sich immer geheimnisvoll um, als ob er irgendwohin entschlüpfen, sich irgendwo verstecken wolle. Seine braunen Pupillen blieben meist unbeweglich, zitterten jedoch zusammen mit dem Augenweiß, wenn er sich aufregte.

Er war mir unangenehm. Viel besser gefiel mir der Sascha vom Onkel Michailo, ein unauffälliger, tapsiger, stiller Junge mit traurigen Augen und einem anziehenden Lächeln, der seiner sanften Mutter sehr ähnlich sah. Er hatte häßliche Zähne. Sie standen ihm aus dem Munde heraus und wuchsen am Oberkiefer in zwei Reihen. Das beschäftigte ihn sehr; er hatte ständig die Finger im Mund, versuchte die Zähne der hinteren Reihe zu lokkern, um sie herauszuziehen, und ließ sich geduldig auf ihnen herumfühlen – von jedem, der es wollte. Sonst fand ich allerdings nichts Interessantes an ihm. Er lebte einsam in diesem Hause, das vollgepfropft war mit Menschen, und saß mit Vorliebe in halbdunklen Ecken oder abends am Fenster herum. Es tat gut, mit ihm zu schweigen – eng aneinandergeschmiegt mit ihm am Fenster zu sitzen und eine ganze Stunde nicht zu sprechen, während man zusah, wie vor dem roten Abendhimmel die schwarzen Dohlen schwirrten und um die Uspenskij-Kirche, um ihre goldenen Zwiebelkuppeln kreisten, wie sie sich hochschwangen, dann fallen ließen, plötzlich gleich einem schwarzen Netz den verglimmenden Himmel verhängten und irgendwohin verschwanden, um Leere zu hinterlassen. Wenn man dem zusah, hatte man keine Lust, von etwas zu sprechen, und eine angenehme Langeweile erfüllte die Brust.

Der Sascha vom Onkel Jakow dagegen wußte von allem viel und gesetzt zu sprechen wie ein Erwachsener. Als er erfuhr, ich wollte mich als Färber versuchen, riet er mir, das weiße Feiertagstischtuch aus dem Schrank zu nehmen und es blau zu färben.

»Weiße Sachen nehmen die Farbe am besten an, das weiß ich genau!« sagte er sehr ernst.

Ich zog die schwere Tischdecke aus dem Schrank und lief mit ihr auf den Hof hinaus, kaum aber hatte ich ihren Rand in den Indigobottich getaucht, kam irgendwoher Zyganok auf mich zugestürzt, entriß mir die Tischdecke, wand sie mit seinen breiten Pranken aus und rief meinem Vetter, der meine Arbeit vom Flur aus verfolgte, zu: »Ruf die Großmutter! Rasch!«

Er schüttelte unheilverkündend den schwarzen Zottelkopf und sagte zu mir: »Na warte, dafür bekommst du noch was ab!«

Die Großmutter kam herbeigeeilt, jammerte, weinte sogar und schalt mich komisch aus: »Ach du verflixter Lausebengel! Hol dich der und jener!«

Dann redete sie Zyganok gut zu: »Sage dem Großvater nichts davon, Wanka! Ich werde die Sache schon hinkriegen; vielleicht geht alles noch gut ab . . .«

Wanka, der die nassen Hände an seiner bunten Schürze abtrocknete, entgegnete besorgt: »Was macht's mir aus? Ich sage nichts; aber seht zu, daß der Saschutka nicht petzt!«

»Ich gebe ihm ein Zweikopekenstück«, versprach die Großmutter und zog mich ins Haus.

Am Sonnabend, vor dem Abendgottesdienst, holte mich jemand in die Küche; dort war es dunkel und still. Ich erinnere mich, daß die Türen zum Flur und zu den Zimmern fest verschlossen waren, erinnere mich der grauen Trübe eines Herbstabends, an das Geräusch des Regens, der draußen vor den Fenstern fiel. Vor dem schwarzen Ofenloch saß auf der breiten Bank Zyganok, böse und sich selber nicht ähnlich; der Großvater stand in der Ecke vor einem Zuber, suchte aus einem Eimer mit

Wasser lange Ruten heraus, maß sie aneinander, legte sie zusammen und schwang sie durch die Luft, daß es pfiff. Die Großmutter, die irgendwo im Dunkeln blieb, schnupfte geräuschvoll Tabak und schalt: »Freut sich auch noch . . . der Quälgeist . . .«

Jakows Sascha saß in der Mitte der Küche auf einem Stuhl, wischte sich mit den Fäusten die Augen und jammerte mit fremder Stimme wie ein alter Bettler: »Vergeben Sie mir, um Christi willen . . .«

Unbeweglich, wie aus Holz, standen die Kinder Onkel Michails, Bruder wie Schwester, Schulter an Schulter hinter dem Stuhl.

»Ich vergebe dir, aber erst, nachdem ich dich gezüchtigt habe«, entgegnete der Großvater und ließ die feuchte Rute durch seine Faust gleiten. »Los, laß mal die Hosen herunter!«

Er sprach sehr ruhig, und weder der Laut seiner Stimme noch das Gezappel des Jungen auf dem knarrenden Stuhl oder das Schlurfen von Großmutters Füßen störte die Stille, die in der halbdunklen Küche unter der niedrigen, verräucherten Decke herrschte und die ich nie vergessen werde.

Sascha stand auf, knöpfte die Hosen ab, ließ sie bis an die Knie herunter und ging geduckt und stolpernd zur Bank – er hielt dabei die Hosen mit den Händen fest. Es war sehr peinlich, das mit anzusehen, auch mir zitterten dabei die Knie.

Es wurde jedoch noch schlimmer, als er sich schicksalsergeben mit dem Gesicht nach unten auf die Bank legte, während Wanka, nachdem er ihn unter den Armen und am Hals mit einem breiten Handtuch an die Bank gefesselt hatte, sich über ihn beugte und ihn mit seinen schwarzen Händen an den Fußgelenken ergriff.

»Lexej«, rief der Großvater, »komm näher! Nun, hörst du nicht? Sieh dir an, wie das ist, wenn man Dresche kriegt . . . Eins! . . .«

Er holte aus – nicht allzu weit – und ließ die Rute auf den nackten Körper niedersausen, Sascha schrie auf.

»Hab dich nicht so«, sagte der Großvater, »das tut nicht weh! So ist es schon etwas anderes!«

Und er schlug zu, daß auf der Haut sofort ein roter, rasch anschwellender Striemen entstand und mein Vetter lang anhaltend heulte.

»Das schmeckt wohl nicht?« erkundigte sich der Großvater und hob und senkte gleichmäßig die Hand. »Gefällt dir nicht? Das ist für den Fingerhut!«

Wenn er ausholte, hob sich in meiner Brust alles zugleich mit seiner Hand; wenn sie niederging, schien auch ich in die Tiefe zu stürzen.

Sascha winselte mit entsetzlich dünner, abstoßender Stimme: »Ich tu's nicht wieder ... Ich habe doch das mit dem Tischtuch gesagt ... Ich habe es gesagt ...«

Ruhig, als läse er den Psalter, erklärte der Großvater: »Wer andere anzeigt, ist damit nicht entschuldigt! Der Denunziant bekommt die Peitsche als erster. Da hast du's – für das Tischtuch!«

Die Großmutter stürzte auf mich zu, nahm mich auf die Arme und schrie: »Lexej geb ich nicht her! Ich gebe ihn nicht her, du Scheusal!«

Sie trat mit dem Fuß mehrmals gegen die Tür und rief: »Warja, Warwara! ...«

Der Großvater stürzte ihr nach, warf sie zu Boden, entriß mich ihr und trug mich zur Bank. Ich wand mich in seinen Armen hin und her, zerrte an seinem roten Bart und biß ihn in den Finger. Er brüllte, preßte und stieß mich und warf mich schließlich auf die Bank, so daß ich mir das Gesicht aufschlug. Ich erinnere mich an sein wildes Geschrei: »Bindet ihn an die Bank! Ich schlage ihn tot!«

Ich erinnere mich an das weiße Gesicht meiner Mutter, erinnere mich an ihre riesigen Augen. Sie lief an der Bank hin und her und schrie mit heiserer Stimme: »Papa, nicht doch! ... So lassen Sie ihn schon los ...«

Der Großvater schlug mich, bis mir die Sinne schwanden, und mehrere Tage war ich krank. Ich lag bäuchlings auf einem breiten und heißen Bett, in einem kleinen, einfenstrigen Zimmer, in dessen einer Ecke vor einem Heiligenschrein mit vielen Ikonen ein rotes Ewiges Lämpchen glomm.

Die Tage der Krankheit waren für mein ganzes Leben bedeutsam. Ich bin wohl in ihrem Verlauf stark gereift und habe etwas Besonderes empfunden. Seit jenen Tagen begann ich, die Menschen mit unruhiger Aufmerksamkeit zu beobachten, und mein

Herz wurde, als hätte man die Haut von ihm abgezogen, ungemein empfindlich für jede Kränkung und jeden Schmerz, den eigenen wie den fremden.

Vor allem war ich sehr betroffen von einem Streit zwischen der Großmutter und meiner Mutter. Die Großmutter rückte, schwarz und stattlich, der Mutter in dem engen Zimmer auf den Leib, drängte sie in die Ikonenecke und zischte sie an: »Warum hast du ihn ihm nicht fortgenommen?« – »Ich hatte Angst.« – »So ein gesundes, starkes Frauenzimmer wie du – und Angst! Schäm dich, Warwara! Ich bin eine alte Frau und fürchte mich nicht! Schäm dich!«

»Hören Sie auf, Mama – ich ertrage es nicht ...« – »Du liebst ihn eben nicht, die Waise tut dir nicht leid!«

Die Mutter entgegnete hart und laut: »Ich bin selber verwaist – für mein ganzes Leben!«

Später saßen sie lange in der Ecke auf einer Truhe und weinten. Die Mutter sagte: »Wäre nicht Alexej, ich würde von hier fortgehen! Ich kann in dieser Hölle nicht leben, ich kann nicht, Mama! Ich halt es nicht aus ...«

»Ach du mein Herz, mein Herzblut«, flüsterte die Großmutter.

Ich prägte mir ein: Die Mutter war gar nicht stark; sie fürchtete sich wie alle anderen vor dem Großvater. Ich hinderte sie daran, das Haus zu verlassen, in dem sie nicht leben konnte. Das betrübte mich sehr. Doch bald danach verschwand die Mutter wirklich aus dem Hause. Sie war irgendwo auf Besuch.

Eines Tages erschien plötzlich, als wäre er vom Himmel gefallen, der Großvater bei mir, setzte sich auf mein Bett und fühlte mir mit der eiskalten Hand die Stirn. »Guten Tag, Verehrter ... Antworte schon, blas dich nicht auf! Nun, wie wär's?«

Ich hatte große Lust, ihm einen Fußtritt zu versetzen, aber jede Bewegung tat mir weh. Er kam mir noch rothaariger vor als sonst; sein Kopf bewegte sich unruhig hin und her; die lebhaften Augen irrten über die Wand. Er zog einen Lebkuchenbock, zwei Zuckerhörnchen, einen Apfel und ein Zweiglein blauer Rosinen aus der Tasche und legte alles das auf das Kopfkissen, vor meine Nase hin. »Hier, sieh her, ich habe dir was zum Naschen mitgebracht!«

Er beugte sich zu mir vor und küßte mich auf die Stirn; dann streichelte er mir leise den Kopf mit seiner kleinen, harten Hand, die gelbverfärbt war, besonders an den krummen, an Vogelklauen erinnernden Nägeln, und begann: »Ich hab dich damals zu sehr ... nun ja, mein Freund! Ich war sehr aufgeregt; du hattest mich gebissen und gekratzt, und da habe eben auch ich die Wut gekriegt! Es ist aber noch kein Unglück, wenn du ein bißchen zuviel erduldet hast – das wird dir angerechnet! Und merke dir: Wenn einer von den Deinen dich schlägt, einer, der dir nahesteht, so ist das keine Kränkung, sondern eine Lehre! Bleib einem Fremden nichts schuldig; ist's aber einer von den Deinen – dann macht es weiter nichts aus! Glaubst du vielleicht, ich habe keine Schläge bekommen? Mich, Aljoscha, hat man so geschlagen, wie du es im schlimmsten Traum nicht träumen wirst. Man hat mir so weh getan, daß wohl der Herrgott selber geweint hat, als er es sah! Und was ist dabei herausgekommen? Eine Waise, Sohn einer bettelarmen Mutter, habe ich doch meinen Weg gemacht – man hat mich zum Vorsteher meiner Innung gewählt, zur Obrigkeit über die anderen.«

Er lehnte sich mit seinem dürren, wohlgestalten Körper an mich und erzählte von seinen Kindheitstagen mit Worten, die fest und schwer waren und die er leicht und geschickt miteinander verband.

Seine grünen Augen flammten hell auf, und mit fröhlich gesträubtem rotgoldenem Haar – die hohe Stimme klang tiefer als sonst – posaunte er mir ins Gesicht: »Da bist du zum Beispiel mit einem Dampfer hergekommen, der Dampf hat dich hergebracht, während ich in meiner Jugend selber, mit meinen eigenen Kräften, die Frachtkähne gezogen habe, die Wolga stromauf. Der Kahn lief auf dem Wasser, ich das Ufer entlang, barfuß, über spitze Steine, über Geröll, und so von Sonnenaufgang bis nachts! Die Sonne verbrennt dir den Nacken, der Kopf glüht wie ein Kessel, aber du gehst und gehst, vornübergebeugt, das Kinn fast auf der Erde, und jedes Knöchlein knirscht, dabei kannst du den Weg nicht sehen, der Schweiß verklebt dir die Augen, während die Seele sich abhärmt, während die Träne rinnt – ach was, Aljoscha, sei du lieber ganz still! Da gehst du also und gehst, bis du im Ziehgurt zusammenbrichst – und dich darüber noch freust;

alle deine Kräfte hast du hergegeben, ruh dich aus oder stirb, einerlei! So hat man damals gelebt vor Gottes Augen, vor den Augen Jesu Christi, des barmherzigen Herrn! Ich habe die Mutter Wolga auf diese Weise dreimal durchmessen: von der Simbirsker Gegend bis Rybinsk, von Saratow bis hierher und schließlich von Astrachan bis Makarjew, der Messestadt – das macht viele tausend Werst! Aber dann, im vierten Jahr, war ich schon Aufseher geworden – ich hatte dem Unternehmer gezeigt, daß ich Verstand besaß!«

Er sprach und wuchs in meinen Augen rasch wie eine Wolke; er verwandelte sich aus einem dürren alten Männlein in einen Mann von fabelhafter Kraft – er allein, er ganz allein zwang den riesigen grauen Kahn stromauf, gegen den Fluß . . .

Er sprang hier und da von meinem Bett auf und fuchtelte in der Luft herum, um mir zu zeigen, wie sich ein Burlak in den Ziehgurt legt und wie man Wasser pumpt. Er summte mir mit leiser Baßstimme irgendwelche Lieder vor, schwang sich aufs neue jugendlich gewandt auf mein Bett und fuhr, wirklich erstaunlich, wie er war, nur noch farbiger, kraftvoller fort: »Nun ja, Aljoscha, wenn man dafür aber an einem Sommerabend irgendwo in den Shiguli an einem grünen Hang Rast machte und sich ausruhte, auch wohl ein Feuer anblies, um Grütze zu kochen, wenn dann also ein Burlak in seinem Kummer aus vollem Herzen ein Lied anstimmte und alle dröhnend einfielen – dann war es, als überliefe einen ein kalter Schauer, als strömte die Wolga schneller dahin, als würde sie sich am liebsten aufbäumen gleich einem Roß, bis an die Wolken! Und alles Leid war fortgeblasen – wie Staub im Wind! Die Leute vergaßen manchmal beim Singen die Grütze im Kochkessel, so daß sie überlief. Hier hätte der Grützenkoch natürlich eins über den Schädel verdient: Hab deinen Spaß, das gewiß, aber vergiß dabei die Arbeit nicht!«

Mehrmals sah jemand zur Tür herein und rief ihn, aber ich bat: »Geh nicht fort!«

Er wehrte die Leute spöttisch ab: »Wartet, ihr dort . . .«

Er erzählte bis in den Abend, und als er ging und sich freundlich von mir verabschiedete, wußte ich, daß der Großvater weder böse noch unheimlich war. Es schmerzte mich bis zu Tränen, wenn ich mich daran erinnerte, daß gerade er mich so grausam gezüchtigt hatte, aber vergessen konnte ich es auch nicht.

Der Besuch des Großvaters öffnete allen die Tür, und von morgens bis abends saß jemand an meinem Bett, der mich auf mancherlei Art zu unterhalten suchte; ich erinnere mich, daß das nicht immer fröhlich und unterhaltsam war. Häufiger als die anderen kam die Großmutter; sie schlief auch mit mir im selben Bett. Doch den stärksten Eindruck hinterließ in diesen Tagen bei mir Zyganok. Quadratisch, breitbrüstig, mit riesigem Krauskopf, stellte er sich gegen Abend bei mir ein, feiertäglich mit einem goldgelben Seidenhemd, Velvethosen und knarrenden, harmonikaartig gefältelten Stiefeln angetan. Sein Haar glänzte, fröhlich blitzten unter den dichten Brauen die schielenden Augen und unter dem schwarzen Streifchen des jungen Schnurrbarts die weißen Zähne; weich warf das schimmernde Hemd das rote Licht des Ewigen Lämpchens zurück.

»Schau her«, sagte er, streifte den Ärmel hoch und zeigte mir seinen nackten Arm, der bis an den Ellenbogen voll roter Striemen war, »wie das geschwollen ist! Dabei ist es noch schlimmer gewesen, vieles ist ausgeheilt! Ahnst du was? Als der Großvater in Wut geriet und ich sah, er wird dich halbtot prügeln, hielt ich ihm meinen Arm hin und wartete, ob die Gerte nicht abbrechen würde. Der Großvater wäre beiseite gegangen, um eine neue zu holen, und deine Großmutter oder die Mutter hätten dich ihm weggeholt! Nun, die Gerte brach nicht ab, sie war ja biegsam, gut in Wasser geweicht! Immerhin hast du weniger abgekriegt – siehst du, um wieviel? Ich, mein Freund, bin nämlich ein ziemlicher Spitzbube!«

Er brach in ein sanftes, freundliches Lachen aus, sah sich aufs neue den geschwollenen Arm an und fuhr lachend fort: »Du hast mir ja so leid getan, es hat mir geradezu die Kehle zugeschnürt, ich ahnte schon: Ein Unglück! Aber er peitscht und peitscht . . .«

Er schnob wie ein Pferd, schüttelte den Kopf und erzählte mir etwas von seiner Arbeit; er war kindlich einfach und mir sofort vertraut.

Ich sagte ihm, ich hätte ihn sehr gern – und er entgegnete unvergeßlich schlicht: »Aber auch ich habe dich gern – darum habe ich ja den Schmerz auf mich genommen, eben, weil ich dich gern habe! Hätte ich das für einen anderen getan? Nie im Leben . . .«

Dann belehrte er mich mit leiser Stimme, während er sich häufig nach der Tür umschaute: »Wenn man dich ein andermal züchtigt, paß auf, mach dich nicht steif, zieh den Körper nicht zusammen – verstehst du? Es tut doppelt weh, wenn man sich steif macht, halt den Körper locker, damit er recht weich ist – lieg da wie Mehlbrei! Und halt die Luft nicht an, atme, schreie aus vollem Halse – vergiß nicht, das tut dir gut!«

Ich fragte: »Wird man mich denn wieder züchtigen?«

»Ja sicher!« entgegnete Zyganok gelassen. »Natürlich wird man das! Du wirst wohl öfter Dresche kriegen . . .« – »Wofür?« – »Der Großvater wird schon was finden . . .«

Und besorgt belehrte er mich aufs neue: »Wenn er die Rute senkrecht führt, einfach von oben herunter – nun, dann lieg still, lieg locker; schlägt er aber zu und zieht die Rute durch – zieht er sie an sich, damit es die Haut herunterschält –, dann geh mit dem Körper mit, der Rute nach, verstehst du? So ist es leichter!«

Er zwinkerte mir mit dem dunklen Schielauge zu und sagte: »Ich bin in diesen Dingen schlauer als der Revieraufseher! Aus meiner Haut, mein Freund, da kannst du meinetwegen Fausthandschuhe machen!«

Ich sah ihm in sein fröhliches Gesicht und mußte an Großmutters Märchen vom Zarensohn Iwan und von Iwanuschka dem Einfältigen denken.

III

Als ich wieder gesund war, wurde mir klar, daß Zyganok eine besondere Stellung im Hause einnahm: Der Großvater schrie ihn nicht so oft und nicht so böse an wie seine Söhne; war Zyganok aber nicht da, dann sprach er blinzelnd und mit einem leichten Kopfwiegen von ihm: »Er hat goldene Hände, der Iwanok, hol ihn der Teufel! Denkt an meine Worte: Aus dem wird mal etwas!«

Auch die Onkel behandelten Zyganok entgegenkommend und freundschaftlich und trieben nie ihre »Späße« mit ihm wie mit dem Meister Grigorij, dem sie fast jeden Abend etwas Ärgerliches oder Kränkendes einbrockten. Sie erhitzten die Griffe seiner Schere über dem Feuer, steckten ihm – mit der Spitze nach oben – einen Nagel in seinen Stuhlsitz, oder sie schoben dem Halbblinden verschiedenfarbige Stoffteile zu – er nähte sie zum »Stück« zusammen, und der Großvater schimpfte mit ihm.

Eines Tages bemalte man ihm, während er nach dem Mittagessen in der Küche auf dem Ofen schlief, das Gesicht mit Fuchsin, und so ging er dann lange umher, komisch und schrecklich anzuschauen. Aus dem grauen Bart lugten trüb die beiden runden Flecken der Brillengläser hervor, und an eine Zunge erinnernd, hing verzagt die lange feuerrote Nase herab.

Sie waren in solchen Erfindungen unerschöpflich, aber der Meister ertrug alles wortlos; er räusperte sich nur leise und benetzte, bevor er das Bügeleisen, die Schere, die Zange oder den Fingerhut anfaßte, die Finger kräftig mit Speichel. Das wurde ihm zur Gewohnheit; selbst beim Mittagessen befeuchtete er die Finger, ehe er zu Messer oder Gabel griff, und erregte damit die Heiterkeit der Kinder. Wenn er Schmerz empfand, erschien auf seinem breiten Gesicht eine Welle von Falten, sie huschte sonderbar über die Stirn, schob die Brauen nach oben und verschwand irgendwo auf dem kahlen Schädel.

Ich erinnere mich nicht, wie sich der Großvater zu diesen Belustigungen seiner Söhne verhielt, die Großmutter jedenfalls drohte ihnen mit der Faust und schimpfte: »Schamlose Fratzen, Taugenichtse!«

Doch die Onkel sprachen auch von Zyganok hinter seinem Rücken boshaft und spöttisch, machten seine Arbeit schlecht und schalten ihn einen Dieb und Faulpelz.

Ich fragte die Großmutter, warum sie das taten.

Willig und leicht verständlich wie immer erklärte sie mir: »Ja, siehst du, beide möchten Wanjuschka übernehmen, wenn jeder von ihnen erst eine eigene Werkstatt hat, da nörgeln sie eben voreinander an ihm herum: er soll ein schlechter Arbeiter sein! Das ist geschwindelt, das sind Finten. Und außerdem fürchten sie auch, daß Wanjuschka erst gar nicht zu ihnen geht, daß er beim Großvater bleibt; der Großvater aber hat seinen Kopf für sich, er könnte mit Wanjuschka auch eine dritte Werkstatt aufmachen – das wäre für deine Onkel nicht vorteilhaft, verstehst du?«

Sie lachte leise. »Immerzu kommen sie mit ihren Schlichen, es ist zum Lachen! Großvater aber, nun, der durchschaut das und fordert Jascha und Mischa absichtlich heraus. ›Ich kaufe‹, sagt er, ›für Iwan einen Freistellungsschein, damit er nicht zu den Soldaten muß. Ich kann ihn selber brauchen!‹ Sie ärgern sich, es paßt ihnen nicht, und auch ums Geld ist's ihnen leid – es kostet nämlich eine ganze Menge!«

Ich lebte jetzt mit der Großmutter aufs neue wie damals auf dem Dampfer, und jeden Abend erzählte sie mir vor dem Einschlafen ein Märchen oder auch etwas aus ihrem Leben, das gleichfalls wie ein Märchen klang. Von den wirtschaftlichen Verhältnissen der Familie – von der Vermögensabfindung der Kinder oder vom Ankauf eines neuen Wohnhauses durch den Großvater – sprach sie dagegen nur spöttisch und unbeteiligt, mit einigem Abstand, als sei sie eine Nachbarin und nicht die zweite Person im Hause.

Ich erfuhr von ihr, daß Zyganok ein Findelkind war; man fand ihn in einer regnerischen Vorfrühlingsnacht auf einer Bank vor dem Tor des Hauses.

»Da lag er, in eine Decke gehüllt«, erzählte nachdenklich und geheimnisvoll die Großmutter, »er piepste kaum, er war schon ganz starr vor Kälte.«

»Und warum setzt man ein Kind aus?«

»Die Mutter hat keine Milch, sie kann es nicht nähren; da findet sie dann heraus, wo vor kurzem ein Kind geboren wurde und wieder gestorben ist, und schiebt das ihre unter.«

Sie hielt inne, kratzte sich den Kopf und fuhr, den Blick zur Decke gerichtet, seufzend fort: »Alles die Armut, Aljoscha; gar nicht zu sagen, was es für Armut gibt! Und dann heißt es auch, ein unverheiratetes Mädchen darf kein Kind haben – das gilt als Schande! Der Großvater wollte Wanjuschka zur Polizei bringen, aber ich redete es ihm aus: ›Behalten wir ihn‹, sagte ich, ›der Herrgott schickt ihn uns anstelle derer, die uns gestorben sind.‹ Ich hatte doch schon achtzehn zur Welt gebracht; wenn alle noch lebten – es wäre eine ganze Straße voll, achtzehn Häuser! Mich, siehst du, hat man mit vierzehn Jahren unter die Haube gebracht, und als ich fünfzehn war, hab ich zum erstenmal entbunden; aber der Herrgott fand wohl Gefallen an meinem Blut und nahm mir immer wieder die Kinder fort und als Engel zu sich. Es tat mir ja leid, und doch habe ich mich auch gefreut!«

Sie erinnerte mich, während sie im Hemd, umflutet von ihrem schwarzen Haar, zottig und riesenhaft auf der Bettkante saß, an die Bärin, die ein bärtiger Waldbauer aus Sergatsch kürzlich zu uns auf den Hof geführt hatte. Sie bekreuzigte ihre reine, schneeweiße Brust und lachte leise vor sich hin; alles an ihr wogte.

»Die Besseren hat er zu sich genommen, die Schlechteren ließ er mir. Über Iwanka hab ich mich schrecklich gefreut – ich liebe euch eben zu sehr, euch Kleine! Nun ja, wir nahmen ihn also auf und ließen ihn taufen, so lebt er denn auch bei uns, der Gute. Im Anfang hab ich ihn Shuk, Käfer, gerufen, er hatte so eine eigene Art zu summen – ganz wie ein Käfer, kriecht umher und summt, daß man's in allen Stuben hört. Hab ihn lieb – er ist eine treue Seele!«

Ich hatte Iwan auch wirklich lieb und war vor Bewunderung für ihn beinahe sprachlos.

Sonnabends, wenn der Großvater die Kinder, die sich in der Woche etwas zuschulden kommen ließen, gezüchtigt hatte und zum Abendgottesdienst verschwand, begann in der Küche ein unbeschreiblich lustiges Leben: Zyganok fing hinter dem Ofen ein paar schwarze Küchenschaben, verfertigte im Handumdrehen aus Nähgarn einen Anspann und schnitt aus Papier einen Schlitten aus; und auf dem gelben, sauber gescheuerten Tisch fuhr ein Viergespann von Rappen spazieren, das Iwan mit einem dünnen Kienspan lenkte, wozu er aufgeregt und mit kreischender Stimme schrie: »Los geht's, den Bischof abholen!«

Er klebte einer Küchenschabe ein Stückchen Papier auf den Rücken, ließ sie hinter dem Schlitten herlaufen und erläuterte: »Sie haben einen Sack vergessen. Ein Mönch kommt gerannt und schleppt ihn herbei!«

Er band einer Küchenschabe mit Garn die Beinchen zusammen; das Insekt kroch dahin, stieß mit dem Kopf auf die Tischplatte, und Wanka klatschte in die Hände und rief: »Da kommt der Küster aus der Kneipe – er will zur Abendandacht!«

Er führte Mäuse vor, die auf Kommando auf ihren Hinterpfoten standen und herumgingen; sie schleiften die langen Schwänze hinter sich her und blinzelten komisch mit ihren flinken schwarzen Glasperlenaugen. Er ging mit den Mäusen sorgsam um, trug sie an der Brust, fütterte sie mit einem Stück Zucker, das er im Munde hielt, küßte sie und behauptete überzeugt: »Die Maus ist ein kluger, freundlicher Hausbewohner, der Hausgeist hat sie sehr gern! Dem, der die Mäuse füttert, sieht Großvater Hausgeist manches nach . . .«

Er verstand sich auf Kartenkunststücke, auf Kunststücke mit Münzen, schrie lauter als alle Kinder zusammen und unterschied sich so gut wie in nichts von ihnen. Eines Tages spielte er mit den Kindern Karten und wurde mehrmals hintereinander »Schwarzer Peter« – das betrübte ihn sehr, er verzog schmollend den Mund und hörte auf zu spielen. Später beklagte er sich bei mir, wobei er weinerlich mit der Nase schnüffelte: »Ich weiß, sie hatten sich verabredet! Sie haben sich zugezwinkert und unter dem Tisch die Karten zugesteckt. Ist das noch ein Spiel? Mogeln kann ich auch selbst recht gut . . .«

Er war neunzehn Jahre alt und größer als wir alle vier zusammen genommen.

Doch besonders gut ist er mir von den Abenden an Feiertagen in Erinnerung. Wenn der Großvater und Onkel Michail irgendwohin zu Besuch gingen, tauchte in der Küche, krausköpfig und zerzaust, Onkel Jakow mit seiner Gitarre auf, und Großmutter veranstaltete einen Tee mit viel Imbiß und Wodka – die grüne Wodkaflasche war vierkantig, ihr Boden mit kunstvollen roten Blumen aus angeschmolzenem Glas verziert. Der feiertäglich gekleidete Zyganok drehte sich wie ein Kreisel. Behutsam, seitlich, mit seinen dunklen Augengläsern blitzend, kam der Meister herein; dann die Kinderfrau Jewgenja, pockennarbig, rotbackig, dick wie ein Faß, mit listigen Augen und Trompetenstimme. Gelegentlich stellten sich der langmähnige Küster von der Uspenskij-Kirche und irgendwelche anderen dunklen und glitschigen Leute ein, die an Hechte oder Quappen erinnerten.

Alle aßen und tranken viel und seufzten schwer, die Kinder bekamen Süßigkeiten und auch ein Gläschen Fruchtlikör, und nach und nach flackerte eine laute, aber seltsame Fröhlichkeit auf.

Onkel Jakow stimmte liebevoll seine Gitarre und wiederholte, wenn er damit fertig war, immer die gleichen Worte: »Also dann – ich fange an!«

Er schüttelte sein krauses Haar, neigte sich über die Gitarre und reckte den Hals wie eine Gans. Sein rundes, unbekümmertes Gesicht nahm einen schläfrigen Ausdruck an. Die lebhaften, unberechenbaren Augen erloschen gleichsam in einem öligen Nebel, während er leise die Saiten zupfte und etwas spielte, das berauschte und einen unwillkürlich vom Sitz riß.

Seine Musik verlangte angespannte Stille; sie schoß als murmelnder Bach aus der Ferne daher, sickerte durch Fußboden und Wände und weckte ein herzbewegendes und unerklärliches, ein wehmütiges und beunruhigendes Gefühl. Bei dieser Musik taten einem die andern, tat man sich selber leid, die Erwachsenen erschienen wieder wie Kinder, und alle saßen regungslos, in nachdenkliches Schweigen versunken.

Besonders angestrengt lauschte Saschka, der Sohn Michails. Er reckte sich zum Onkel hin und starrte mit offenem Mund auf die Gitarre; von seiner Unterlippe hingen Speichelfädchen herab. Gelegentlich vergaß er sich so sehr, daß er vom Stuhl fiel, sich auf die Hände stützte, gleich auf dem Fußboden sitzen blieb und unbeweglich vor sich hin starrte.

Alle waren wie gebannt, alle verstummten. Nur noch der Samowar sang leise vor sich hin, ohne das Klagen der Gitarre zu stören. Die beiden kleinen Fensterquadrate blickten in die Finsternis der Herbstnacht hinaus, und manchmal pochte jemand weich an die Scheiben. Spitz wie Speere schwankten die Flämmchen zweier Talgkerzen über dem Tisch.

Onkel Jakow erstarrte immer mehr; er schien fest zu schlafen – die Zähne waren zusammengebissen, nur seine Hände lebten. Die eingebogenen Finger der rechten Hand zitterten über der dunklen Schalldecke, als flatterte ein aufgescheuchter Vogel über sie hin, und waren nicht mehr zu unterscheiden; die Finger der Linken glitten unfaßbar rasch über das Griffbrett.

Wenn er dann angeheitert war, sang er – mit unangenehm schriller Stimme – zwischen den Zähnen hindurch fast immer die gleiche endlose Weise:

»Wäre der Jakow ein Hundeköter,
Heulte der Jakow von früh bis später:
  Ach, bin ich traurig!
  Ach, find ich's schaurig!

Die Nonne geht auf der Straße dahin;
Die Krähe sitzt auf dem Zaune und sinnt.
  Ach, bin ich traurig!

Das Heimchen hinter dem Herde singt,
Die Küchenschaben erregen sich blind.
  Ach, find ich's schaurig!

Ein Bettler hängt Hosen zum Trocknen auf,
Ein anderer klaut sie ihm gleich darauf.
  Ach, bin ich traurig!
  Ach, find ich's schaurig!«

Ich mochte dieses Lied nicht leiden, und jedesmal, wenn der Onkel bis zu den Bettlern kam, begann ich vor unüberwindlicher Schwermut haltlos zu weinen.

Zyganok hörte sich die Musik mit der gleichen Aufmerksamkeit an wie alle anderen, fuhr mit den Fingern durch seine schwarze Mähne, starrte in eine Ecke und schnaufte. Manchmal brach er ganz plötzlich in Klagen aus: »Ach, wenn ich doch eine Stimme hätte! Herrgott, wie würde ich singen!«

Die Großmutter sagte mit einem Seufzer: »Hör auf, Jascha, zerreiß uns nicht das Herz! Du, Wanjatka, solltest uns etwas vortanzen . . .«

Sie gaben der Bitte nicht immer gleich nach, aber es kam auch vor, daß der Gitarrespieler plötzlich die flache Hand für eine Sekunde auf den Saiten ruhen ließ; gleich darauf schleuderte er, die Finger zur Faust geballt, etwas von sich, das unsichtbar, unhörbar blieb, schleuderte es mit Wucht auf den Fußboden und rief verwegen aus: »Fort mit euch, Trauer und Herzensnot! Wanka, tritt an!«

Zyganok warf sich in die Brust, zupfte sein gelbes Hemd zurecht und stelzte vorsichtig, als schritte er über Nägel, zur Mitte der Küche hin; seine dunklen Wangen erglühten, ein verlegenes Lächeln glitt über sie hin, und er bat: »Ein bißchen schneller, Jakow Wassiljitsch!«

Die Gitarre erdröhnte, die Absätze hämmerten auf dem Fußboden herum, das Geschirr auf dem Tisch und im Schrank klirrte, während in der Mitte der Küche Zyganok wie eine Flamme loderte, unmerklich die Füße setzte und dahinschwebte gleich einem Milan, die Arme ausgebreitet wie Flügel. Er jauchzte, ging nieder in die Knie und wirbelte umher wie eine goldene Schwalbe – alles ringsum erstrahlte im Glanz der Seide, die, knisternd und rieselnd, zu glühen und zu schmelzen schien.

Zyganok tanzte unermüdlich und selbstvergessen, man hätte glauben können, daß er, öffnete man die Tür, so forttanzen werde, hinaus ins Freie, die Straße entlang, durch die Stadt, Gott weiß wohin . . .

»Gib ihm!« schrie Onkel Jakow und stampfte im Takt mit dem Fuß.

Und er pfiff gellend die Melodie oder stieß mit aufreizender Stimme scherzhafte Verschen hervor:

»Ein Jammer, daß mir die Bastschuh zu schade sind,
Längst wär ich fortgelaufen von Weib und Kind!«

Den Leuten am Tisch zuckten die Glieder, auch sie schrien oder kreischten hier und da auf, als hätten sie sich verbrannt; der bärtige Meister klatschte sich auf die Glatze und brummte irgend etwas vor sich hin. Einmal neigte er sich zu mir vor, sein weicher Bart bedeckte meine Schulter, und er sagte mir unmittelbar ins Ohr, indem er mich anredete wie einen Erwachsenen: »Dein Vater müßte noch leben und hier sein, Lexej Maximytsch, der hätte erst ein Feuer angefacht! Er war ein fröhlicher Bursche, einer, der andere zu trösten wußte! Erinnerst du dich an ihn?«

»Nein.«

»Wirklich nicht? Manchmal haben er und die Großmutter – aber warte mal, Augenblick!«

Er erhob sich, groß, ausgemergelt, an eine Gestalt auf einem Heiligenbild erinnernd, verneigte sich vor der Großmutter und bat sie mit ungewöhnlich tiefer Stimme: »Akulina Iwanowna, tu mir den Gefallen, leg uns ein Tänzchen hin! Wie du es seinerzeit mit Maxim Sawwatejew getan hast! So mach uns die Freude!«

»Aber ich bitte dich, Freund, ich bitte dich, bester Grigorij

Iwanytsch!« entgegnete die Großmutter, lachte und drehte sich hin und her. »Ich – und tanzen! Da hätten die Leute was zum Lachen ...«

Doch alle bettelten, bis sie sich jugendlich frisch erhob, den Rock zurechtstrich, sich kerzengerade aufrichtete, den schweren Kopf zurückwarf und durch die Küche dahinglitt, wobei sie ausrief: »Ach, lacht nur, meinetwegen, wohl bekomm's! Los, Jascha, spiel etwas anderes!«

Der Onkel streckte sich, reckte sich in die Höhe, schloß die Augen und spielte langsamer. Zyganok stand einen Augenblick still, schnellte sich hoch, ging in die Knie und umkreiste – so hingehockt – die Großmutter, während sie lautlos über den Boden dahinschwebte, die Arme auseinanderwarf und wieder auf sich zu bewegte, mit hochgezogenen Brauen, mit dunklem, irgendwo in der Ferne verlorenem Blick. Ich fand sie komisch und prustete. Der Meister drohte mir streng mit dem Finger, und alle Erwachsenen sahen mich mißbilligend an.

»Hör auf zu stampfen, Iwan!« sagte mit spöttischem Lächeln der Meister. Zyganok sprang gehorsam beiseite und setzte sich auf die Schwelle, während das Kindermädchen Jewgenja, den Adamsapfel vorgewölbt, mit tiefer und angenehmer Stimme zu singen begann:

»Eine Woche hat das Mädel
Spitzen klöppelnd zugebracht,
Ganz erschöpft vor lauter Arbeit,
Hält sie sich mit Mühe wach!«

Großmutter tanzte nicht, sie schien eher etwas zu erzählen. Da trippelte sie dahin, wiegte sich langsam und nachdenklich in den Hüften und sah sich, die Hand vor den Augen, nach allen Seiten um. Ihr ganzer großer Körper schwankte unentschlossen hin und her, während die Füße sich vorsichtig vorantasteten. Sie stand still, schien plötzlich über irgend etwas erschrocken, ihr Gesicht zuckte, verfinsterte sich und wurde gleich darauf von einem gutmütigen, freundlichen Lächeln erhellt. Sie trat rasch zurück, um jemand den Weg frei zu machen, wobei sie irgendwen mit der Hand beiseite schob. Sie senkte den Kopf, erstarrte, horchte, lächelte immer vergnügter, bis es sie plötzlich von der Stelle riß und um sie selbst herumwirbelte. Sie wirkte schlanker und größer als sonst, so daß man keinen Blick mehr von ihr wenden konnte – so hinreißend schön und lieb war sie in diesen Minuten, da auf so wunderbare Weise die Jugend zu ihr zurückgekehrt war.

Indessen dröhnte die Kinderfrau Jewgenja laut wie eine Trompete:

»Sonntag hat sie von der Messe
Bis zur Mitternacht getanzt.
Ging als letzte von der Straße,
Schade, daß so kurz der Tanz!«

Nachdem die Großmutter ihren Tanz beendet hatte, setzte sie sich an ihren Platz neben dem Samowar. Alle lobten sie, während sie ihr Haar in Ordnung brachte und sagte: »So hört schon auf! Ihr habt eben keine wirkliche Tänzerin gesehen! Da gab es zum Beispiel bei uns in Balachna ein Mädel – ich weiß nicht mehr, wer sie war und wie sie hieß –, also manche, die sie tanzen sahen, haben vor Freude geweint. Wenn man ihr zusah, dann hatte man seinen Feiertag und brauchte weiter nichts! Wie habe ich sie beneidet, Gott verzeih mir!«

»Sänger und Tänzer gehen über alles auf der Welt!« sagte streng die Kinderfrau Jewgenja und stimmte irgend etwas über König David an, während Onkel Jakow Zyganok umarmte und meinte: »Du solltest in den Kneipen auftreten – die Leute wären von Sinnen!«

»Wenn ich doch eine Stimme hätte!« klagte Zyganok. »Gäbe mir Gott eine Stimme, ich würde zehn Jahre singen und dann – meinetwegen ins Kloster gehen!«

Alle tranken Wodka, besonders viel trank Grigorij. Großmutter, die sein Glas immer aufs neue füllte, warnte ihn: »Sieh dich vor, Grischa, du wirst noch völlig erblinden!«

Er gab gelassen zur Antwort: »Wennschon! Ich brauche die Augen nicht mehr – ich habe alles gesehen . . .«

Er trank, ohne berauscht zu werden, wurde aber immer redseliger und sprach fast immer von meinem Vater zu mir: »Er hat viel Herz gehabt, mein alter Freund Maxim Sawwatejitsch . . .«

Großmutter seufzte und pflichtete ihm bei: »Ja, er war ein rechtes Kind Gottes . . .«

Alles war schrecklich interessant, alles hielt mich in Atem, und alles senkte sich mit einer stillen, nicht weiter ermattenden Wehmut in mein Herz. Die Wehmut und die Freude lebten in den Menschen nebeneinander, fast unzertrennlich, und eines löste das andere mit unverständlicher, unfaßbarer Schnelligkeit ab.

Eines Tages begann Onkel Jakow, obwohl er nicht übermäßig betrunken war, sein Hemd zu zerfetzen, wütend sein Kraushaar, den spärlichen weißblonden Schnurrbart zu raufen und an seiner Nase, an seiner hängenden Lippe zu ziehen.

»Was soll das alles?« jammerte er und vergoß Tränen. »Wofür das alles, wofür?«

Er schlug sich auf die Wangen, gegen die Stirn, gegen die Brust und schluchzte: »Ein Schuft, ein Schurke, eine gebrochene Seele!«

Grigorij knurrte: »Ahaaa! Da haben wir's!«

Großmutter aber, auch sie nicht ganz nüchtern, haschte nach Jakows Händen und sprach ihm gut zu: »Hör auf, Jascha, der Herrgott weiß schon, was er uns lehrt!«

Wenn sie getrunken hatte, war sie noch anziehender: Die dunklen Augen lächelten und verströmten jedem gegenüber ein herzerwärmendes Licht, während sie ihr erhitztes Gesicht mit dem Taschentuch fächelte und in singendem Tonfall ausrief: »Herrgott, Herrgott! Wie schön alles ist! Nein, seht nur, wie schön alles ist!«

Das war der Schrei ihres Herzens, die Losung ihres ganzen Lebens.

Die Tränen und das Jammern des sonst so sorglosen Onkels erstaunten mich sehr. Ich fragte die Großmutter, weshalb er geweint, weshalb er sich gescholten und geschlagen habe.

»Du mußt aber auch alles wissen!« sagte sie unwillig – gegen ihre sonstige Gewohnheit. »Wart ab, es ist zu früh für dich, die Nase in solche Angelegenheiten zu stecken . . .«

Das erregte meine Neugier noch mehr. Ich ging in die Werkstatt und wich nicht von Iwans Seite, aber auch er wollte mir nicht antworten, lachte nur leise, sah verstohlen zum Meister hinüber, suchte mich aus der Werkstatt zu drängen und rief:

»Laß mich in Frieden, geh! Sonst steck ich dich in den Kessel und färbe dich ein!«

Der Meister stand vor dem breiten, niedrigen Herd, in den drei Kessel eingelassen waren, rührte in ihnen mit dem langen schwarzen Rührstock, zog ihn hier und da heraus und beobachtete, wie sich von seinem Ende die farbigen Tropfen lösten. Heiß brannte das Feuer, es spiegelte sich im Schoß seiner Lederschürze, die bunt war wie ein Popengewand. Das farbige Wasser in den Kesseln zischte, dichte Wolken von beißendem Dampf zogen zur Tür, draußen auf dem Hof wirbelte trockener Schnee.

Der Meister sah mich unter der Brille hervor mit trüben, geröteten Augen an und sagte grob zu Iwan: »Holz her! Siehst du denn nicht?«

Und als Zyganok auf den Hof hinauseilte, ließ sich Grigorij auf einem Sack Sandelholz nieder und winkte mich zu sich heran. »Komm doch mal her!«

Er nahm mich auf den Schoß, drückte den warmen, weichen Bart an meine Wange und erzählte mir einprägsam: »Dein Onkel hat seine Frau zu Tode geprügelt, hat sie zu Tode gequält, und jetzt peinigt ihn das Gewissen – hast du verstanden? Du mußt alles verstehen, paß auf, sonst gehst du zugrunde!«

Mit Grigorij ist alles einfach wie mit Großmutter, aber er wirkt unheimlich, und es scheint, als ob er unter der Brille hervor alles durchschaue.

»Wie er sie totgeprügelt hat?« sagte er, ohne sich zu beeilen. »Nun so: Er legt sich mit ihr schlafen, zieht ihr die Decke über den Kopf und knufft und schlägt sie. Warum? Das weiß er wohl selber nicht.«

Und ohne Iwan zu beachten, der mit einem Armvoll Holz zurückgekehrt ist, vor dem Feuerloch hockt und sich die Hände wärmt, fährt der Meister eindringlich fort: »Vielleicht hat er sie geschlagen, nur weil sie besser war als er und ihn das neidisch machte. Die Kaschirins, Freund, mögen den Guten nicht, sie beneiden ihn, aber sie nehmen das Gute nicht an, sie versuchen, es zu vernichten! Frag doch mal die Großmutter, wie sie bemüht waren, deinen Vater unter die Erde zu bringen! Sie wird dir alles sagen – sie kann das Unrecht nicht leiden, es ist ihr fremd. Sie hat etwas von einer Heiligen, wenn sie auch Wodka trinkt und

Tabak schnupft. Sie ist auf ihre Art fromm. Halte dich nur an sie . . .«

Er versetzte mir einen kleinen Stoß, und ich trat bedrückt und erschrocken auf den Hof hinaus. Im Wohnhausflur holte mich Wanjuschka ein, faßte mich beim Kopf und flüsterte mir zu: »Hab keine Angst vor ihm, er ist gut; sieh ihm gerade in die Augen, das hat er gern.«

Alles war seltsam und aufregend. Ein anderes Leben kannte ich nicht, doch ich erinnerte mich, wenn auch undeutlich, daß Vater und Mutter anders gelebt hatten. Sie führten andere Reden, hatten eine andere Art von Fröhlichkeit und gingen oder hockten stets nebeneinander, nahe beisammen. Abends, wenn sie am Fenster saßen, lachten sie oft oder sangen mit lauter Stimme; auf der Straße sammelten sich Leute an, die zu ihnen heraufsahen. Die Gesichter der Menschen blickten nach oben und erinnerten mich auf komische Weise an ungewaschene, beim Mittagessen benutzte Teller. Hier, bei Kaschirins, lachte man selten, und man verstand nicht immer, worüber gelacht wurde. Man schrie sich häufig an, drohte einander, tuschelte geheimnisvoll in den Ecken. Die Kinder waren still, man bemerkte sie kaum; es drückte sie an die Erde wie Staub nach dem Regen.

Ich fühlte mich im Hause als Fremder, und dieses ganze Leben versetzte mir Dutzende von Stichen, stimmte mich mißtrauisch, ließ mich alles mit angespannter Aufmerksamkeit beobachten.

Iwan und ich freundeten uns immer mehr an; Großmutter war von Sonnenaufgang bis in die späte Nacht mit der Arbeit im Hause beschäftigt, so daß ich mich fast den ganzen Tag in Zyganoks Nähe herumtrieb. Er hielt nach wie vor seine Hand hin, wenn der Großvater mich mit der Rute züchtigte, zeigte mir am folgenden Tag seine geschwollenen Finger und beschwerte sich: »Nein, das hat alles keinen Sinn! Du hast es dadurch nicht leichter, und ich – da, sieh her! Ich tu das nicht mehr, bleib mir vom Halse!«

Und das nächste Mal nahm er den unnötigen Schmerz wieder auf sich.

»Aber du wolltest doch nicht?« – »Wollt ich auch nicht, hab's aber doch getan. Es kam ganz von selbst, ohne daß ich es merkte . . .«

Bald erfuhr ich etwas über Zyganok, das mein Interesse für ihn und die Liebe zu ihm noch steigerte.

Jeden Freitag spannte Zyganok Großmutters Liebling, den braunen Wallach Scharap, einen durchtriebenen Schlingel und ein großes Leckermaul, vor einen breiten Schlitten. Zyganok zog einen kurzen, bis an die Knie reichenden Halbpelz an, setzte die schwere Mütze auf, schnürte sich einen grünen Gürtel um und fuhr zum Markt, um Lebensmittel einzukaufen. Manchmal kam er lange nicht wieder. Alle im Hause waren besorgt, man trat an die Fenster, hauchte die vereisten Scheiben an, um sie zum Abtauen zu bringen, und lugte auf die Straße hinaus.

»Kommt er noch nicht?«

»Nein!«

Am aufgeregtesten war die Großmutter. »Ach ihr«, sagte sie zu den Söhnen und zum Großvater, »ihr stürzt mir den Menschen noch ins Verderben und obendrein auch das Pferd! Schämt ihr euch nicht, gewissenlose Fratzen? Habt ihr denn immer noch nicht genug? Ach ihr, törichte Sippschaft, euch Geizhälse wird der Herrgott noch strafen!«

Der Großvater brummte mürrisch: »Laß gut sein! Es war das letztemal . . .«

Manchmal kehrte Zyganok erst gegen Mittag zurück. Die Onkel und der Großvater eilten auf den Hof. Großmutter, die erbittert Tabak schnupfte, tapste hinter ihnen her wie eine Bärin – sie erschien an solchen Tagen aus irgendeinem Grunde immer sehr ungeschickt. Auch die Kinder kamen gelaufen, und man ging fröhlich daran, den Schlitten auszuladen, der mit Ferkeln, geschlachtetem Geflügel, Fisch und Fleischstücken aller Art vollgepackt war.

»Hast du alles gekauft, wie es dir aufgetragen war?« fragte der Großvater und tastete mit scharfem Blick aus den Augenwinkeln die Fuhre ab.

»Alles, wie sich's gehört«, gab Iwan fröhlich zur Antwort, hüpfte, um warm zu werden, im Hof umher und klatschte ohrenbetäubend laut die Fäustlinge gegeneinander.

»Hau die Fausthandschuhe nicht kaputt, sie haben Geld gekostet«, rief streng der Großvater. »Hast du was übrigbehalten?«

»Nein.«

Der Großvater ging langsam um die Fuhre herum und meinte mit gedämpfter Stimme: »Du hast wieder merkwürdig viel mitgebracht. Hör zu – du hast doch nicht ohne Geld eingekauft? Daß mir dergleichen nicht vorkommt.«

Und er legte das Gesicht in Falten und ging rasch davon.

Die Onkel stürzten vergnügt auf die Fuhre zu, wogen das Geflügel, den Fisch, das Gänseklein, die Kalbsfüße, die riesigen Fleischstücke in der Hand, pfiffen und brachten lärmend ihre Anerkennung zum Ausdruck: »Da hast du aber allerlei ergattert!«

Besonders begeistert war Onkel Michail. Er sprang federnd um die Fuhre herum, beschnupperte alles mit seiner Spechtnase, schmatzte genießerisch und kniff wollüstig die unruhigen Augen zusammen – er war dürr, dem Vater sehr ähnlich, aber größer von Wuchs und schwarz wie ein verkohltes Brennscheit. Die frierenden Hände in den Ärmeln, fragte er Zyganok: »Wieviel hat dir der Vater gegeben?« – »Fünf Rubel.« – »Dabei ist hier Ware für fünfzehn. Und wieviel hast du ausgegeben?« – »Vier Rubel zehn.« – »Dann hast du also noch neunzig Kopeken in der Tasche. Merkst du, Jakow, wie sich das Geld verzinst?«

Onkel Jakow, der im bloßen Hemd im Frost herumstand, lächelte leise vor sich hin und blinzelte in den kalten blauen Himmel.

»Du solltest jedem von uns ein Achtelchen spendieren, Wanka«, warf er träge ein.

Großmutter spannte das Pferd aus.

»Was denn, mein Kleines? Was denn, du Schmeichelkätzchen? Du möchtest wohl mit mir spielen? Nun, so spiel – du Gottesgeschöpf!«

Der riesige Scharap warf die dichte Mähne hoch, schnappte mit seinen weißen Zähnen nach Großmutters Schulter, riß ihr das seidene Käppchen vom Kopf, sah ihr fröhlich ins Gesicht und schüttelte, leise wiehernd, den Reif von den Wimpern.

»Du möchtest wohl ein Stück Brot?«

Sie schob ihm einen kräftig gesalzenen, großen Brotkanten zwischen die Zähne, hielt ihm die Schürze wie einen Sack unter das Maul und sah nachdenklich zu, wie er fraß.

Zyganok kam auf sie zugesprungen, auch er war verspielt und tänzelte wie ein junges Pferd.

»So ein guter Wallach, Großmutter, und so klug ...«

»Mach, daß du fortkommst, und scharwenzel nicht um mich herum!« rief die Großmutter und stampfte mit dem Fuß. »Du weißt doch, daß ich dich an solchen Tagen nicht leiden kann.«

Sie erklärte mir, daß Zyganok auf dem Markt mehr stahl als kaufte.

»Wenn ihm der Großvater einen Fünfrubelschein gibt, kauft er für drei Rubel ein und stiehlt für zehn«, erzählte sie wenig vergnügt. »Das Stehlen macht ihm Spaß, dem Schlingel! Einmal hat er's versucht – und es klappte; zu Hause lachte man nur und lobte seine Geschicklichkeit; so wurde ihm der Diebstahl zur Gewohnheit. Der Großvater aber hat von Jugend an genug Armut und Not gesehen. Er ist auf seine alten Tage geizig geworden, er hängt am Gelde mehr als an den leiblichen Kindern und freut sich, wenn er etwas umsonst bekommt. Und was Michailo und Jakow betrifft ...«

Sie winkte nur ab, hielt einen Augenblick inne, starrte in die geöffnete Schnupftabakdose und setzte brummig hinzu: »Das, Ljonja, sind schwierige Sachen wie Spitzen, geklöppelt von einem blinden Weib – wie soll sich unsereins im Muster zurechtfinden? Wenn sie Iwan beim Stehlen erwischen, prügeln sie ihn zu Tode ...«

Sie schwieg ein Weilchen und sagte mit leiser Stimme: »O je! Regeln gibt es bei uns genug, aber wo ist die Wahrheit?«

Am folgenden Tag bat ich Zyganok, er solle nicht wieder stehlen. »Sonst prügeln sie dich zu Tode ...«

»Mich kriegen sie nicht – ich zieh mich schon aus der Schlinge. Ich bin gewandt, und das Pferd ist flink!« sagte er mit einem spöttischen Lächeln, zog aber gleich darauf schwermütig die Brauen zusammen. »Ich weiß doch: Stehlen ist etwas Schlechtes und auch gefährlich. Ich tu das doch nur so, aus Langeweile. Ich lege auch kein Geld zurück, deine Onkel listen mir während der Woche ja doch alles ab. Mir tut es nicht leid, nehmt nur! Ich werde ja satt.«

Er nahm mich plötzlich auf die Arme und schüttelte mich ein wenig hin und her.

»Wie leicht und dünn du bist, hast aber kräftige Knochen, wirst sicher ein starker Bursche! Weißt du was: Lerne Gitarre spielen, bitte Onkel Jakow darum, nein wirklich! Bist zwar noch klein, das ist ja eben das Unglück! Klein, aber stachlig. Den Großvater magst du wohl nicht?«

»Ich weiß nicht.«

»Ich jedenfalls kann die Kaschirins nicht leiden, abgesehen von der Großmutter, soll die Kaschirins der Satan leiden!«

»Und mich?«

»Du bist kein Kaschirin, du bist ein Peschkow, von anderem Fleisch und Blut, von anderem Stamme . . .«

Und plötzlich preßte er mich fest in seinen Armen und stöhnte fast: »Ach, wenn ich doch eine Singstimme hätte, Herrgott! Wie würde ich den Leuten das Herz verbrennen . . . Geh schon, mein Freund, ich muß arbeiten . . .«

Er ließ mich auf den Fußboden herunter, nahm den Mund voller kleiner Nägel und begann ein feuchtes Stück schwarzen Stoff auf ein großes quadratisches Brett zu spannen und anzunageln.

Bald danach kam er um.

Das geschah so: Auf dem Hof lag in der Nähe des Tors, angelehnt an den Zaun, ein großes eichenes Kreuz mit dickem, astigem Fuß. Es lag dort schon lange. Ich hatte es gleich in den ersten Tagen meines Lebens im Hause bemerkt – das Kreuz war damals noch neuer und gelber gewesen, wurde aber während des Herbstregens erheblich schwärzer. Es strömte den bitteren Geruch gebeizter Eiche aus und war auf dem engen, schmutzigen Hof überflüssig.

Gekauft hatte es Onkel Jakow; er wollte es auf dem Grab seiner Frau errichten und hatte das Gelübde getan, das Kreuz an ihrem Todestage auf seinen eigenen Schultern zum Friedhof zu tragen.

Dieser Tag fiel auf einen Sonnabend zu Anfang des Winters; es war kalt und windig, von den Dächern wirbelte der Schnee. Alle traten aus dem Haus auf den Hof hinaus. Großvater und Großmutter waren mit drei Enkelkindern bereits zum Friedhof vorausgefahren, um eine Seelenmesse lesen zu lassen. Ich mußte zur Strafe für irgendwelche Missetaten zu Hause bleiben.

Die Onkel, beide in gleichen schwarzen Halbpelzen, richteten das Kreuz auf und stellten sich unter die Kreuzesarme. Grigorij und irgendein Fremder hoben mit Mühe den schweren Kreuzesfuß hoch und legten ihn Zyganok auf die breite Schulter. Er wankte und spreizte die Beine.

»Schaffst du es nicht?« fragte Grigorij.

»Ich weiß nicht. Ist ein bißchen schwer . . .«

Ärgerlich rief Onkel Michail: »Mach das Tor auf, blinder Satan!«

Und Onkel Jakow fügte hinzu: »Schäm dich, Wanka, wir beide sind schwächer als du!«

Aber Grigorij gab, als er das Tor aufstieß, Iwan den ernsten Rat: »Paß also auf, übernimm dich nicht! Geht mit Gott!«

»Glatzköpfiger Narr!« rief Onkel Michail ihm von der Straße her zu.

Alle, die auf dem Hofe waren, lächelten und fingen laut zu reden an, als ob es allen gefiele, daß man das Kreuz fortgetragen hatte.

Grigorij Iwanowitsch nahm mich an die Hand, führte mich in die Werkstatt und meinte: »Vielleicht wird dich der Großvater heute nicht züchtigen, er sieht heute so freundlich drein . . .«

In der Werkstatt setzte er mich auf einen Haufen zum Färben vorbereiteter Wolle, hüllte mich sorgsam bis an die Schultern in sie ein und meinte nachdenklich, während er hier und da am Dampf, der von den Kesseln aufstieg, herumschnupperte: »Ich, mein Lieber, kenne den Großvater seit siebenunddreißig Jahren, ich habe ihn in den Anfängen seines Geschäfts gesehen und sehe ihm auch jetzt, am Ende, zu. Wir beide waren früher gute Freunde und haben uns dieses Geschäft gemeinsam ausgedacht, haben es gemeinsam angefangen. Er ist gescheit, der Großvater! Da hat er sich zum Eigentümer zu machen gewußt, ich habe es nicht verstanden. Aber der Herrgott ist klüger als wir alle; er braucht nur zu lächeln, und selbst der weiseste Mensch klappert nur mit den Augen und wird zum Dummen. Du verstehst ja noch nicht, warum etwas gesagt oder getan wird, es ist aber notwendig, daß du das alles verstehst. Eine Waise hat es schwer. Dein Vater, Maxim Sawwatejitsch, das war einer, der alles verstand – ebendeshalb konnte ihn der Großvater auch nicht leiden und erkannte ihn einfach nicht an . . .«

Es tat wohl, seine guten Worte zu hören, während man zusah, wie im Herd die roten und goldenen Flammen spielten, wie milchige Dampfwolken über den Kesseln aufstiegen und als blaugrauer Reif an den schrägen Dachbrettern hängenblieben – durch die zottigen Spalte zwischen den Brettern sah man hier und da einen Streifen vom blauen Himmel. Der Wind hatte nachgelassen, irgendwo schien die Sonne, der ganze Hof war wie mit Glasstaub übersät. Auf der Straße kreischten Schlittenkufen, bläulicher Rauch kräuselte sich über den Schornsteinen, leichte Schatten glitten über den Schnee, als ob sie etwas erzählten.

Der lange, knochige Grigorij, bärtig und ohne Mütze, mit großen Ohren – er sah wie ein guter Zauberer aus –, rührte in der kochenden Farbe und belehrte mich: »Sieh allen gerade in die Augen; wenn ein Hund auf dich losgeht – auch dem, er wird von dir ablassen ...«

Die schwere Brille drückte auf seine Nasenwurzel, die Nasenspitze lief bläulich an und erinnerte mich an die der Großmutter.

»Warte mal!« sagte er plötzlich, horchte, drückte mit seinem Fuß die Ofentür zu und lief in langen Sätzen über den Hof. Ich stürzte ihm nach.

In der Küche lag Zyganok mitten auf dem Fußboden mit dem Gesicht nach oben. Breite Lichtstreifen fielen durchs Fenster auf ihn ein, einer auf Kopf und Brust, der andere auf seine Beine. Auf seiner Stirn lag ein sonderbares Leuchten. Die Augenbrauen waren steil emporgezogen, die Schielaugen starrten unbeweglich zur schwarzen Decke. Die dunklen Lippen, aus denen rosige Bläschen quollen, zuckten. Aus den Mundwinkeln troff Blut. Es rann über Wangen und Hals und floß in zähflüssigen Bächen unter dem Rücken hervor über den Fußboden. Seine Beine waren ungeschickt gespreizt, man sah, daß seine weiten Hosen durchnäßt waren; sie klebten an den Dielenbrettern fest. Der Fußboden war frisch mit Sand gescheuert. Er glänzte wie die Sonne. Die Blutrinnsale überschnitten die Lichtstreifen und zogen sich – äußerst grell – zur Schwelle.

Zyganok rührte sich nicht, nur seine Hände, die längs des Körpers ausgestreckt waren, bewegten sich und kratzten auf dem Fußboden herum. Seine verfärbten Fingernägel blitzten in der Sonne.

Die Kinderfrau Jewgenja hockte nieder und versuchte, ihm eine dünne Kerze in die Hand zu drücken. Iwan hielt sie nicht fest, die Kerze fiel um, ihr Flämmchen erlosch im Blute; die Kinderwärterin hob sie auf, wischte sie mit der Schürze ab und war aufs neue bemüht, sie zwischen den unruhigen Fingern festzuklemmen. Ein schaukelndes Geflüster durchwogte die Küche. Es drängte mich von der Schwelle, trieb mich an wie der Wind, aber ich klammerte mich an die Türklinke und hielt mich gut an ihr fest.

»Er ist gestolpert«, berichtete mit ausdrucksloser Stimme Onkel Jakow. Er zuckte mit dem Kopf und wandte ihn hin und her. Onkel Jakow war ganz fahl und zerknittert und zwinkerte immerfort mit den farblos gewordenen Augen.

»Er ist gestürzt, und da hat es ihn eben erdrückt – das Kreuz ist ihm auf den Rücken gefallen. Es hätte auch uns verletzt, aber wir haben es rechtzeitig abgeworfen.«

»Ihr seid schuld, daß es ihn erdrückt hat«, sagte Grigorij mit dumpfer Stimme.

»Aber – wieso denn . . .« – »Ja, ihr!«

Das Blut rann und rann, es sammelte sich an der Schwelle zu einer Lache, färbte sich dunkler und schien sich hochzuwölben. Zyganok hatte rosigen Schaum vor dem Mund, stöhnte, als ob er träumte, schmolz dahin, wurde immer weniger und flacher – er versank gleichsam im Fußboden.

»Michailo ist schnell zur Kirche geritten, um den Vater zu holen«, flüsterte Onkel Jakow, »während ich Iwan in eine Droschke packte und – rasch hierher . . . Ein Glück, daß ich nicht selber den Kreuzesfuß trug, sonst hätte es mich . . .«

Die Kinderfrau versuchte aufs neue, Zyganok die Kerze zwischen die Finger zu klemmen, und tröpfelte Tränen und Wachs auf seine Hand.

Grigorij sagte grob und mit lauter Stimme: »Kleb sie zu seinen Häupten am Fußboden fest, Tschuwaschin!« – »Ja doch . . .« – »Und nimm ihm die Mütze vom Kopf!«

Die Kinderfrau zog Iwan die Mütze herunter; er schlug dumpf mit dem Hinterkopf auf. Der Kopf legte sich auf die Seite, das Blut floß reichlicher, aber nur noch aus einem Mundwinkel. Das hielt entsetzlich lange an. Zuerst wartete ich darauf, daß Zyganok sich erholen, sich aufrichten und auf dem Fußboden zurechtsetzen, dann ausspucken und sagen werde: »Puh, eine Hitze . . .«

Das tat er immer, wenn er sonntags aus dem Mittagsschlaf erwachte. Aber er richtete sich nicht mehr auf, er schmolz immer mehr dahin. Die Sonne hatte sich von ihm entfernt, die hellen Streifen waren kürzer geworden und lagen nur noch auf den Fensterbrettern. Er selbst erschien dunkler, bewegte nicht mehr die Finger, der rosige Schaum auf seinen Lippen verschwand. An seinem Scheitel und neben den Ohren ragten drei Kerzen, flakkerten mit ihren goldenen Zünglein und erhellten sein zottiges blauschwarzes Haar; gelbe Lichtreflexe zitterten auf seinen braunen Wangen, die Spitze der scharfen Nase, die rosigen Lippen schimmerten.

Die Kinderwärterin war niedergekniet, weinte und murmelte vor sich hin: »Mein Tauber du, mein fröhlicher junger Falke . . .«

Es war unheimlich und kalt. Ich kroch unter den Tisch und versteckte mich dort. Später kamen der Großvater in seinem schweren schwarzen Waschbärpelz, die Großmutter in einem weiten Mantel mit Pelzschwänzen am Kragen, Onkel Michail, die Kinder und viele fremde Leute in die Küche gestürzt.

Der Großvater warf seinen Pelz auf den Fußboden und schrie: »Schufte! So einen Burschen zugrunde richten! In fünf Jahren wäre er einfach nicht zu bezahlen gewesen . . .«

Die Kleidungsstücke auf dem Fußboden hinderten mich, Iwan zu sehen. Ich kroch unter dem Tisch hervor und geriet dem Großvater vor die Füße. Er stieß mich beiseite und drohte den Onkeln mit seiner kleinen roten Faust. »Ihr Wölfe!«

Und er setzte sich auf die Bank, stützte die Arme auf, schluchzte trockenen Auges und klagte mit knarrender Stimme: »Ich weiß – er war euch ein Dorn im Auge . . . Ach, Wanjuschetschka . . . du Dummer! Was macht man nun, was? Was – frage ich, soll man machen? Aber fremde Leute – böse Meute! Mutter, der Herrgott hat's in den letzten Jahren nicht gut mit uns gemeint. Nicht wahr, Mutter?«

Großmutter lag auf dem Fußboden, befühlte Iwans Gesicht, seinen Kopf, seine Brust. Sie hauchte ihm in die Augen, griff nach seinen Händen, drückte und preßte sie und warf alle Kerzen um. Dann richtete sie sich schwerfällig auf, völlig schwarz, in einem schwarzen glänzenden Kleid, riß schreckenerregend die Augen auf und sagte mit halblauter Stimme: »Hinaus, ihr Verfluchten!«

Alle außer dem Großvater verschwanden rasch aus der Küche.

Zyganok wurde unauffällig ohne viel Aufhebens beerdigt.

IV

Ich liege auf dem breiten Bett, bin vierfach in eine schwere Decke gewickelt und höre zu, wie die Großmutter betet. Sie liegt auf den Knien und drückt die eine Hand an die Brust, während sie sich mit der anderen langsam bekreuzigt.

Draußen auf dem Hof klirrt der Frost. Durch die Eisblumen an den Fensterscheiben fällt grünliches Mondlicht ein, erhellt das gutmütige starknasige Gesicht und läßt die dunklen Augen phosphoreszieren. Das Seidenkäppchen, das Großmutters Haare bedeckt, schimmert, als wäre es geschmiedet; das dunkle Kleid bewegt sich, rieselt von den Schultern herab, bedeckt den Fußboden.

Großmutter beendet ihr Gebet, zieht sich schweigend aus, legt ihre Sachen sorgsam auf einer Truhe in der Ecke zusammen und kommt ans Bett, während ich tue, als ob ich fest schliefe.

»Du schwindelst, Schlingel, du schläfst doch nicht?« sagt sie mit leiser Stimme. »Du schläfst doch gar nicht, nicht wahr, mein Herzchen? Also, her mit der Decke!«

Ich genieße das, was nun kommt, im voraus und muß lächeln. Da fährt sie mich an: »Aha, du willst dich über die alte Großmutter lustig machen?«

Sie faßt die Decke am Rand und zieht sie so kräftig und so geschickt auf sich zu, daß ich hochgeschleudert werde, mich mehrmals um meine Achse drehe und auf das Federbett klatsche, während sie lacht: »Was ist, du kleine Rübe? Denkst du, ich werde mit dir nicht fertig?«

Aber manchmal betet sie auch sehr lange, ich schlafe dann tatsächlich ein und höre nicht mehr, wie sie sich hinlegt.

Die langen Gebete beschließen immer die Tage, an denen es Verdruß, Streit oder Schlägereien gegeben hat; ich höre ihnen mit großem Interesse zu. Großmutter berichtet dem Herrgott ausführlich, was alles im Hause geschehen ist. Sie liegt – groß und schwer – auf den Knien, flüstert zuerst rasch und undeutlich und brummt schließlich mit tiefer Stimme: »Du, Herrgott, weißt es doch selber – jeder möchte es gut haben. Michailo, der Älteste, müßte in der Stadt bleiben, hinter den Fluß zu ziehen ist für ihn kränkend, und auch die Gegend dort ist neu und unerprobt; niemand kann sagen, was daraus wird. Der Vater zieht aber Jakow vor. Ist es denn schön, seine Kinder so ungleich zu lieben? Der Alte ist halsstarrig – du, Herr, solltest ihn zur Vernunft bringen!«

Sie blickt mit ihren großen leuchtenden Augen zu den dunklen Ikonen auf und gibt ihrem Herrgott gute Ratschläge: »Schick ihm doch, Herr, einen guten Traum, damit er weiß, wie er die Kinder auszahlen soll!«

Sie bekreuzigt sich, verneigt sich bis an die Erde, stößt mit ihrer breiten Stirn gegen den Fußboden, richtet sich wieder auf und meint belehrend: »Warwara solltest du denn doch eine Freude gönnen! Womit nur hat sie dich so erzürnt, wieso ist sie sündiger als die anderen? Was ist nur: eine junge gesunde Frau, und lebt in Kummer! Und gedenke, Herr, auch Grigorijs – seine Augen werden immer schlimmer. Wenn er blind wird, muß er betteln gehen – das wäre nicht schön! Er hat all seine Kraft für Großvater hergegeben, aber wird Großvater ihm denn helfen? . . . Ach, Herr – ach, Herr . . .«

Sie schweigt lange und läßt demütig Kopf und Arme hängen, als wäre sie fest eingeschlafen oder erfroren.

»Was noch?« versucht sie sich zu erinnern und zieht die Brauen zusammen. »Erbarme dich aller Rechtgläubigen, errette sie, und mir verdammter Törin vergib – du weißt doch, ich sündige nicht aus bösem Willen, sondern aus Dummheit, aus Unverstand.«

Sie seufzte aus tiefstem Herzen und fügte freundlich und zufriedengestellt hinzu: »Aber alles das, Lieber, weißt du, alles das, Vater, ist dir bekannt.«

Mir gefiel Großmutters Gott, der ihr so nahestand, sehr gut, und häufig bat ich: »Erzähl mir von Gott!«

Von Gott sprach sie auf ganz besondere Art: sehr leise und sonderbar gedehnt, mit halbgeschlossenen Augen und immer im Sitzen. Sie stand für einen Augenblick auf, setzte sich wieder, bedeckte den bloßen Kopf mit ihrem Tuch und raunte, bis ich einschlief: »Da sitzt der Herrgott auf einem Hügel inmitten der Paradieseswiese, auf einem Thron aus blauen Edelsteinen, unter silbernen Linden, und diese Linden blühen das ganze Jahr hindurch; es gibt weder Herbst noch Winter im Paradiese, und die Blümlein welken nicht, sondern blühen fort und fort, die Erwählten des Herrn zu erfreuen. Um den Herrn herum aber schwebt eine Vielzahl von Engeln – als rieselte Schnee oder schwärmte ein Bienenvolk aus. Sie sinken gleich weißen Tauben vom Himmel herab zur Erde und fliegen wieder zum Himmel auf, um Gott von allem zu erzählen, was uns Menschen betrifft. Da ist dein Engel und meiner und Großvaters – jeder hat seinen Engel, vor dem Herrn sind wir alle gleich. Dein Engel zum Beispiel verkündet dem Herrn: ›Lexej hat dem Großvater die Zunge herausgestreckt!‹ Der Herrgott aber verfügt: ›Nun gut, soll ihn der Alte also züchtigen!‹ Und so entgilt er es jedem, in allem und nach Verdienst – dem einen durch Kummer, dem anderen durch Freude. Und alles das gerät ihm so gut, daß die Engel frohlocken, die Schwingen regen und ohne Unterlaß singen: ›Ehre sei dir, Ehre sei dir, o Herr!‹ Während er, der Gute, nur dazu lächelt – als wolle er sagen: Schon recht!«

Und auch sie selber lächelt und schüttelt den Kopf.

»Und hast du das gesehen?«

»Gesehen hab ich's nicht, aber ich weiß es!« entgegnet sie nachdenklich.

Wenn sie von Gott, vom Paradies, von den Engeln sprach, wurde sie klein und sanft, ihr Gesicht erschien jünger, die feuchten Augen strömten ein ganz besonders warmes Licht aus. Ich nahm ihre schweren atlasglänzenden Zöpfe in meine Hände, wickelte sie um meinen Hals und lauschte, gespannt und ohne mich zu rühren, ihren endlosen, aber niemals ermüdenden Reden.

»Den Herrgott zu sehen ist dem Menschen nicht gegeben – er würde erblinden; nur die Heiligen schlagen die Augen voll zu ihm auf. Aber Engel zum Beispiel habe ich schon gesehen; sie erscheinen einem, wenn man eine reine Seele hat. Ich stand einmal während des Frühgottesdienstes in der Kirche, und da gingen im Altarraum zwei von ihnen umher – wie Nebelwölkchen, man konnte durch sie hindurchsehen, und hell waren sie, ganz hell, die Flügel aber – wie aus Spitzen, wie aus Musselin – die Flügel also reichten bis zur Erde. Sie bewegten sich um den Altar herum und halfen dem greisen Vater Ilja: Wenn er die Hände erhob, um zu Gott zu beten, stützten sie ihn und griffen ihm unter die Arme. Er war schon sehr alt und halb blind dazu, überall stieß er an und ist dann auch bald gestorben, verschieden. Als ich die Engel damals sah, war ich vor Freude ganz starr, mein Herz preßte sich zusammen, die Tränen rannen – war das schön! Ach, Ljonka, du treue Seele, wie gut doch bei Gott dem Herrn alles ist, im Himmel wie hier auf Erden, wie gut ...«

»Und ist denn bei uns alles gut?«

Großmutter bekreuzigte sich und entgegnete: »Der Muttergottes sei Dank – alles ist gut!«

Das verwirrte mich: Es fiel schwer anzuerkennen, daß im Hause alles gut stand; mir schien, daß es sich immer schlechter in diesem Hause lebte.

Eines Tages, als ich an der Tür von Onkel Michails Zimmer vorbeikam, sah ich, wie Tante Natalja, ganz in Weiß, die Hände an die Brust gepreßt, im Zimmer hin und her taumelte und leise, aber mit unheimlicher Stimme ausrief: »Herrgott, so nimm mich zu dir, nimm mich doch von hier fort ...«

Ihr Gebet war mir verständlich, und ich verstand auch Grigorij, wenn er gelegentlich vor sich hin brummte: »Wenn ich erblinde, geh ich betteln – ist immer noch besser als das ...«

Ich wünschte mir, er möge recht bald erblinden. Ich würde mich ihm als Blindenführer anbieten, und wir würden zusammen betteln gehen. Ich hatte ihm auch schon davon gesprochen. Der Meister lächelte in seinen Bart hinein und sagte: »Abgemacht, so werden wir es auch halten! Und ich verkünde dann in der ganzen Stadt: Das ist Wassilij Kaschirins, des Zunftvorstehers Enkel, von seiner Tochter her! Es wird recht unterhaltsam werden ...«

Wiederholt bemerkte ich unter Tante Nataljas blicklosen Augen blaue Flecken und sah die angeschwollenen Lippen in ihrem gelben Gesicht. Ich fragte die Großmutter: »Schlägt sie der Onkel?«

Sie seufzte und gab zur Antwort: »Ja, heimlich schlägt er sie, der Gottverdammte! Der Großvater hat's ihm verboten, da tut er es denn nachts. Er ist ein Bösewicht und sie ein Waschlappen.«

Und sie wird lebhaft und erzählt: »Immerhin schlägt man die Frauen heutzutage nicht mehr wie früher! Nun gut, sie kriegen eins in die Zähne oder hinter die Ohren, oder man zaust sie ein bißchen an den Zöpfen, während man sie doch früher stundenlang mißhandelte! Der Großvater hat mich einst am ersten Osterfeiertag von der Mittagsmesse bis zur Abendandacht geprügelt. Er prügelt mich, wird müde, ruht sich aus – und fängt wieder von vorne an! Mit der Pferdeleine und allem, was ihm in die Hände fällt.«

»Und wofür?«

»Das weiß ich nicht mehr. Ein anderes Mal hat er mich halbtot geschlagen und mir fünf Tage nichts zu essen gegeben – ich bin damals gerade noch davongekommen. Und dann wiederum ...«

Das machte mich sprachlos: Großmutter war doppelt so stattlich wie der Großvater, und ich vermochte nicht zu glauben, daß er sie überwältigen konnte.

»Ist er denn stärker als du?«

»Stärker nicht, aber er ist der ältere! Außerdem ist er mein Mann! Er wird sich meinetwegen vor Gott zu verantworten haben, während mir auferlegt ist zu dulden ...«

Es war sehr reizvoll und angenehm, ihr zuzusehen, wenn sie den Staub von den Ikonen wischte und die Metallverkleidungen putzte; es handelte sich um wertvolle Ikonen mit vielen Perlen, vielem Silber und vielen bunten Steinen in den Strahlenkrönchen. Sie nahm mit geschickten Händen eine Ikone, sah sie sich lächelnd an und sagte gerührt: »Was für ein liebes Gesicht ...!«

Sie bekreuzigte sich und küßte die Ikone.

»Wie staubig, wie rußig sie ist – ach du allhelfende Mutter, unerschöpflicher Freudenquell! Sieh nur, Ljonja, du gute Seele, wie fein die Malerei, wie klein die Figuren sind, und dabei steht jede einzeln, jede für sich! Diese hier nennt sich ›Die zwölf Feste‹, in ihrer Mitte ist die allgütige Muttergottes ›Feodorowskaja‹ dargestellt. Und diese hier heißt ›Weine nicht, meine Mutter, wenn du mich einst im Grabe siehst ...‹«

Manchmal schien mir, sie spiele mit den Ikonen – ebenso ernst und hingegeben wie meine einfältige Base Katerina mit ihren Puppen.

Sie sah häufig Teufel, einzeln oder in großer Zahl.

»Da gehe ich eines Nachts während der Großen Fasten am Rudolfschen Hause vorbei. Der Mond scheint, es ist gar nicht so recht wie Fasten, und plötzlich sehe ich: Da sitzt doch rittlings auf dem Dach – groß und zottig – der Schwarze, neigt den gehörnten Kopf über den Schornstein, schnuppert. Schnuppert und schlägt mit dem Schweif, als fegte er das Dach. Ich mache das Kreuzeszeichen gegen ihn. ›Der Herr möge auferstehen und seine Feinde zerstreuen‹, sage ich. Da winselt er leise und stürzt sich kopfüber vom Dach hinunter in den Hof – fort war er! Wahrscheinlich haben die Rudolfs an diesem Tage mitten zur Fastenzeit Fleisch gekocht, und er hat's gerochen und sich darüber gefreut . . .«

Ich stelle mir vor, wie der Teufel kopfüber in die Tiefe saust, und muß lachen. Auch sie lacht und sagt: »Sie treiben zu gern allerlei Unfug, ganz wie die kleinen Kinder! Eines Tages zum Beispiel habe ich im Badehaus Wäsche gewaschen, und es ging auf Mitternacht zu; plötzlich springt doch die Ofentür auf! Und sie purzeln nur so heraus, einer immer kleiner als der andere, rot, grün, schwarz – wie die Küchenschaben. Ich – zur Tür, aber es ist kein Durchkommen. Ich bleibe einfach zwischen den Teufeln stecken, das ganze Badehaus ist voll von ihnen, ich kann mich nicht umdrehen, sie kriechen mir zwischen die Füße, zupfen und zerren an mir herum und nehmen mich so in die Klemme, daß ich mich nicht mal bekreuzigen kann! Zottig sind sie, weich, heiß – wie kleine Kätzchen, nur daß sie alle auf den Hinterpfoten stehen. Sie wirbeln umher, albern, blecken die Mäusezähnchen, die Äuglein sind grün, die Hörner kommen gerade erst durch – sieht aus wie kleine Beulen, und Ferkelschwänzchen haben sie auch noch – ach du meine Güte! Da schwanden mir doch wahrhaftig die Sinne! Und als ich dann wieder zu mir komme, ist die Kerze fast niedergebrannt, das Wasser im Waschtrog ist kalt geworden und die gewaschene Wäsche über den Fußboden verstreut. Ach ihr, denke ich, platzen sollt ihr!«

Ich schließe die Augen und sehe, wie sich aus dem Schlund des Badeofens, mit seinen grauen Feldsteinen, der Strom der zottigen, vielfarbigen Nichtsnutze ergießt, wie sie das kleine Badehaus überfluten, das Licht auszublasen versuchen und übermütig die rosigen Zungen herausstrecken. Auch das ist komisch, aber zugleich auch unheimlich. Großmutter schüttelt den Kopf, schweigt eine Weile und gerät plötzlich aufs neue in Erregung.

»Ich habe sie, die Verdammten, auch noch ein anderes Mal gesehen. Auch das war nachts, im Winter, bei Schneegestöber. Ich gehe durch die Djukow-Schlucht, in der, erinnerst du dich, ich habe dir davon schon erzählt, Jakow und Michailo deinen Vater in einem Eisloch ertränken wollten, im Teich. Nun gut, ich gehe also meinen Weg. Kaum bin ich den Pfad hinuntergestolpert, zum Grund, da hebt mit einemmal in der Schlucht ein Pfeifen und Heulen an! Ich sehe auf – ein Dreigespann von Rappen kommt auf mich zugejagt, und so ein stattlicher Teufel mit roter Kappe, der über dem Schlitten ragt wie eine Eins, steht aufrecht auf dem Bock und lenkt, die Arme flott gestreckt, die Rosse mit Zügeln aus schmiedeeisernen Ketten. Dabei gab es in dieser Schlucht gar keine Durchfahrt: Die Troika hetzte, in eine Wolke von Schneestaub gehüllt, geradewegs in den Teich. Und in dem Schlitten saßen auch sonst lauter Teufel; sie pfiffen, johlten, winkten mit ihren Kappen – so galoppierten sieben Troikas an mir vorbei, als wär's die Feuerwehr, und alle Rösser waren Rappen – lauter von ihren Vätern und Müttern verfluchte Menschen. Solche Menschen haben den Teufeln zur Kurzweil zu dienen, sie jagen sie hin und her, nachts, wenn sie ihre Feste feiern. Es ist wohl eine Teufelshochzeit gewesen, was ich da sah ...«

Man mußte der Großmutter glauben – sie sprach so einfach, so überzeugend.

Besonders schön aber wußte sie Verse herzusagen: von der Muttergottes, die das irdische Jammertal durchwanderte und die Räuberin und »fürstliche Herrin« Jengalytschowa ermahnte, die russischen Menschen nicht auszuplündern und nicht zu erschlagen; Verse von Alexej, dem Knecht Gottes, und vom Krieger Iwan; die Märchen von der hochweisen Wassilissa, vom »Bock als Popen« und vom Taufsohn Gottes; die schauerlichen Geschichten von Marfa Possadniza, dem Räuberhauptmann Baba Usta, der Sünderin Maria der Ägyptischen und vom Kummer der

Mutter eines Räubers. Sie kannte unendlich viele Märchen, Legenden und Verse.

Obwohl sie sich weder vor Großvater noch vor den Menschen, weder vor Teufeln noch vor sonstigem Höllenspuk fürchtete, hatte sie doch eine entsetzliche Angst vor schwarzen Küchenschaben und spürte sie bereits aus großer Entfernung. Manchmal weckte sie mich mitten in der Nacht und flüsterte: »Aljoscha, Lieber, da kommt eine Küchenschabe gekrochen, mach sie um Christi willen tot!«

Ich steckte, schlaftrunken wie ich war, die Kerze an und kroch auf dem Fußboden umher, um den Feind zu fassen. Das gelang nicht immer sogleich und manchmal auch gar nicht.

»Es ist keine da«, sagte ich, während sie regungslos dalag, den Kopf unter der Decke, und kaum noch hörbar bat: »Doch, da ist eine! Ich bitte dich, sieh gut nach! Es ist eine da, ich weiß es genau ...«

Sie irrte sich nie – ich fand die Küchenschabe irgendwo weit weg vom Bett.

»Hast du sie totgemacht? Gottlob! Ich dank dir auch schön ...«

Und sie warf die Decke vom Kopf, atmete erleichtert auf und lächelte.

Wenn ich das Ungeziefer nicht fand, konnte sie nicht einschlafen; ich spürte, wie ihre Glieder bei dem geringsten Geräusch, das in der lautlosen nächtlichen Stille erwachte, zusammenzuckten, und hörte, wie sie mit angehaltenem Atem flüsterte: »Dort, an der Schwelle ... jetzt ist sie unter die Truhe gekrochen ...«

»Wieso fürchtest du dich vor Küchenschaben?«

Sie entgegnete mir ganz vernünftig: »Ich verstehe einfach nicht, wozu sie da sind. Kriechen herum und sind schwarz. Der Herrgott hat jedem Ungeziefer seine bestimmte Aufgabe gestellt: Die Kellerassel zeigt an, daß es im Hause feucht ist, die Wanze – daß die Wände schmutzig sind; wer Läuse bekommt, der wird bald krank – alles das ist verständlich! Was aber die da betrifft – wer weiß, was für Kräfte in ihnen leben, wozu man sie geschickt bekommt!«

Eines Tages, als sie auf den Knien lag und mit dem Herrgott herzliche Zwiesprache hielt, stieß der Großvater die Zimmertür auf und sagte mit heiserer Stimme: »Nun, Mutter, der Herrgott hat uns heimgesucht – wir brennen!«

»Was sagst du da?« rief die Großmutter und sprang auf. Dann stürzten beide stampfend zur großen, dunklen guten Stube.

»Jewgenja, nimm die Ikonen von den Wänden! Natalja, zieh die Kinder an!« kommandierte die Großmutter streng und mit fester Stimme, während der Großvater leise jammerte: »Iii . . .«

Ich rannte zur Küche. Das Fenster nach dem Hof zu funkelte wie eitel Gold. Gelbe Flecken rieselten über den Fußboden hin. Der barfüßige Onkel Jakow zog sich gerade die Stiefel an, sprang in ihnen herum, als brennten ihn die Sohlen, und schrie: »Das ist Mischkas Werk, er hat das Feuer gelegt und ist weggegangen, jawohl!«

»Kusch dich, du Hund«, rief ihm die Großmutter zu und stieß ihn mit solcher Gewalt zur Tür, daß er fast hingefallen wäre.

Durch die bereiften Fensterscheiben konnte man sehen, wie das Dach über der Werkstatt brannte und hinter ihrer offenen Tür die krausen Flammen wirbelten. Rauchlos blühten die roten Feuerblumen in die windstille Nacht empor. Nur sehr hoch oben wogte über ihnen eine dunkle Wolke, hinderte das Auge aber nicht, den silbernen Strom der Milchstraße zu erkennen. Blutrot leuchtete der Schnee, und die Gebäudewände zitterten und schwankten, als strebten sie auf die heiße Hofecke zu, wo fröhlich das Feuer spielte und rot aus den breiten Spalten der Werkstattwände hervorquoll, aus ihnen hervorstach gleich glühenden krummen Nägeln. Über die dunklen Bretter des trockenen Dachs schlängelten sich goldne und rote Bänder und umwanden es rasch ganz und gar. Dazwischen ragte aufdringlich der rauchende dünne Tonschornstein in die Höhe. Ein leises Knistern, ein seidiges Rascheln brandete gegen die Fensterscheiben. Das Feuer breitete sich immer mehr aus. Die Werkstatt gewann, von ihm ausgeschmückt, Ähnlichkeit mit der Bilderwand einer Kirche und zog unwiderstehlich an.

Ich warf mir einen schweren Halbpelz über den Kopf, schlüpfte mit den Beinen in irgendwessen Stiefel, stapfte in den Hausflur, dann auf die Treppenstufen vor ihm hinaus und erstarrte, geblendet vom grellen Flammengezüngel, betäubt von dem Geschrei des Großvaters, Grigorijs und des Onkels, vom Knattern des Feuers, erschrocken über das, was die Großmutter tat: Sie schlang einen leeren Sack um den Kopf, umwickelte sich mit einer Pferdedecke, rannte geradewegs auf das Feuer zu und tauchte in ihm unter, wobei sie rief: »Das Vitriol, ihr Dummköpfe! Das Vitriol wird explodieren . . .«

»Grigorij, halt sie zurück!« heulte der Großvater. »Sie ist verloren . . .«

Aber die Großmutter war bereits wieder aufgetaucht. Geduckt, mit rauchenden Kleidern und schlenkerndem Kopf, trug sie in ihren ausgestreckten Armen die eimergroße Flasche Vitriolöl vor sich her.

»Vater, hol das Pferd aus dem Stall!« rief sie hüstelnd und keuchend dem Großvater zu. »So nehmt mir schon dieses Zeug von den Schultern, ich brenne doch, oder seht ihr es nicht?«

Grigorij riß ihr die glimmende Pferdedecke herunter und schaufelte vornübergeneigt, als wollte er in der Mitte durchbrechen, große Schneeklumpen durch die Werkstattür ins Feuer. Der Onkel sprang, eine Axt in der Hand, um ihn herum. Großvater lief neben Großmutter her und bewarf sie mit Schnee. Sie steckte die Flasche in eine Schneewehe, stürzte zum Tor, riegelte es auf, verneigte sich vor den hereinstürzenden Leuten und rief ihnen zu: »Den Speicher, Nachbarn, rettet den Speicher! Wenn das Feuer erst auf den Speicher, auf den Heuboden übergreift, brennt alles bei uns nieder, und bei euch auch! Herunter mit dem Dach, das Heu in den Garten! Grigorij, wirf doch den Schnee mehr in die Höhe, was schaufelst du ihn auf die Erde! Jakow, nimm dich zusammen, gib den Leuten Äxte und Schaufeln heraus! Freunde und Nachbarn, packt zu – Gott helfe euch!«

Sie war genauso fesselnd wie der Brand: Im Schein des Feuers, das sie, die Schwarze, überallhin zu verfolgen schien, hastete sie über den Hof, kam überall zurecht, sah alles, brachte alles ins Lot.

Scharap kam in den Hof gelaufen, bäumte sich auf und riß den Großvater mit hoch. Die großen Augen des Pferdes blitzten im Schein des Feuers rot auf. Der Wallach schnob und stemmte sich mit den Vorderbeinen gegen den Boden. Der Großvater ließ den

Zaum fahren, sprang zurück und rief: »Mutter, halt ihn fest!«

Sie warf sich dem bäumenden Gaul entgegen und stellte sich mit ausgebreiteten Armen vor ihn hin. Das Pferd begann kläglich zu wiehern, schielte zum Feuer und kam ihr scheu näher.

»So hab doch keine Angst!« sagte die Großmutter mit Baßstimme, tätschelte das Pferd am Hals und griff nach dem Zaum. »Glaubst du vielleicht, ich lasse dich hier in diesem Schrecken zurück? Ach, du mein Mäuschen ...«

Das Mäuschen, dreimal so groß wie sie, folgte ihr gehorsam zum Tor, wandte den Kopf zu ihr um und blickte ihr schnaubend ins rote Gesicht.

Die Kinderfrau Jewgenja kam mit den eingemummten, dumpf jammernden Kindern aus dem Hause und rief: »Wassilij Wassiljitsch, Lexej fehlt ...«

»Geh, geh!« entgegnete der Großvater und winkte ab, während ich mich unter den Treppenstufen versteckte, damit die Wärterin nicht auch mich mitnahm.

Das Dach des Werkstattgebäudes war bereits eingestürzt. Die dünnen Dachsparren starrten in den Himmel, verbrannten rauchend zu Kohle und funkelten wie Gold. Im Innern des Gebäudes schlugen heulend und knatternd grüne, blaue und rote Flammenwirbel hoch, Feuergarben schossen ins Freie, auf die Menschen zu, die sich vor dem riesigen Scheiterhaufen drängten und Schnee darauf schaufelten. Wild brodelten in den Flammen die Kessel, dichte Wolken von Dampf und Rauch stiegen über ihnen auf, sonderbare Gerüche wogten über den Hof und trieben einem die Tränen in die Augen. Ich kroch unter den Treppenstufen hervor und geriet der Großmutter vor die Füße.

»Fort!« rief sie aus. »Sie treten dich tot, geh ...«

Ein Berittener mit Messinghelm und Haarbusch kam auf den Hof gesprengt. Der Fuchs unter ihm verspritzte Schaum, während er, die peitschenbewehrte Hand hoch in der Luft, mit drohender Stimme brüllte: »Platz da!«

Fröhlich sich überstürzend, klingelten die Glöckchen, alles war feiertäglich schön. Die Großmutter drängte mich die Treppenstufen hinauf. »Was habe ich dir gesagt? Mach, daß du fortkommst!«

Es war unmöglich, ihr in dieser Stunde nicht zu gehorchen. Ich ging in die Küche und preßte aufs neue das Gesicht an die Fensterscheibe, konnte jedoch das Feuer hinter der dunklen Menschenmenge nicht mehr sehen – ich sah nur noch die Messinghelme zwischen den schwarzen Wintermützen blitzen.

Man zwang das Feuer bald nieder, löschte es mit Wasser, zertrat, erstickte es, die Polizei trieb die Leute auseinander, und Großmutter kam in die Küche. »Wer ist denn das! Duuu? Du schläfst nicht, du fürchtest dich wohl? Brauchst keine Angst zu haben, ist alles schon vorüber . . .«

Sie setzte sich neben mich, schwieg, schaukelte hin und her. Es tat wohl, daß die Stille der Nacht, die Dunkelheit wieder zurückgekehrt waren; aber es war auch schade um das Feuer.

Der Großvater kam herein, blieb an der Türschwelle stehen und fragte: »Mutter?« – »Ja?« – »Hast du dich verbrannt?« – »Es geht.«

Er steckte ein Schwefelholz an, das blaue Flämmchen beleuchtete sein rußverschmiertes Iltisgesicht. Er fand die Kerze auf dem Tisch und ließ sich ohne Eile neben der Großmutter nieder.

»Du solltest dich waschen«, meinte sie, obgleich auch sie voller Ruß und von beißendem Rauch durchdrungen war.

Der Großvater seufzte und sagte: »Der Herrgott ist gütig zu dir, er segnet dich mit viel Verstand . . .«

Er streichelte ihr die Schulter, bleckte die Zähne und setzte hinzu: »Wenn auch für kurze Zeit, für eine Stunde, aber er tut's! . . .«

Auch die Großmutter lächelte spöttisch und wollte etwas sagen, aber der Großvater verfinsterte sich. »Man muß Grigorij entlassen – er hat nicht richtig aufgepaßt! Er ist zu alt, der Bursche, zu abgearbeitet! Draußen auf der Treppe sitzt Jakow; er weint, der Schafskopf . . . Vielleicht gehst du zu ihm hinaus . . .«

Sie erhob sich und ging. Sie hielt die Hand vor ihrem Gesicht und blies auf die Finger, während der Großvater, ohne mich anzusehen, leise fragte: »Hast du die ganze Feuersbrunst mit angesehen, von Anfang an? Was sagst du zu der Großmutter, wie? Ist schließlich eine alte Frau . . . was hat sie ausgehalten, gelit- . . . Ja, ja! Ach, iiihr . . .«

Er sank in sich zusammen und schwieg lange, dann erhob er sich, nahm mit den Fingern den Ruß von der Kerze und fragte mich aufs neue: »Hattest du keine Angst?«

»Nein.« – »Besteht auch keine Veranlassung . . .«

Er riß sich ärgerlich das Hemd herunter, ging in die Ecke, zum Waschtisch, stampfte dort im Dunkeln mit dem Fuß und sagte mit lauter Stimme: »Ein Brand – das ist Dummheit! Einen, der abgebrannt ist, sollte man auf dem Marktplatz auspeitschen. Er ist ein Dummkopf oder gar ein Dieb! So muß man es machen, dann gibt es keine Brände mehr! Geh schlafen. Was sitzt du noch herum?«

Ich ging, aber zum Schlafen kam ich in dieser Nacht nicht. Kaum lag ich im Bett, da ließ mich ein unmenschlicher Schrei auffahren. Ich stürzte aufs neue in die Küche. In ihrer Mitte stand der Großvater, ohne Hemd, mit einer Kerze in der Hand. Die Kerze zitterte, er scharrte mit den Füßen auf dem Fußboden herum, bewegte sich aber nicht von der Stelle und fragte heiser: »Mutter, Jakow, was ist das?«

Ich sprang auf den Ofen und drückte mich in die Ecke. Im Hause begann aufs neue ein Gehetze, als ob es brennte. Gegen Decke und Wände brandete in regelmäßigen Wellen ein immer lauteres, krampfhaftes Heulen. Der Großvater und der Onkel rannten kopflos umher, die Großmutter fuhr sie an und versuchte, sie aus der Küche zu scheuchen. Grigorij schob polternd Brennholz in den Ofen, goß Wasser in die Kochtöpfe, ging in der Küche umher und wiegte den Kopf wie ein Astrachaner Kamel.

»So mach doch erst Feuer im Ofen!« kommandierte Großmutter.

Er stürzte davon, um einen Span zu holen, ertastete dabei mein Bein und rief aufgeregt aus: »Wer ist da? Puh, hast du mich erschreckt . . . Du bist aber auch überall, wo du nicht hingehörst . . .«

»Was ist denn los?«

»Tante Natalja kommt nieder«, entgegnete er gleichgültig und sprang hinunter auf den Fußboden.

Mir fiel ein, daß meine Mutter nicht so geschrien hatte, als sie niederkam.

Nachdem Grigorij die Kochtöpfe aufgesetzt hatte, kletterte er zu mir auf den Ofen, zog eine Tonpfeife aus der Tasche und zeigte sie mir.

»Ich fange an zu rauchen, der Augen wegen! Die Großmutter rät, ich soll schnupfen, ich meine aber, rauchen ist besser . . .«

Er saß auf dem Ofenrand, ließ die Beine hinunterhängen und starrte nach unten, ins schwache Kerzenlicht. Sein Ohr und die Wange waren mit Ruß beschmiert, das Hemd an der Seite zerrissen. Ich sah seine breiten, an Faßreifen erinnernden Rippen. Das eine Brillenglas war angeschlagen, beinahe die Hälfte aus der Fassung herausgefallen, und durch das Loch sah man das rote, wie eine Wunde nässende Auge. Er stopfte die Pfeife mit Blättertabak, horchte auf das Gestöhn der Kreißenden und murmelte zusammenhanglos wie ein Betrunkener: »Hat sich die Großmutter also doch verbrannt. Wie soll sie jetzt bei der Entbindung helfen? Da, wie die Tante wimmert! Sie hatten sie ganz vergessen. Die Wehen haben sicherlich schon eingesetzt, als es anfing zu brennen – vom Schreck . . . So schwer, siehst du, ist es, ein Menschenkind zur Welt zu bringen, und dann werden die Weiber nicht mal geachtet! Merk dir: Die Weiber muß man achten, ich meine – die Mütter . . .«

Ich fiel wiederholt in Halbschlaf, wachte aber immer wieder vom Hinundhergelaufe, vom Türenschlagen, von Onkel Michails betrunkenem Schreien auf. Seltsame Worte drangen an mein Ohr: »Das Tor zum Allerheiligsten muß geöffnet werden . . .«

»Geben Sie ihr Lampenöl mit Rum und etwas Ruß zu trinken: ein halbes Glas Öl, ein halbes Glas Rum und einen Eßlöffel Ruß . . .«

Onkel Michail bat aufdringlich: »Laßt sie mich doch mal sehen . . .«

Er saß auf dem Fußboden, die Beine gespreizt, spuckte vor sich hin und schlug mit den Händen auf den Boden, daß es klatschte. Auf dem Ofen wurde es unerträglich heiß, ich kletterte hinunter, aber der Onkel packte mich, als ich an ihm vorbeikam, am Bein und riß es unter mir fort, so daß ich hinfiel und mit dem Hinterkopf aufschlug.

»Dummkopf«, sagte ich zu ihm.

Er sprang auf, packte mich aufs neue, schwang mich in der Luft herum und brüllte: »Ich schmettere dich gegen den Ofen . . .«

Ich kam in der guten Stube zu mir, in der Ecke unter den Heiligenbildern, auf Großvaters Schoß; er starrte zur Decke, wiegte mich hin und her und sagte leise: »Eine Rechtfertigung für uns gibt es nicht, für niemanden . . .«

Über seinem Kopf brannte hell ein Ewiges Lämpchen, auf dem Tisch, in der Mitte des Zimmers, eine Kerze, während zum Fenster bereits der trübe Wintermorgen hereinsah.

Der Großvater beugte sich über mich und fragte: »Wo tut es weh?«

Mir tat alles weh. Mein Kopf war naß, mein Körper schwer, aber ich mochte davon nicht sprechen – alles ringsum erschien so sonderbar. Fast auf allen Stühlen saßen fremde Leute – ein Geistlicher im violetten Ornat, ein grauhaariger alter Mann in Militäruniform und mit Brille und viele andere. Alle saßen starr, wie aus Holz, in regungsloser Erwartung und horchten – irgendwo in der Nähe plätscherte Wasser. Im Türrahmen stand, kerzengerade aufgerichtet, die Hände auf dem Rücken, Onkel Jakow. Der Großvater sagte zu ihm: »Komm, bring den hier zu Bett . . .«

Der Onkel winkte mich mit dem Finger zu sich heran, ging auf Zehenspitzen mit mir zu Großmutters Zimmer und flüsterte mir, nachdem ich ins Bett gekrochen war, zu: »Tante Natalja ist nämlich gestorben . . .«

Das wunderte mich nicht – sie hatte schon seit langem unsichtbar dahingelebt, sich weder in der Küche noch bei Tisch gezeigt.

»Und wo ist Großmutter?«

»Dort drüben«, entgegnete der Onkel mit einer unbestimmten Handbewegung und ging – wie schon vorhin – auf bloßen Zehenspitzen davon.

Ich lag auf dem Bett und sah mich um. Zottige, grauhaarige, blinde Gesichter schienen sich an die Fensterscheiben zu drükken. In der Ecke hing über einer Truhe Großmutters Kleid – ich wußte das, aber jetzt glaubte ich, dort lauere jemand Lebendiges. Den Kopf unter dem Kissen verborgen, spähte ich mit einem Auge zur Tür. Am liebsten wäre ich aus dem Bett gesprungen und weggelaufen. Es war heiß, mich würgte ein starker, schwerer Geruch, der mich an Zyganoks Tod und an die Blutbäche erinnerte, die auf dem Fußboden auseinandergelaufen waren. Mir war, als wachse in meinem Kopf oder in meinem Herzen eine Art Geschwulst. Alles, was ich in diesem Hause gesehen hatte, zog an meinem Inneren vorbei, wie sich ein Schlittenzug im Winter durch eine Straße hinzieht, und drückte mich nieder, vernichtete mich . . .

Dann öffnete sich sehr langsam die Tür, und Großmutter schleppte sich ins Zimmer. Sie drückte die Tür mit der Schulter zu, lehnte sich mit dem Rücken an sie, streckte die Hände zum bläulichen Flämmchen der Ewigen Lampe aus und sagte leise, im Ton eines klagenden Kindes: »Ach meine Hände, wie mir die Hände weh tun . . .«

V

Zum Frühjahr ließen sich die Onkel auszahlen. Jakow blieb in der Stadt, Michail zog hinter den Fluß, und der Großvater kaufte sich ein geräumiges, interessantes Haus in der Polewaja-Straße, mit einer Kneipe im steinernen Erdgeschoß, einem kleinen gemütlichen Dachbodenstübchen und einem Garten, der zu einer Schlucht abfiel – die Schlucht starrte voll kahler Weidengerten.

»Ruten – die Menge!« sagte der Großvater und zwinkerte mir vergnügt zu, während wir auf den weichen, eben erst abgetauten Wegen umhergingen und den Garten besichtigten. »Ich werde dich nächstens lesen lehren, da werden wir sie brauchen . . .«

Das ganze Haus war vollgestopft mit Mietern, und nur im oberen Stock hatte der Großvater ein geräumiges Zimmer für sich behalten, in dem er wohnte und Besuche empfing, während die Großmutter und ich in die Dachstube zogen. Das Fenster ging nach der Straße, und man konnte, wenn man sich über das Fensterbrett neigte, abends und an Feiertagen beobachten, wie die Betrunkenen aus der Kneipe krochen, wankend die Straße entlanggingen, grölten und hinfielen. Manchmal warf man sie auch hinaus wie Säcke, und sie versuchten, gewaltsam die Kneipentür einzurennen; sie klappte, klirrte, kreischte, und eine

Schlägerei begann – das alles wirkte, von oben gesehen, sehr fesselnd. Der Großvater fuhr gleich morgens in die Werkstätten seiner Söhne und half ihnen, sich einzurichten. Er kehrte erst abends müde, niedergedrückt und verärgert zurück.

Großmutter kochte und nähte, machte sich auf dem Gemüsefeld und im Blumengarten zu schaffen, drehte sich den ganzen Tag wie ein riesiger Kreisel, den eine unsichtbare Peitsche antreibt, schnupfte Tabak, nieste mit viel Genuß, wischte sich das schwitzende Gesicht und sagte: »Zur Gesundheit, du schöne Welt, blühe in alle Ewigkeit fort! Ja, Aljoscha, mein Herzchen, wir können jetzt still und in Frieden leben! Ruhm dir, himmlische Königin, daß sich alles so gut für uns fügt!«

Ich fand nun allerdings nicht, daß wir sehr still und in Frieden lebten; von morgens bis in die späte Nacht hasteten die Mieterinnen auf dem Hof und im Haus umher, alle Augenblicke kamen Nachbarinnen herein, alle hatten es furchtbar eilig und stöhnten, sie kämen zu spät, alle hatten etwas vor und riefen: »Akulina Iwanowna!«

Akulina Iwanowna, die jedermann mit der gleichen Freundlichkeit zulächelte und zu allen sanft und aufmerksam war, stopfte mit dem Daumen Tabak in ihre Nasenlöcher, wischte Nase und Finger sorgsam an einem rotkarierten Taschentuch ab und sagte: »Gegen Läuse, Verehrteste, muß man sich öfter im Dampfbad waschen, am besten ein Pfefferminzdampfbad nehmen; wenn es sich aber um Läuse handelt, die unter die Haut dringen, dann nehme man einen Eßlöffel Gänseschmalz, aber vom reinsten, einen Teelöffel Sublimat, dazu drei gute Tropfen Quecksilber, verrühre alles siebenmal mit einer Fayencescherbe auf einer Untertasse und reibe sich damit ein! Wenn Sie einen Holzlöffel verwenden oder einen Knochen, dann geht das Quecksilber verloren; benutzen Sie auf keinen Fall Kupfer oder Silber dazu – das ist schädlich!«

Manchmal wurde sie nachdenklich und riet: »Sie, Verehrteste, sollten nach Petschory, zu Assaf dem Einsiedler gehen – ich weiß keine Antwort.«

Sie machte die Hebamme, schlichtete Familienstreitigkeiten und kurierte Kinder, sagte den glückbringenden »Traum der Muttergottes« her, damit die Frauen ihn auswendig lernten, und erteilte hauswirtschaftliche Ratschläge: »Die Gurke verrät selber, wann es an der Zeit ist, sie einzulegen; wenn sie aufhört, nach Erde zu riechen oder andere fremde Gerüche auszuströmen, dann nehmen Sie sie! Kwaß mag das Süße nicht, setzen Sie ihm also Rosinen oder ganz wenig Zucker zu, einen Solotnik auf einen Eimer. Milch dämpft und säuert man auf verschiedene Weise: Es gibt da die Donauer, die hispanische und auch noch die kaukasische Art . . .«

Den ganzen Tag war ich in ihrer Nähe, im Garten, auf dem Hof, ich ging mit ihr zu den Nachbarinnen, wo sie stundenlang Tee trank und ununterbrochen alle möglichen Geschichten erzählte; ich war unzertrennlich mit ihr, und ich erinnere mich nicht, in dieser Zeit meines Lebens etwas anderes gesehen zu haben als sie – die rastlose, immer gütige Alte.

Gelegentlich tauchte für kurze Zeit meine Mutter auf; stolz und streng sah sie alles mit Augen an, die kalt und grau waren wie die Wintersonne, und verschwand, ohne eine Erinnerung an sich zu hinterlassen.

Eines Tages fragte ich die Großmutter: »Bist du eine Zauberin?«

»Worauf du aber auch kommst!« entgegnete sie mit spöttischem Lächeln und setzte gleich darauf nachdenklich hinzu: »Wie könnte ich das: Zaubern ist eine schwere Kunst. Dabei kann ich nicht einmal lesen und schreiben. Großvater, ja, der ist wer weiß wie gelehrt, aber mir hat die Muttergottes nicht den Verstand gegeben.«

Und sie breitete ein weiteres Stück ihres Lebens vor mir aus.

»Ich bin nämlich auch als Halbwaise aufgewachsen, meine Mutter war ledig, ein armer Krüppel; als junges Mädchen hat sie einmal der Gutsherr erschreckt. Vor Angst ist sie nachts aus dem Fenster gesprungen und hat sich die ganze Seite aufgeschlagen und auch die Schulter verletzt, ihre rechte Hand, die sie vor allem brauchte, wurde lahm. Sie, die Mutter, war eine anerkannte Spitzenklöpplerin. Nun ja, die Herrschaft konnte sie nicht mehr brauchen und stellte ihr den Freibrief aus – sieh zu, wie du durchkommst, sozusagen –, aber wie macht man das ohne Hand? So ging sie denn betteln und flehte die Leute um Almosen an, die Menschen aber lebten damals besser und waren mildtätiger – all die berühmten Zimmerleute und Spitzenklöpplerinnen von Balachna, die konnten sich sehen lassen! Da zogen wir also, die Mutter und ich, solange es Herbst oder Winter war, in der Stadt umher, kaum aber schwang der Erzengel Gabriel sein Schwert und verscheuchte den Winter, so daß der Frühling die Erde umfing, da machten wir uns auf und gingen über Land – irgendwohin, wie sich's gerade traf. Wir kamen nach Murom und nach Jurjewez, wir zogen die Wolga aufwärts oder die stille Oka. Im Frühjahr, im Sommer, da geht es sich auf der Erde gut, die Erde ist freundlich, das Gras wie Samt; die heilige Muttergottes hat Blumen über die Felder gestreut – freu dich, atme aus tiefster Brust! Die Mutter schloß dann halb ihre blauen Augen und stimmte ein Lied in höchster Stimmlage an – ihre Stimme war nicht stark, aber klangvoll –, und alles ringsum sank gleichsam in Schlummer, war regungslos, hörte ihr zu. Schön war es, so betteln zu gehen! Als ich dann aber neun Jahre alt wurde, schien es der Mutter anstößig, bettelnd mit mir durch die Welt zu ziehen, sie schämte sich meinetwegen und ließ sich in Balachna nieder; da lief sie eilig durch die Straßen von Haus zu Haus oder bettelte an Feiertagen an den Kirchentüren. Ich aber saß zu Hause und lernte das Spitzenklöppeln. Ich beeilte mich mit dem Lernen, ich wollte so rasch wie möglich der Mutter helfen. Wenn etwas nicht gelingen wollte, weinte ich. Und siehe da, es dauerte zwei Jahre und eine Kleinigkeit – da hatte ich mein Handwerk gelernt und wurde in der Stadt sogar berühmt; sobald jemand eine gute Arbeit brauchte, kam er zu uns. Los, Akulja, greif zu den Klöppeln! Ich freute mich nur, für mich war's ein Feiertag! Natürlich war nicht meine Meisterschaft entscheidend, sondern die Anweisung der Mutter. Wenn sie auch nur den einen Arm gebrauchen und selber nicht arbeiten konnte, so vermochte sie doch zu zeigen, wie man es macht. Und ein guter Lehrmeister ist wertvoller als ein Dutzend Arbeiter. Nun ja, ich wurde schließlich stolz und sagte zur Mutter: ›Du, Mutter, brauchst nicht mehr betteln zu gehen, ich werde dich jetzt allein ernähren!‹ Darauf sie zu mir: ›Sei schön still – das kommt zu deiner Aussteuer!‹ Bald darauf tauchte dann auch der Großvater auf, er war ja auch ein Bursche, der was darstellte: erst zweiundzwanzig Jahre alt, und schon Aufseher! Seine Mutter hatte ein Auge auf mich geworfen. Sie sagte sich: Arbeiten kann sie und ist einer Bettlerin Kind, wird also wohl nicht mucken, nun ja... Sie selber aber handelte mit Kalatschi, mit Weizensemmeln, und war ein böses Frauenzimmer, Gott verzeih mir... Aber wozu der Bösen gedenken? Der Herrgott durchschaut sie auch ohne uns: Der Herrgott durchschaut sie, die Teufel aber freuen sich über sie.«

Sie lachte gutmütig, ihre Nase zitterte spaßig, die nachdenklich leuchtenden Augen liebkosten mich und sprachen noch deutlicher als ihre Worte.

Ich erinnere mich an einen stillen, ruhigen Abend; die Großmutter und ich tranken beim Großvater Tee. Er kränkelte, saß ohne Hemd auf der Bettkante, ein langes Handtuch um die Schultern, wischte sich alle Augenblicke den Schweiß und holte hastig und keuchend Atem. Seine grünen Augen waren getrübt, das Gesicht verschwollen und rot; besonders rot waren die kleinen spitzen Ohren. Wenn er die Hand nach der Teetasse ausstreckte, begann sie kläglich zu zittern. Er war sanftmütig und ganz anders als sonst.

»Warum gibst du mir keinen Zucker?« fragte er die Großmutter im Tone eines schmollenden verwöhnten Kindes. Sie entgegnete freundlich, aber fest: »Trink deinen Tee mit Honig, das ist besser für dich!«

Er schluckte keuchend und krächzend rasch seinen heißen Tee hinunter und mahnte: »Paß auf, du, daß ich nicht sterbe!« – »Keine Angst, ich achte schon darauf.« – »Dann ist es ja gut! Jetzt sterben – das wäre, als wenn man gar nicht gelebt hätte – alles geht vor die Hunde!« – »Rede nicht, lieg still!«

Er schwieg ein Weilchen mit geschlossenen Augen, schmatzte mit seinen dunklen Lippen, fuhr plötzlich hoch, als ob ihn etwas gestochen hätte, und überlegte laut: »Jaschka und Mischka sollte man möglichst bald verheiraten; vielleicht finden sie bei ihren Frauen und ihren neuen Kindern ein wenig Halt – was meinst du?«

Und er vergegenwärtigte sich, bei wem in der Stadt passende Bräute vorhanden wären. Großmutter schwieg sich aus und trank eine Tasse Tee nach der anderen. Ich saß am Fenster und sah zu, wie über der Stadt die Abendröte verglomm und wie die

Fensterscheiben der Häuser rot aufblitzten – der Großvater hatte mir irgendeiner Missetat wegen verboten, mich auf dem Hof oder im Garten zu tummeln.

Im Garten umschwärmten summende Käfer die Birken, auf dem Hof nebenan hämmerte ein Böttcher, irgendwo in der Nähe arbeitete ein Scherenschleifer. In der Schlucht hinter dem Garten lärmten Kinder, die sich im Dickicht der Sträucher verfingen. Es zog mich heftig ins Freie, abendliche Schwermut erfüllte mein Herz.

Der Großvater brachte, Gott weiß woher, plötzlich ein noch ganz neues Büchlein zum Vorschein, klatschte es laut gegen die flache Hand und rief voller Unternehmungslust: »He, du aus Perm, komm doch mal her! Setz dich hin, Kalmük! Siehst du das Ding da? Das ist ein A! Sprich nach: A, B, C! Nun – was ist das hier?«

»Ein B.« – »Genau! Und das?« – »Ein C.« – »Unsinn, das ist ein A! Sieh her: D, E, F! Was ist das?« – »Ein D.« – »Getroffen! Und das?« – »Das G.« – »Richtig! Und dieses?« – »Das A.«

Hier mischte sich die Großmutter ein: »Lieg lieber still, Vater!«

»Rede nicht! Es tut mir nur gut, sonst überwältigen mich die Gedanken! Mach weiter, Lexej!«

Er legte den heißen feuchten Arm um meinen Nacken und tippte über meine Schulter hinweg mit dem Finger auf die Buchstaben, wobei er mir das Buch unter die Nase hielt. Es roch scharf nach Essig, nach Schweiß, nach gebratenen Zwiebeln, ich war nahezu am Ersticken, während er sich immer mehr ereiferte, schnaufte und mir ins Ohr schrie: »E wie Erde! L wie Leute!«

Die Wörter waren mir bekannt, aber die Zeichen entsprachen ihnen nicht. Das E erinnerte an einen Wurm, das L an Grigorij mit seinem krummen Rücken, das R an Großmutter und mich, während Großvater mit allen Buchstaben des Alphabets etwas gemein hatte. Er hetzte mich lange durchs Abc und ließ mich die Buchstaben bald der Reihe nach, bald durcheinander hersagen; sein hitziger Eifer steckte mich an, auch ich geriet schließlich in Schweiß und schrie aus vollem Halse. Das brachte ihn zum Lachen. Er faßte sich an die Brust, hustete, preßte das Buch in der Hand und keuchte: »Mutter, höre dir an, wie der hochgeht! Was blökst du denn eigentlich, du Astrachanschaf?«

»Sie sind es, der schreit . . .«

Es stimmte mich fröhlich, ihn und die Großmutter so zu sehen. Sie stemmte die Ellenbogen auf den Tisch, stützte die Wangen in die Fäuste, blickte uns an und lachte leise vor sich hin. Sie sagte: »So hört doch endlich auf, einander anzuschreien!«

Der Großvater erklärte mir freundschaftlich: »Ich schreie, weil ich krank bin, aber warum schreist du?«

Und er warf den nassen Kopf in den Nacken und sagte zur Großmutter: »Da hat sich die verstorbene Natalja aber geirrt, wenn sie meinte, daß er kein Gedächtnis hat, er hat, Gott sei Dank, ein Gedächtnis wie ein Pferd! Mach weiter, du Stupsnase!«

Schließlich stieß er mich im Scherz vom Bett. »Genug jetzt! Hier, nimm das Buch! Wenn du mir morgen das ganze Alphabet fehlerfrei aufsagst, gebe ich dir fünf Kopeken . . .«

Als ich die Hand nach dem Buch ausstreckte, zog er mich aufs neue an sich und sagte finster: »Und deine Mutter, du Ärmster, überläßt dich dir selbst . . .«

Die Großmutter fuhr auf: »Ach, Vater, warum sprichst du so?«

»Ich würde es ja nicht sagen – aber der Kummer quält mich . . . So ein Mädel – und ist vom rechten Wege abgekommen . . .«

Er stieß mich schroff von sich fort. »Geh, tummele dich! Aber nicht auf der Straße, sondern bei uns im Garten und auf dem Hof . . .«

Genau das brauchte ich: Kaum hatte ich mich auf dem Hügel im Garten gezeigt, bewarfen mich die Jungen aus der Schlucht mit Steinen, und ich vergalt es ihnen mit Vergnügen auf die gleiche Art.

»Die Zotteltolle ist da!« riefen sie, sobald sie mich sahen, und bewaffneten sich in aller Eile. »Los, gebt es ihm!«

Ich wußte nicht, was eine Zotteltolle war, und der Spitzname kränkte mich nicht, aber es machte mir Spaß, mich allein gegen viele zu wehren, zu beobachten, wie ein gezielter Steinwurf von mir den Gegner zu fliehen, sich im Gebüsch zu verbergen zwang. Diese Gefechte wurden ohne Haß geführt und gingen fast immer harmlos aus.

Das Lesenlernen fiel mir leicht. Der Großvater sah mich immer aufmerksamer an und züchtigte mich immer seltener, obwohl ich nach meinen Begriffen mehr Prügel verdient hätte als früher. Je mehr ich heranwuchs und je kecker ich wurde, desto öfter verstieß ich gegen Großvaters Regeln, gegen seine Verbote, aber er schalt nur oder holte nur aus und tat, als wolle er mich schlagen.

Ich fragte mich, ob er mich früher nicht zu Unrecht geschlagen habe, und sagte es ihm auch.

Er stieß mich leicht gegen das Kinn, nötigte mich aufzublicken und fragte zwinkernd und sehr gedehnt: »Waaas?«

Dann lachte er herzlich und meinte: »Ach du Ketzer! Wie willst du dir denn ausrechnen, wieviel Prügel du verdienst? Wer – außer mir – kann das wissen? Mach, daß du fortkommst, verschwinde!«

Aber gleich darauf packte er mich an der Schulter, sah mir in die Augen und fragte: »Bist du eigentlich schlau oder ein Einfaltspinsel?«

»Ich weiß es nicht . . .«

»Du weißt es nicht? Nun gut, hör zu, was ich dir sagen werde: Sei lieber schlau, Einfalt ist nämlich weiter nichts als Dummheit, hast du verstanden? Einfältig ist das Schaf. Merk dir das! Und nun los, geh, tob dich aus . . .«

Bald darauf buchstabierte ich schon den Psalter; gewöhnlich befaßten wir uns damit nach dem Abendtee, und ich mußte jedesmal einen Psalm vorlesen.

»We-o-ha-el; de-e-em; de-e-er«, buchstabierte ich und fuhr mit dem Zeigestock über die Seite hin, wobei ich aus Langeweile fragte: »Wohl dem – dem Onkel Jakow?«

»Du kriegst gleich eins hinter die Ohren, dann wirst du schon merken, wem wohl ist!« gab ärgerlich prustend der Großvater zurück, ich fühlte jedoch, daß er sich nur der Ordnung halber, nur aus Gewohnheit aufregte.

Ich irrte mich fast nie: Einen Augenblick später hatte mich der Großvater augenscheinlich vergessen und brummte vor sich hin: »Nun ja, was seine Lieder und sein Spiel betrifft, ist er der König David, nach seinen Taten aber ein Bube Absalom! Ein Versemacher, ein Possenreißer! Ach iiihr! ›Und tanzte mit aller Macht.‹ Fragt sich nur: Wie lange?«

Ich hielt im Lesen inne, hörte zu und sah in sein mißmutiges, bekümmertes Gesicht; er blickte über mich hinweg ins Leere, in den zusammengekniffenen Augen leuchtete ein wehmütiges, warmes Gefühl, und ich wußte schon, daß die gewöhnliche Strenge des Großvaters jetzt dahinschmolz. Seine dünnen Finger trommelten hastig auf dem Tisch herum, die verfärbten Fingernägel glänzten, die goldenen Augenbrauen bewegten sich.

»Großvater!« – »Was denn?«

»Erzählen Sie etwas.«

»Lies du mal lieber, du Faulpelz!« sagte er brummig und rieb sich mit den Fingern die Augen, als ob er eben erwachte. »Geschichten – die liebst du, aber den Psalter nicht ...«

Ich hatte allerdings den Verdacht, auch er liebe Geschichten mehr als den Psalter; er kannte fast den ganzen Psalter auswendig. Er hatte ein Gelübde getan und las jeden Abend vor dem Schlafengehen einen der zwanzig Abschnitte des Psalmbuches vor, wie die Vorsänger in der Kirche aus dem Kirchengebetbuch vorlesen.

Ich bettelte eifrig fort, und der Alte, der immer weicher wurde, gab schließlich nach. »Also gut, meinetwegen! Der Psalter bleibt dir für immer, ich aber werde schon bald vor den Richtstuhl Gottes treten ...«

Er warf sich im altertümlichen Sessel zurück, drückte sich immer fester gegen die Wollstickereien der Lehne und erzählte, den Blick zur Decke gewandt, leise und nachdenklich von seinem Vater und von den alten Zeiten.

»Eines Tages kamen Räuber nach Balachna, um den Kaufmann Sajew auszuplündern. Der Vater deines Großvaters stürzte hinauf auf den Glockenturm und läutete Sturm, aber die Räuber bekamen ihn zu fassen, hieben ihn mit ihren Säbeln nieder und warfen ihn vom Turm.

Ich war damals ein kleines Kind und habe das alles nicht gesehen, ich kann mich jedenfalls nicht entsinnen; erinnern kann ich mich erst an die Franzosen, an das Jahr zwölf, ich war gerade zwölf Jahre alt geworden. Damals wurden zu uns nach Balachna ungefähr drei Dutzend Kriegsgefangene gebracht, lauter dürres, kleines Volk; angezogen waren sie schlimmer als die Bettler, sie zitterten, manche waren auch halb erfroren und konnten kaum noch auf den Beinen stehen. Die Bauern wollten sie alle totschlagen, doch die Begleitsoldaten ließen es nicht zu, auch die von der Garnison traten für sie ein und trieben die Bauern auseinander, auf ihre Höfe. Später ging's, alle gewöhnten sich an sie. Diese Franzosen waren ein fixes, geschicktes Volk; und sogar ziemlich fröhlich – manchmal sangen sie Lieder. Aus Nishnij kamen Herrschaften mit Troikas, um die Gefangenen zu sehen; die einen schimpften, drohten den Franzosen mit der Faust und schlugen sie manchmal sogar; andere unterhielten sich mit ihnen freundlich in ihrer Sprache, gaben ihnen Geld und allerlei warmes Zeug. Ja, ein alter Herr schlug die Hände vor das Gesicht und weinte. ›Bonaparte, der Bösewicht‹, sagte er, ›hat die Franzosen zugrunde gerichtet!‹ Da siehst du, wie das so ist: war doch ein Russe, sogar ein Herr, und dabei gutherzig; er bedauerte ein fremdes Volk . . .«

Er hielt einen Augenblick inne, schloß die Augen, strich mit den flachen Händen über sein Haar und fuhr behutsam fort, die Vergangenheit wachzurufen.

»Es war Winter, draußen tobte der Schneesturm, der Frost preßte die Häuser, und die Franzosen kamen vor unser Fenster gelaufen, zur Mutter – sie buk und verkaufte Weizensemmeln –, sie kamen also gelaufen, klopften ans Fenster, lärmten, tänzelten vor Kälte und bettelten um ein paar heiße Semmeln. Nun, ins Haus ließ die Mutter sie ja nicht ein, reichte sie aber durchs Fenster eine Semmel heraus, heiß, eben erst aus dem Ofen, dann packte sie der Franzose – und unter den Aufschlag mit ihr, unmittelbar an den Körper, ans Herz; wie sie das alles aushielten – einfach nicht zu verstehen! Viele gingen denn auch an der Kälte zugrunde; sie waren ja aus einer warmen Gegend und Frost nicht gewöhnt. Bei uns im Badehaus – es stand im Gemüsegarten – lebten zwei, ein Offizier und sein Bursche Miron. Der Offizier war lang und hager, nichts als Haut und Knochen, und ging in einem weiten Frauenmantel umher – er reichte ihm gerade bis ans Knie. Er war sehr freundlich, und er trank auch gern. Meine Mutter braute Bier, das sie heimlich verkaufte. Er kaufte welches, betrank sich und sang Lieder. Er hatte ein bißchen unsere Sprache gelernt und sprudelte gelegentlich drauflos: ›Euer Land nicht weiß, er – böse und schwarz!‹ Gut sprach er nicht, aber es war zu verstehen, und irgendwie stimmte es auch: Sehr freundlich sind die Gegenden hier am Oberlauf ja nicht, wenn es die Wolga abwärts auch wärmer wird, während es am Kaspischen Meer und jenseits davon überhaupt keinen Schnee mehr geben soll. Man darf es auch glauben: Weder im Evangelium noch in der Apostelgeschichte, geschweige denn im Psalter, ist irgendwo von Winter oder von Schnee die Rede, und Christi Leben spielte sich ja in jenen Gegenden ab ... Sobald wir mit dem Psalter fertig sind, fangen wir an, das Evangelium zu lesen.«

Er schwieg aufs neue still, es schien, er sei eingeschlummert; er dachte über irgend etwas nach und blickte, ganz klein und spitz, aus den Augenwinkeln zum Fenster.

»Erzählen Sie weiter«, erinnerte ich leise.

»Nun ja«, nahm er sich rasch zusammen, »die Franzosen also! Sind Menschen wie andere, nicht schlechter als wir Sündigen. Da riefen sie manchmal die Mutter: ›Madame, Madame‹, das sollte wohl heißen: Meine Dame, meine Gnädige. Die Gnädige aber schleppte einen Sack mit fünf Pud Mehl vom Händler auf ihrem Rücken zu sich nach Hause. Sie hatte Bärenkräfte, gar nicht wie eine Frau, und zauste mich bis an mein zwanzigstes Jahr glatt an den Haaren, dabei war auch ich mit zwanzig gar nicht so übel. Miron nun, der Offiziersbursche, war ein richtiger Pferdenarr: Er ging von Hof zu Hof und bat durch allerlei Zeichen, man möge ihm ein Pferd zum Striegeln geben! Zuerst traute man ihm nicht: Er war ja ein Feind, er konnte dem Pferd etwas antun; später riefen ihn die Bauern dann selber: ›Los, Miron, komm!‹ Er grinste, beugte den Nacken und kam daher wie ein Stier. Er war rothaarig, geradezu feuerrot, und hatte eine lange Nase und wulstige Lippen. Pferde pflegen konnte er, er wußte sie auch ausgezeichnet zu kurieren; er ist hier in Nishnij später Roßarzt gewesen, hat aber dann den Verstand verloren und ist von den Feuerwehrleuten zu Tode geprügelt worden. Der Offizier aber fing gegen das Frühjahr an zu kränkeln und ist am Nikolaitag, am neunten Mai, friedlich gestorben: Er saß, in Nachdenken versunken, am Fenster des Badehauses und ist auch so verschieden – den Kopf hatte er herausgestreckt ins Freie. Er tat mir leid, ich habe sogar im stillen um ihn geweint. Er ist sehr gut zu mir gewesen – da nahm er mich manchmal an den Ohren und redete in seiner Sprache freundschaftlich auf mich ein; ich verstand zwar nichts, aber schön war es doch! Menschliche Liebe wird auf dem Markt nicht feilgeboten. Er hatte auch schon angefangen, mich seine Sprache zu lehren, aber die Mutter verbot es und brachte mich sogar zum Popen. Der befahl, mir eine Tracht Prügel zu geben, und beschwerte sich über den Offizier. Damals ging's eben streng zu, mein Lieber, du brauchst das nicht mehr zu erdulden, für dich haben andere gelitten, vergiß das nicht! Ich zum Beispiel, ich habe Dinge ausgestanden . . .«

Es dunkelte. Die Dämmerung ließ den Alten sonderbar groß erscheinen; seine Augen glühten wie die eines Katers. Er sprach über alles mit leiser Stimme, vorsichtig, nachdenklich, über sich selbst aber ganz anders – heftig, hastig und immer lobend. Es gefiel mir nicht, wie er von sich erzählte, es gefiel mir nicht, wenn er mir ständig gebot: »Merk dir das! Vergiß es nicht!«

Vieles von dem, was Großvater erzählte, hätte ich gerne vergessen, aber es drang auch ohne seine Gebote wie ein schmerzender Splitter gewaltsam in mein Gedächtnis ein. Er erzählte nie Märchen, sondern immer nur, was sich wirklich ereignet hatte, und ich bemerkte, daß er Fragen nicht litt; desto hartnäckiger setzte ich ihm zu: »Wer ist denn besser: die Franzosen oder die Russen?«

»Wie soll ich das wissen? Ich habe nicht gesehen, wie die Franzosen bei sich zu Hause leben«, brummte er ärgerlich und setzte hinzu: »In seiner eignen Höhle nimmt sich sogar der Iltis nicht übel aus . . .«

»Sind denn die Russen gut?«

»Wie man's nimmt. In den Tagen der Gutsbesitzer waren sie besser; ein Volk – wie geschmiedet. Heute ist alles frei – kein Salz, kein Brot, alles vorbei! Die Herrschaften, die Gutsbesitzer waren natürlich nicht besonders gnädig, aber dafür hatten sie mehr Erfahrung, mehr Verstand; von jedem läßt sich das zwar nicht sagen, war aber einer von ihnen vernünftig, dann konnte man seine Freude an ihm haben! Mancher freilich ist zwar ein Herr, aber dumm wie ein Sack – kannst hineinstecken, was du willst, er behält's und er trägt's. Ist eben viel Schale bei uns; auf den ersten Blick – ein Mensch; durchschaut man ihn aber – nichts als Schale, der Kern fehlt, er ist aufgegessen. Man müßte uns lehren, unseren

Verstand zu schleifen, aber ein richtiger Schleifstein ist auch nicht da . . .«

»Sind die Russen stark?«

»Es gibt schon bärenstarke unter ihnen, aber es kommt nicht auf die Stärke an, die Gewandtheit macht's; und wenn du noch so stark bist, ein Pferd ist stärker.«

»Und warum haben die Franzosen mit uns Krieg geführt?«

»Nun, der Krieg ist Sache des Zaren, das werden wir nie verstehen!«

Auf meine Frage, wer Bonaparte gewesen sei, gab Großvater die denkwürdige Antwort: »Er war ein verwegener Mann und wollte die ganze Welt erobern, und dann sollte einer so leben wie der andere, weder Herrschaften noch Beamte sollte es geben und keinerlei Stände! Nur die Namen wären dann noch verschieden, aber die Rechte und auch der Glaube für alle gleich. Das war natürlich ein Unsinn: Nur Krebse lassen sich nicht unterscheiden, während die Fische alle verschieden sind – der Stör und der Wels sind keine Gefährten, der Sterlet will nicht der Freund des Herings sein. Es hat solche Bonapartes auch bei uns gegeben – Stepan Timofejew Rasin und Jemeljan Iwanow Pugatsch, von ihnen erzähle ich dir später . . .«

Manchmal sah er mich mit runden Augen lange und schweigend an, als ob er mich zum erstenmal bemerke. Das war mir unangenehm.

Und niemals sprach er zu mir von meinem Vater und meiner Mutter.

Nicht selten stellte sich zu diesen Unterhaltungen auch die Großmutter ein. Sie setzte sich still in eine Ecke, in der sie kaum zu sehen war, schwieg lange und fragte plötzlich mit einer Stimme, die einen weich zu umfangen schien: »Weißt du noch, Vater, wie schön es war, als wir nach Murom pilgerten, du und ich? In welchem Jahre das nur gewesen ist?«

Der Großvater überlegte und gab umständlich zur Antwort: »Genau kann ich es auch nicht sagen, aber jedenfalls vor der Cholera, im gleichen Jahre, als man bei uns in den Wäldern die Olonezer fing.« – »Stimmt! Wir hatten noch Angst vor ihnen . . .« – »Ja doch!«

Ich fragte, wer die Olonezer waren und wieso sie in die Wälder entflohen – der Großvater erklärte es mir, wenn auch nicht allzu gerne: »Die Olonezer waren einfach Bauern, die von den Krongütern, den Fabriken, der Arbeit wegliefen . . .«

»Und wie hat man sie gefangen?«

»Wie soll man das schon gemacht haben! Wie die Jungen spielen: Die einen laufen davon, die anderen verfolgen und suchen sie. Wenn man sie hatte, peitschte man sie aus; man riß ihnen auch die Nasenflügel heraus oder brannte ihnen ein Mal auf die Stirn, zum Zeichen, daß sie bestraft waren.«

»Bestraft? Wofür?«

»Für ihre Ansprüche. Das sind unklare Dinge, und wer dabei schuldig ist – der, der entläuft, oder der, der ihn fängt, werden wir nicht entscheiden . . .«

»Und erinnerst du dich noch, Vater«, sagte die Großmutter aufs neue, »wie nach dem großen Brand . . .«

Großvater, der in allem Genauigkeit schätzte, fragte streng zurück: »Nach welchem denn?«

Sie verloren sich in vergangenen Zeiten und vergaßen mich. Ihre Stimmen und Reden klangen nicht laut, stimmten aber so gut überein, daß man manchmal hätte meinen können, sie sängen ein Lied; ein trauriges Lied von Krankheiten, Feuersbrünsten, Prügeleien, von plötzlichen Toden und gerissenen Gaunerstükken, von Gottesnarren und erbarmungslosen Herren.

»Wieviel wir erlebt, wieviel wir gesehen haben!« murmelte der Großvater vor sich hin.

»Haben wir es denn schlecht gehabt?« fragte die Großmutter. »Denk einmal zurück, wie schön der Frühling war – im Jahr, in dem ich Warja geboren habe!«

»Das war im Jahre achtundvierzig, während des Ungarnfeldzuges. Gevatter Tichon haben sie gleich am Tag nach der Taufe an die Front geschickt . . .«

»Und da ist er auch umgekommen«, sagte die Großmutter und seufzte.

»Ja, das ist er! Und von jenem Jahre an floß Gottes Segen auf unser Haus herab wie Wasser auf eine Mühle. Ach, diese Warwara . . .«

»Laß es gut sein, Vater . . .«

Er wurde ärgerlich und machte ein finsteres Gesicht. »Was heißt – laß es gut sein? Die Kinder sind mißraten, ganz gleich, von welcher Seite man es betrachtet. Wo ist denn unsere Kraft geblieben? Wir beiden haben geglaubt, wir tun das Unsere in einen guten Bastkorb, aber der Herrgott gab uns statt dessen ein schlechtes Sieb ...«

Er verfiel mehrmals ins Schreien und rannte durchs Zimmer, als hätte er sich verbrüht, wobei er krampfhaft krächzte, auf seine Kinder schimpfte und der Großmutter mit seiner dürren kleinen Faust drohte. »Nur du, du bist es gewesen, die sie, die Tagediebe, immer unterstützt hat, du, mit deiner Nachsicht! Du Hexe!«

Voll bitterer Empörung steigerte er sich in ein Jammergeheul hinein, lief in die Ecke, zu den Ikonen, und schlug sich mit Wucht gegen die magere, hohle Brust. »Herrgott, bin ich denn sündiger als die anderen? Wofür das alles?«

Er zitterte am ganzen Leibe, und seine nassen, tränenfeuchten Augen funkelten böse und gekränkt.

Die Großmutter saß in ihrer dunklen Ecke, bekreuzigte sich schweigend, trat dann vorsichtig an ihn heran und versuchte, ihn zu beruhigen: »Aber was machst du dir nur für Kummer! Der Herrgott weiß, was er tut. Haben wirklich so viele Eltern bessere Kinder als wir? Überall, Vater, ist es ein und dasselbe: Streit, Unruhe, Zank. Alle Väter und alle Mütter waschen ihre Sünden mit Tränen ab, nicht du allein ...«

Es kam vor, daß solche Reden ihn beruhigten und er wortlos und müde auf sein Bett sank, während die Großmutter und ich leise in unsere Dachkammer gingen.

Doch eines Tages, als sie mit freundlichen Worten auf ihn zutrat, drehte er sich rasch zu ihr um, holte aus und schlug ihr die Faust ins Gesicht, daß es knirschte. Die Großmutter fuhr zurück, taumelte, hielt die Hand an die Lippen, gewann wieder Gewalt über sich und sagte ruhig, mit leiser Stimme: »Du – Narr ...«

Und sie spie ihm ihr Blut vor die Füße, während er zweimal lang aufheulte und beide Fäuste gegen sie erhob. »Fort mit dir, ich schlage dich tot!«

»Narr«, wiederholte die Großmutter und wandte sich zur Tür. Der Großvater stürzte ihr nach, aber sie überschritt ohne Eile die Schwelle und schlug ihm die Tür vor der Nase zu.

»Alte Hexe«, fauchte der Großvater, rot wie eine glühende Kohle, hielt sich am Türpfosten fest und kratzte mit den Fingern an ihm herum.

Ich saß mehr tot als lebendig auf der Ofenbank und wollte nicht glauben, was ich gesehen hatte: Er hatte die Großmutter zum erstenmal in meiner Gegenwart geschlagen, und das war niederdrückend und scheußlich und deckte etwas Neues an ihm auf – etwas, mit dem ich mich nicht abfinden konnte und das mich zu erdrücken drohte. Er stand immer noch da, klammerte sich an den Türpfosten, wurde immer grauer, als ob er sich mit Asche bedeckte, und sank immer mehr in sich zusammen. Plötzlich trat er in die Mitte des Zimmers, warf sich auf die Knie, verlor den Halt und fiel vornüber, berührte mit der Hand den Fußboden, richtete sich aber gleich wieder auf und schlug sich mit der Faust gegen die Brust. »Ach du lieber Gott . . .«

Ich glitt über die warmen Kacheln der Ofenbank hinunter wie über Eis und stürzte davon; oben ging die Großmutter im Zimmer auf und ab und gurgelte.

»Tut es weh?«

Sie trat in die Ecke zurück, spie das Wasser in den Spülichteimer und gab gelassen zur Antwort: »Es geht, die Zähne sind heil, er hat mir nur die Lippe aufgeschlagen.«

»Warum hat er das getan?«

Sie warf einen Blick durchs Fenster auf die Straße und sagte: »Er ärgert sich eben, der Alte, er hat es schwer, alles geht schief . . . Leg dich schon schlafen und denk nicht daran . . .«

Ich fragte sie noch etwas, aber sie fuhr mich mit ungewohnter Strenge an: »Habe ich dir nicht gesagt, du sollst dich schlafen legen? So was von Unart . . .«

Sie setzte sich ans Fenster, sog an ihrer Lippe und spie immer wieder ins Taschentuch. Ich zog mich aus, blickte aber immerfort zu ihr hin. Über ihrem schwarzen Kopf blitzten im blauen Fensterquadrat die Sterne. Draußen war es still, im Zimmer dunkel.

Als ich im Bett lag, trat sie auf mich zu, streichelte leise meinen Kopf und sagte: »Schlaf nur, ich gehe noch zu ihm hinunter . . . Du, Herzchen, bedaure mich nicht zu sehr, schließlich bin ich an allem auch selber ein bißchen schuld . . . Schlaf schon!«

Sie gab mir einen Kuß und ging, während mir unerträglich

traurig zumute wurde. Ich sprang aus dem breiten, weichen und heißen Bett, trat ans Fenster und starrte, versteinert von unüberwindlichem Leid, auf die menschenleere Straße hinunter.

VI

Aufs neue nahm eine Art Alpdruck seinen Anfang. Eines Abends, als Großvater und ich uns nach dem Tee an den Psalter setzten und die Großmutter sich ans Geschirrwaschen machte, stürzte Onkel Jakow ins Zimmer, wie immer zerzaust und an einen ausgedienten Besen erinnernd. Ohne einen guten Abend zu wünschen, warf er die Mütze in die Ecke, schüttelte sich und begann hastig und unter heftigem Armefuchteln: »Väterchen, Mischka krakeelt auf geradezu sträfliche Weise! Er hat bei mir zu Mittag gegessen, hat sich betrunken und begeht allerlei widerwärtige Tollheiten: Er hat mein Geschirr entzweigeschlagen, einen fertiggestellten Auftrag – es war ein Wollkleid – in Fetzen gerissen, die Fensterscheiben zertrümmert und mich und Grigorij beleidigt. Jetzt ist er unterwegs hierher und droht: ›Ich reiße dem Vater den Bart aus, ich bringe ihn um!‹ Sehen Sie sich vor . . .«

Der Großvater stützte die Hände auf den Tisch und stand langsam auf. Sein Gesicht legte sich in Falten, wurde ganz Nase und erinnerte unheimlich an eine Axt.

»Hast du's gehört, Mutter?« kreischte er auf. »Wie findest du das? Ist unterwegs, um seinen Vater umzubringen! Wer wohl? Der leibliche Sohn! Ja, es wird Zeit! Es wird Zeit, Kinder . . .«

Er durchmaß das Zimmer, einmal hin, einmal zurück, reckte die Schultern, ging zur Tür, warf heftig den schweren Haken zu und wandte sich an Jakow. »Ihr denkt wohl immer noch daran, Warwaras Mitgift einzuheimsen? Hier habt ihr sie!«

Er zeigte dem Onkel einen Vogel; der prallte gekränkt zurück.

»Aber Väterchen, was habe ich damit zu tun?«

»Was du damit zu tun hast? Ich kenne dich!«

Die Großmutter schwieg und räumte hastig die Tassen in den Schrank.

»Ich bin doch hergekommen, um Sie zu schützen . . .«

»Ach was?« rief der Großvater spöttisch. »Wie nett von dir! Ich danke auch schön, mein Sohn! Mutter, drück doch dem Fuchs da irgend etwas in die Hand – einen Feuerhaken zum Beispiel oder ein Bügeleisen! Und du, Jakow Wassiljew, schlag mir, sobald dein Bruder hier eindringt, damit über den Schädel!«

Der Onkel steckte die Hände in die Taschen und zog sich in die Ecke zurück.

»Ja, wenn Sie mir nicht trauen . . .«

»Ich – dir?« rief der Großvater und stampfte mit dem Fuß. »O nein, Freundchen, dir nicht, eher jedem beliebigen Wicht! Ich weiß: Du hast ihn betrunken gemacht, du hast ihn angestiftet! Und nun – schlag zu! Kannst wählen, wen – ihn oder mich . . .«

Die Großmutter flüsterte mir zu: »Spring rasch nach oben und sieh aus dem Fenster. Sobald sich Onkel Michailo auf der Straße zeigt, kommst du herunter und sagst es mir! Geh, lauf . . .«

So lehne ich mich, über den drohenden Einbruch des tobenden Onkels ein wenig erschrocken, doch stolz auf den Auftrag, der mir erteilt ist, aus dem Fenster und beobachte die Straße; sie ist breit und von einer dicken Staubschicht bedeckt; aus dem Staub wölben sich große Kopfsteine hervor wie Beulen. Nach links zieht sich die Straße ein ganzes Ende hin, überquert eine Schlucht und mündet auf den Ostroshnaja-Platz, wo auf dem lehmigen Grund ein festes graues Gebäude mit vier Ecktürmen steht – das alte Gefängnis; es hat etwas Eindrucksvolles und Traurig-Schönes an sich. Rechts öffnet sich, drei Häuser von unserem entfernt, der weite Sennaja-Platz, vom gelben Bau der Arrestantenkaserne und dem bleigrauen Wachtturm der Feuerwehr begrenzt. Auf seinem offenen Umgang kreist um die lugende Wachtturmspitze gleich einem angeketteten Hund die Feuerwache. Der ganze Platz ist von Schluchten durchfurcht; auf dem Grunde der einen steht eine grünliche Jauche, während mehr rechts der faulige Djukow-Teich liegt, wo nach Großmutters Erzählung die Onkel meinen Vater in das Eisloch warfen. Fast genau gegenüber dem Fenster geht eine Quergasse ab, die von bunten kleinen Häusern gesäumt wird und auf die dicke, gedrungene Dreibischofs-Kirche zuläuft. Wenn man geradeaus vor sich hinblickt, gleichen die Dächer im grünen Gewoge der Gärten kieloben treibenden Booten.

Die von den Schneegestöbern der langen Winter zerschrundenen, von endlosen Herbstregen verwaschenen, grauen, farblosen Häuser in unserer Straße sind mit Staub überpudert; sie drängen sich aneinander wie Bettler an der Kirchentür und scheinen mit ihren argwöhnisch glotzenden Fenstern mit mir auf jemanden zu warten. Man sieht nur wenig Menschen, und sie bewegen sich langsam wie nachdenkliche Küchenschaben auf dem Herd. Eine stickige Wärme steigt zu mir auf; ich spüre den schweren Geruch von Pasteten, die mit Mohrrüben und grünem Lauch gefüllt sind – dieser Geruch ist mir unangenehm und stimmt mich traurig.

Es ist langweilig, langweilig auf eine besondere, fast unerträgliche Art. Die Brust scheint sich mit flüssigem, warmem Blei zu füllen, das Blei drängt nach außen, drückt gegen die Rippen, gegen den Brustkorb. Mir ist, als ob ich anschwölle wie eine Blase, mir wird es zu eng in meinem kleinen Zimmer, dessen Decke an einen Sargdeckel erinnert.

Da ist er, der Onkel Michail. Er lugt aus der Quergasse hervor, hinter der grauen Hausecke; die Mütze ist auf die Ohren gestülpt und drückt sie herunter – sie stehen ab. Er hat eine rötliche Jacke und staubige, bis an die Knie reichende Stiefel an, die eine Hand steckt in der Tasche seiner karierten Hosen, die andere greift nach dem Bart. Sein Gesicht kann ich nicht sehen, aber er steht da, als ob er die Straße mit einem einzigen Satz überspringen und mit den schwarzen zottigen Händen Großvaters Haus packen wollte. Ich müßte hinunterlaufen und sagen, daß er da ist, aber ich kann mich nicht vom Fenster losreißen, ich sehe, wie der Onkel – vorsichtig, als ob er die grauen Stiefel mit Staub zu beschmutzen fürchtete – über den Straßendamm geht, und höre, wie er die Tür zur Kneipe öffnet – sie kreischt, die Glasscheiben klirren.

Ich laufe hinunter und klopfe beim Großvater an.

»Wer ist da?« fragt er barsch, ohne zu öffnen. »Du? Nun? Er ist in die Kneipe gegangen? Gut, geh schon!«

»Ich fürchte mich dort . . .«

»Wirst's schon noch aushalten!«

Wieder klebe ich am Fenster. Es dunkelt. Der Staub auf der Straße quillt, wird dicker, schwärzer. Ölig laufen an den Fensterscheiben der Häuser gelbe Lichtflecken auseinander. Im Hause gegenüber ist Musik, eine Vielzahl von Saiten singt – traurig und schön. Auch in der Kneipe wird gesungen. Wenn sich die Tür öffnet, dringt eine müde, gesprungene Stimme bis auf die Straße, bis zu mir: Ich weiß, daß es die Stimme des einäugigen Bettlers Nikituschka ist, eines bärtigen Alten, bei dem an der Stelle des rechten Auges eine rotglühende Kohle glimmt, während das linke fest geschlossen bleibt. Wenn die Tür zuklappt, ist seine Stimme wie mit dem Beil abgehackt.

Die Großmutter ist auf den Bettler neidisch; wenn sie ihn singen hört, seufzt sie und meint: »Was der für Freude spendet – was er für Verse weiß! Der Glückliche!«

Gelegentlich holt sie ihn zu uns auf den Hof; dann sitzt er auf den Treppenstufen vor dem Haus, stützt sich auf seinen Stock und singt oder sagt Verse her, während die Großmutter neben ihm hockt, an seinen Lippen hängt und hier und da fragt: »Wart mal, ist denn die Muttergottes auch in Rjasan gewesen?«

Und der Bettler versichert, fest überzeugt in tiefem Baß: »Sie ist überall gewesen, in allen Gouvernements ...«

Unsichtbar durchströmt die Straße schläfrige Müdigkeit; sie legt sich auf Augen und Herz. Wie schön, wenn jetzt die Großmutter käme! Oder doch wenigstens der Großvater. Was wohl mein Vater für ein Mensch gewesen sein mag? Warum haben Großvater und die Onkel ihn nicht gemocht, während die Großmutter, Grigorij und die Kinderfrau so gut auf ihn zu sprechen sind? Und wo ist meine Mutter?

Ich denke jetzt immer öfter an sie, und sie rückt immer öfter in den Mittelpunkt all der Märchen oder wahren Begebenheiten, die die Großmutter mir erzählt. Die Tatsache, daß meine Mutter sich weigert, in ihrer Familie zu leben, erhebt sie in meinen Träumen immer mehr. Ich bilde mir ein, daß sie in einem Gasthof unweit der großen Landstraße lebt, unter Räubern, die durchreisende reiche Leute ausplündern und das Erbeutete mit den Armen teilen. Oder sie haust vielleicht im Wald, in einer Höhle, aber auch da natürlich unter edelmütigen Räubern, für die sie kocht und das erbeutete Gold hütet. Es konnte aber auch sein, daß sie dahinging über die Erde, um all die Schätze auf ihr zu zählen, wie einst die »Herrin und Fürstin Jengalytschowa« mit der Muttergottes über sie hinging, und daß die Muttergottes nun auf meine Mutter einsprach wie einst auf sie, die »Fürstin Jengalytschowa«:

Nimmer wird, o du Gierige,
Alles Silber und Gold dir allein gehören;
Alles Gut der Welt reicht nicht aus,
Deiner Seele Blöße zu verschleiern . . .

Und die Mutter entgegnet ihr mit den Worten der »Herrin und Fürstin«, der Räuberin:

Ach vergib, Muttergottes, du heilige,
Und erbarm dich der sündigen Seele mein!
Nicht um meinetwillen hab ich geraubt,
Für den Sohn, den einzigen, ist es geschehen . . .

Und die Muttergottes, die gütig wie die Großmutter ist, vergibt ihr und sagt:

Ach Marjuschka, du Tatarenblut,
Ach du Geißel der Christenheit!
Geh schon, geh immerhin deinen Weg,
Dornenvoll ist er und tränenreich!
Aber rühr mir wenigstens das russische Volk nicht an,
Kämm die Wälder durch, plünder aus die Mordwa,
Such die Steppe heim und mit ihr den Kalmück!

Während ich mich dieser Verse erinnere, ist mir, als ob ich träumte; ein Stampfen, Lärmen, Krakeelen unten im Flur und im Hof versetzt mich in die Wirklichkeit zurück; ich lehne mich aus dem Fenster und sehe, wie Großvater, Onkel Jakow und der komische Tscheremisse Meljan, der beim Kneipenwirt in Diensten steht, Onkel Michail durch die Pforte auf die Straße befördern; er sträubt sich, sie schlagen ihm auf die Hände, stoßen ihn in den Rücken und ins Genick, versetzen ihm Fußtritte, und schließlich fliegt er kopfüber in den Straßenstaub. Die Pforte wird zugeworfen, man hört Klinke und Riegel rasseln. Dann fliegt eine zerknitterte Mütze über das Tor, und alles ist still.

Der Onkel bleibt ein Weilchen liegen, richtet sich, völlig zerzaust und abgerissen, auf, ergreift einen Pflasterstein und schleudert ihn gegen das Tor. Man hört den Stein laut dröhnend aufschlagen – wie auf einem Faßboden. Aus der Kneipe kommen dunkle Gestalten zum Vorschein, sie schreien, schnaufen, fuchteln mit den Armen. In den Fenstern der Häuser zeigen sich menschliche Köpfe – die Straße wird lebendig, sie lacht, sie lärmt. Auch das ist wie ein fesselndes, aber unangenehmes und abschreckendes Märchen.

Und plötzlich ist alles wie fortgeblasen, alle sind still und verschwinden.

... Auf einer Truhe unweit der Türschwelle sitzt die Großmutter – gebeugt, ohne sich zu bewegen und ohne zu atmen. Ich stehe neben ihr und streichle ihr die warmen, weichen, nassen Wangen, aber sie scheint es nicht zu merken und flüstert finster vor sich hin: »Herrgott, hast du denn wirklich für mich, für meine Kinder keinen rechten Verstand mehr übrig gehabt? Herrgott, erbarme dich ...«

Ich glaube, im Hause an der Polewaja-Straße hat der Großvater nicht länger als ein Jahr gelebt – von einem Frühjahr bis zum anderen, aber selbst diese kurze Zeit reichte aus, um unserem Haus einen bemerkenswerten Ruf zu verschaffen. So gut wie jeden Sonntag kamen Jungen vor unser Tor geeilt und verkündeten freudig über die ganze Straße: »Bei den Kaschirins prügeln sie sich wieder!«

Onkel Michailo tauchte meist gegen Abend auf, hielt das Haus während der ganzen Nacht belagert und die Bewohner in Angst und Schrecken. Manchmal brachte er zwei oder drei Gehilfen mit, verwegene Kleinbürger aus Kunawino. Sie drangen aus der Schlucht bis in den Garten vor und mühten sich dort ab, beflügelt von ihrer trunkenen Phantasie – meist rissen sie Himbeer- und Johannisbeersträucher aus. Eines Tages verwüsteten sie das Badehaus und schlugen alles kurz und klein, was irgendwie dazu geeignet war: die Schwitzbank, die Pritschen, die Wasserkessel. Der Ofen wurde in seine Bestandteile zerlegt, man riß mehrere Fußbodenbretter heraus, die Tür, den Türrahmen.

Der Großvater stand finster und stumm am Fenster und horchte auf die Arbeit der Leute, die sein Hab und Gut zerstörten; die Großmutter hastete im Hof umher und flehte, unsichtbar, aus dem Dunklen: »Mischa, was tust du! Mischa!«

Aus dem Garten wurden ihre Worte mit dem idiotisch-gemeinen russischen Geschimpf beantwortet, dessen Sinn dem Herzen und dem Verstand der vertierten Menschen, die es ausstoßen, wohl unzugänglich bleibt.

Mit der Großmutter kommt man in solchen Augenblicken nicht mit, und ohne sie ängstige ich mich. Ich gehe zum Großvater hinunter, aber er faucht mich an: »Hinaus, du Lümmel!«

Ich laufe rasch zum Dachgeschoß und blicke durch eine Luke ins Dunkel von Hof und Garten. Ich bin bemüht, Großmutter nicht aus dem Auge zu verlieren, ich fürchte, sie bringen sie noch um, und rufe sie. Aber sie kommt nicht, und der betrunkene Onkel, der meine Stimme erkennt, beschimpft meine Mutter auf schmutzige, widerwärtige Weise.

Als der Großvater an einem solchen Abend einmal kränkelte, im Bett lag und den mit einem Handtuch umwickelten Kopf auf dem Kissen hin und her wälzte, zeterte er: »Darum also hat man gelebt, Sünden auf sich genommen, sein Hab und Gut vermehrt! Wenn nicht der Schimpf und die Schande wären, ich riefe die Polizei und würde morgen zum Gouverneur fahren ... Aber die Schande! Was müssen das für Eltern sein, wenn sie die Polizei auf ihre Kinder hetzen? Lieg also still, Alter!«

Plötzlich ließ er die Beine vom Bett hinunter und taumelte zum Fenster. Die Großmutter griff ihm rasch unter die Arme. »Wo willst du hin?«

»Mach Licht!« keuchte er und rang geräuschvoll nach Luft.

Und als die Großmutter die Kerze angesteckt hatte, nahm er den Leuchter in die Hand, hielt ihn – wie ein Soldat das Gewehr – vor seine Brust und rief spöttisch und laut zum Fenster hinaus: »He, Mischka, du lichtscheuer Dieb, du tollwütiger, räudiger Hund!«

Gleich darauf zersprangen die Oberlichter des Fensters in tausend Scherben, und ein halber Ziegelstein fiel neben der Großmutter auf den Tisch.

»Danebengegangen!« kreischte der Großvater und brach in Lachen aus, vielleicht auch in Weinen.

Die Großmutter nahm ihn auf ihre Arme, als wäre er ein Kind wie ich, und trug ihn zum Bett. Sie redete dabei erschrocken auf ihn ein: »Aber ich bitte dich, um Christi willen! Auf diese Weise kommt er doch nach Sibirien! Als ob er in seiner Wut verstünde, was das bedeutet – Sibirien!«

Der Großvater zappelte mit den Beinen und schluchzte heiser, ohne Tränen: »Soll er mich umbringen . . .«

Draußen vor dem Fenster brüllte es, stampfte es, kratzte es an der Wand. Ich nahm den Ziegelstein vom Tisch und lief zum Fenster. Großmutter, die mich gerade noch erwischte, stieß mich in eine Ecke und zischte mich an: »Du Satan!«

Ein anderes Mal wollte der Onkel, mit einem dicken Pfahl bewaffnet, vom Hof aus in den Hausflur eindringen. Er stand auf den Stufen der Hintertreppe und war dabei, die Tür einzuschlagen, während davor der Großvater mit einem Knüppel, zwei Mieter mit einer Art Keulen sowie die Frau des Kneipenbesitzers, ein großes, kräftiges Frauenzimmer, mit einem Rollholz warteten; hinter ihnen trat die Großmutter von einem Fuß auf den anderen und flehte: »Laßt mich doch zu ihm! Ich muß ein Wort mit ihm reden . . .«

Der Großvater hatte einen Fuß vorgestellt wie der Bauer mit dem Jagdspieß auf dem Gemälde »Die Bärenjagd«; wenn die Großmutter zu ihm gelaufen kam, stieß er sie wortlos mit dem Ellenbogen oder dem Fuß zurück. Die vier an der Tür standen in furchterregender Bereitschaft da. An der Wand über ihnen brannte eine Laterne und warf ein ungutes, zuckendes Licht auf ihre Köpfe. Ich blickte auf alles das von der Treppe zum Dachgeschoß hinunter – ich hätte die Großmutter gern heraufgeholt.

Der Onkel bearbeitete die Tür eifrig und mit Erfolg, sie schwankte hin und her und konnte jeden Augenblick aus der oberen Angel springen – die untere war schon abgebrochen und klirrte widerlich. Auch Großvaters Stimme klang irgendwie klirrend, als er zu seinen Mitstreitern sagte: »Schlagt ihn meinetwegen auf Arme und Beine, aber nicht auf den Schädel . . .«

Neben der Tür befand sich in der Wand ein kleines Fenster – nicht größer als nötig, um den Kopf hinauszustecken. Die Scheibe hatte der Onkel bereits zertrümmert, und das Fenster, ringsum mit Glassplittern gespickt, zeichnete sich dunkel ab wie ein ausgeschlagenes Auge.

Die Großmutter stürzte zu dem Fenster hin, streckte den Arm

hinaus, winkte und rief: »Mischa, um Christi willen – geh! Sie schlagen dich zum Krüppel, geh schon!«

Er schlug ihr mit dem Pfahl auf den Arm; man sah, wie etwas Schweres am Fenster vorüberglitt und auf den Arm niederging, worauf auch Großmutter selbst zu Boden sackte und hintenüberfiel; sie konnte gerade noch ausrufen: »Mischa, lauf . . .«

»Mutter?« heulte schreckenerregend der Großvater auf.

Die Tür wurde aufgerissen, in ihre schwarze Öffnung sprang der Onkel, flog aber gleich wieder die Treppenstufen hinunter – wie Kehricht von einer Schaufel.

Die Kneipenwirtin brachte die Großmutter in Großvaters Zimmer. Bald danach stellte auch er sich ein und trat finster zur Großmutter. »Ist denn der Knochen heil?«

»Ach, wird wohl gebrochen sein«, sagte die Großmutter, ohne die Augen zu öffnen. »Und was ist mit ihm, was habt ihr mit ihm gemacht?«

»Beruhige dich!« rief der Großvater barsch. »Bin ich denn eine Bestie? Wir haben ihn gefesselt und in den Schuppen gebracht – da liegt er jetzt. Ich habe ihn mit kaltem Wasser übergossen . . . Ist aber auch ein Satan! Nach wem er wohl geraten ist?« Die Großmutter stöhnte.

»Ich habe nach der Frau geschickt, die die Knochen einrenkt – gedulde dich ein wenig!« sagte der Großvater und setzte sich auf die Bettkante neben sie. »Sie bringen uns noch ins Grab, Mutter, dich und mich; sie bringen uns vor der Zeit ins Grab.«

»So gib ihnen doch alles . . .«

»Und Warwara?«

Sie unterhielten sich noch eine ganze Weile: die Großmutter – leise und klagend, er – laut und böse.

Schließlich kam eine kleine alte Frau, bucklig, mit einem riesigen Mund, der bis an die Ohren reichte; ihr Unterkiefer zitterte, der Mund stand offen wie bei einem Fisch, die Nase sah über die Oberlippe in ihn hinein. Die Augen waren nicht zu erkennen; sie konnte kaum die Beine bewegen, kratzte mit ihrem Krückstock über den Fußboden hin und trug ein Bündel in der Hand, das sonderbar klirrte.

Ich glaubte, zur Großmutter käme der Tod, stürzte auf die Alte zu und schrie sie an: »Scher dich fort!«

Der Großvater nahm mich unsanft auf seine Arme und trug mich keineswegs freundlich zur Dachkammer hinauf.

VII

Mir wurde schon sehr früh klar, daß Großvater einen, und Großmutter einen anderen Gott hatte.

Großmutter wachte auf, kämmte sich, auf der Bettkante sitzend, lange ihr prachtvolles Haar, schlenkerte mit dem Kopf, riß mit zusammengebissenen Zähnen ganze Strähnen der langen schwarzen Seidenfäden aus und schalt – sie wollte mich nicht wecken – im Flüsterton: »Hol euch der und jener! Treff euch der Ausfall, ihr Verflixten . . .«

Nachdem sie das Haar einigermaßen entwirrt hatte, flocht sie es rasch in dicke Zöpfe, wusch sich in aller Eile und ärgerlich prustend das große, vom Schlaf zerknitterte Gesicht, ohne die Gereiztheit von ihm abwaschen zu können, und stellte sich vor die Ikonen; erst da begann die eigentliche morgendliche Reinigung, die sie sogleich von Kopf bis Fuß erfrischte.

Sie streckte den krummen Rücken, warf den Kopf zurück, sah zärtlich zum runden Gesicht der Muttergottes von Kasan auf, bekreuzigte sich inbrünstig und mit weiten Bewegungen und flüsterte laut und leidenschaftlich: »Muttergottes, du ruhmreiche, schenke mir deine Gnade für den heutigen Tag!«

Sie neigte sich bis zur Erde, richtete sich langsam wieder auf und flüsterte immer leidenschaftlicher und gerührter: »Du Quell der Freude, Reinste der Schönen, blühender Apfelbaum . . .«

Sie fand fast jeden Morgen neue Worte des Ruhms; das ließ mich ihrem Gebet jedesmal mit gespannter Aufmerksamkeit lauschen.

»Herzensreine, Himmlische du! Mein Schutz und meine Fürbitte, goldene Sonne mein, Mutter des Herrn, behüte mich vor der Verlockung des Bösen, laß mich niemandem Unrecht tun und sieh, daß auch mir kein Unrecht geschieht!«

Gleichsam verjüngt, mit einem Lächeln in ihren dunklen Augen, hob sie langsam die schwere Hand und bekreuzigte sich aufs neue. »Jesus Christus, Sohn Gottes, sei gnädig zu mir Sünderin um deiner Mutter willen ...«

Immer war ihr Gebet ein Lobgesang, ein inniges und treuherziges Rühmen.

Morgens betete sie nicht lange – der Samowar mußte angeheizt werden, der Großvater hielt keine Bediensteten mehr, und wenn die Großmutter den Tee nicht zu dem Zeitpunkt fertig hatte, der von ihm festgesetzt war, schimpfte er lange und ärgerlich.

Manchmal, wenn er früher wach wurde als die Großmutter, kam er ins Dachgeschoß herauf, hörte sich, falls er sie beim Gebet antraf, ihr Flüstern eine Weile mit an – er krümmte dabei verächtlich die dünnen, dunklen Lippen – und brummte später während des Tees: »Wie oft habe ich dich Holzkopf gelehrt, wie man zu beten hat, aber du murmelst immer nur das Deine, Ketzerin! Daß sich der Herrgott das von dir gefallen läßt!«

»Er wird mich schon verstehen«, entgegnete die Großmutter überzeugt. »Einerlei, was man ihm sagt – er findet sich zurecht ...«

»Tschuwaschin verflixte! Ach iiihr ...«

Ihr Gott begleitete sie den ganzen Tag, selbst mit den Tieren pflegte sie von ihm zu sprechen. Mir war klar, daß sich diesem Gott alles gehorsam und willig fügte: die Menschen, die Hunde, die Vögel, die Bienen, die Gräser; zu allem auf Erden war er gleich gut, allen war er gleich nahe.

Eines Tages schleppte der verhätschelte Kater der Kneipenwirtin, ein listiges Leckermaul und ein verschlagener Schmeichler, goldäugig, rauchgrau und Liebling des ganzen Hofes, einen Star aus dem Garten herbei. Großmutter nahm ihm den gemarterten Vogel weg und redete vorwurfsvoll auf den Kater ein: »So fürchte dich doch vor Gott, gemeiner Bösewicht!«

Die Kneipenwirtin und der Hausknecht brachen bei diesen Worten in Lachen aus, aber die Großmutter fuhr sie zornig an: »Glaubt ihr vielleicht, das Vieh hat keine Vorstellung von Gott? Jedes Geschöpf hat sie – nicht weniger als ihr Erbarmungslosen ...«

Wenn sie den traurigen, zu fett gewordenen Scharap anspannte, dann unterhielt sie sich mit ihm: »Warum so traurig, du Arbeiter vor dem Herrn? Bist eben alt geworden ...«

Der Gaul seufzte und schlenkerte mit dem Kopf.

Und dennoch nahm sie den Namen Gottes nicht so oft in den Mund wie der Großvater. Großmutters Gott war mir verständlicher und keineswegs schrecklich, aber lügen konnte man vor ihm nicht – man schämte sich. Er rief nur unüberwindliche Scham in mir hervor, und ich beschwindelte die Großmutter nie. Es war einfach unmöglich, diesem gütigen Gott etwas zu verbergen, ich glaube, nicht einmal der Wunsch, es zu tun, kam in mir auf.

Eines Tages, als die Kneipenwirtin sich mit dem Großvater gestritten hatte, beschimpfte sie bei dieser Gelegenheit auch die am Streit ganz unbeteiligte Großmutter; sie schalt recht boshaft und warf sogar mit einer Mohrrübe nach ihr.

»Sind Sie aber eine Gans, meine Verehrte«, sagte die Großmutter gelassen, während ich mich bitter gekränkt fühlte und die Großmutter an der Missetäterin zu rächen beschloß.

Lange überlegte ich, wie ich das rothaarige dicke Frauenzimmer, das ein Doppelkinn, aber keine Augen hatte, am schmerzlichsten treffen könnte.

Aus der Beobachtung der Zwistigkeiten zwischen den Mietern wußte ich, daß sie sich für eine Kränkung aneinander rächten, indem sie Katzen die Schwänze abhackten, Hunde vergifteten, Hähne und Hühner umbrachten oder sich nachts in den Keller ihres Feindes schlichen, wo sie Petroleum in die Gurken- und Sauerkohlfässer gossen oder den Kwaß auslaufen ließen – aber all das sagte mir nicht zu; ich mußte auf etwas Eindrucksvolleres und Schrecklicheres verfallen.

Und das gelang mir auch: Ich lauerte der Kneipenwirtin auf, als sie in ihren Keller stieg, klappte die Falltür zu, schloß ab, führte einen Rachetanz auf und warf den Schlüssel aufs Dach. Dann rannte ich schnurstracks zur Küche, wo die Großmutter gerade kochte. Sie verstand nicht gleich, warum ich so begeistert war, versohlte mir, nachdem sie es verstanden hatte, den zuständigen Körperteil, zerrte mich auf den Hof hinaus und schickte mich aufs Dach, um nach dem Schlüssel zu suchen. Erstaunt über ihr Verhalten, holte ich wortlos den Schlüssel herunter und entlief in eine Hofecke, von wo aus ich zusah, wie sie die gefangene Kneipenwirtin befreite und wie beide, freundschaftlich lächelnd, über den Hof gegangen kamen.

»Warte, dir gebe ich's noch . . .«, sagte die Kneipenwirtin und drohte mir mit der rundlichen Faust, doch spielte auf ihrem augenlosen Gesicht dabei ein gutmütiges Lächeln. Die Großmutter nahm mich am Schlafittchen, führte mich in die Küche und erkundigte sich: »Wie bist du denn darauf gekommen?«

»Sie hat mit einer Mohrrübe nach dir geworfen . . .«

»Dann hast du es also meinetwegen getan? Soso! Na warte, du Taugenichts, ich schiebe dich in die Ofenhöhlung zu den Mäusen, da wirst du schon zu dir kommen! Ein schöner Beschützer das – seht euch die Seifenblase rasch an, sonst platzt sie! Wenn ich's dem Großvater sage, haut er dich windelweich! Geh in die Dachkammer, nimm dein Buch vor und lerne . . .«

Sie sprach den ganzen Tag nicht mit mir, erst abends, bevor sie zum Beten niederkniete, setzte sie sich zu mir aufs Bett und sagte in einprägsamem Ton: »Hör zu, Ljonka, mein Herzchen, und schreibe es dir hinter die Ohren: Misch dich nicht in die Angelegenheiten der Erwachsenen! Die Erwachsenen sind ein verdorbenes Volk; der Herrgott versucht sie, dich noch nicht – lebe nach deinem kindlichen Verstand! Warte, bis der Herrgott dein Herz berührt, dir deine Aufgabe stellt, dir deinen Pfad weist! Hast du verstanden? Wer aber schuldig ist und weshalb – das ist nicht deine Sache. Dem Herrgott gebührt es, zu richten und zu bestrafen. Ihm, nicht uns!«

Sie hielt inne, nahm eine Prise Tabak, kniff das rechte Auge zusammen und fügte hinzu: »Aber am Ende weiß selbst der Herrgott nicht immer, wer schuldig ist und warum.«

»Weiß denn Gott nicht alles?« fragte ich verwundert, und sie entgegnete traurig und mit leiser Stimme: »Wüßte er alles, dann würden die Menschen wohl vieles nicht tun. Er, der Gute, blickt lange, lange vom Himmel zur Erde herab, auf uns alle, bis er dann manchmal wohl auch in Tränen ausbricht und unaufhaltsam schluchzt: ›Ach Menschen, ihr meine Menschen, ihr lieben Menschen! Wie leid ihr mir tut!‹«

Sie brach dabei selber in Weinen aus und zog sich, ohne die nassen Wangen zu trocknen, zum Beten in die Ecke zurück.

Von da an wurde mir ihr Gott noch vertrauter und verständlicher.

Auch der Großvater sagte, wenn er mich belehrte, daß Gott

ein Wesen sei, das allgegenwärtig, allwissend, allsehend und den Menschen in allem eine gütige Hilfe ist, aber er betete anders als die Großmutter.

Morgens, bevor sich der Großvater in die Ikonenecke stellte, wusch er sich lange, kämmte sich, säuberlich angezogen, sorgsam das rötliche Haar, strich sein Bärtchen glatt und ging, nachdem er sich im Spiegel besehen, das Hemd zurechtgezupft und die Enden des schwarzen Halstuchs in den Westenausschnitt gesteckt hatte, vorsichtig, fast schleichend zu den Ikonen. Er stellte sich stets auf dasselbe Astloch derselben Dielenbohle – es erinnerte an ein Pferdeauge – und stand wohl eine Minute schweigend da, den Kopf gesenkt, die Hände an den Hosennähten wie ein Soldat. Dann sagte er, gerade aufgerichtet und dünn, wie er war, mit Nachdruck: »Im Namen des Vaters, des Sohnes und des Heiligen Geistes!«

Nach diesen Worten schien mir im Zimmer eine besondere Stille einzutreten – sogar die Fliegen summten nicht mehr so laut.

Er steht mit zurückgeworfenem Kopf da; die Augenbrauen sind hochgezogen und sträuben sich, der goldblonde Bart starrt waagerecht in die Luft. Er spricht die Gebete fest und sicher, als sage er eine Schulaufgabe her. Seine Stimme klingt deutlich und fordernd. »Unerwartet wird kommen der Richter und werden aufgedeckt jedermanns Taten . . .«

Er schlägt sich, wenn auch nicht heftig, mit der Faust an die Brust und bittet hartnäckig: »Vor dir allein bin ich sündig – wende dein Antlitz ab von den Sünden mein . . .«

Er liest das Credo und betont dabei jedes Wort. Sein rechter Fuß zuckt, als ob er lautlos den Takt des Gebetes schlage. Er strebt gespannt, mit allen seinen Fasern auf die Ikonen zu, er wächst, wird gleichsam immer dünner, dürrer, er ist so sauber und akkurat, und er verlangt: »Du, die du den Heiland geboren, heile meine Seele von ihrer langjährigen Pein! Aus tiefstem Herzensgrunde flehe ich ohne Unterlaß zu dir, lasse nicht nach, Herrscherin!«

Und mit Tränen in den grünen Augen jammert und fleht er laut: »Rechne mir, o mein Gott, den Glauben anstelle der guten Werke an und lasse mich deinen Zorn nicht fühlen der bösen wegen, deren ich mich nicht freisprechen kann!«

Jetzt bekreuzigt er sich schnell und krampfhaft, er nickt mit dem Kopf wie ein Bock, der stoßen will, seine Stimme winselt und schluchzt. Erst später, nachdem ich in Synagogen gewesen war, wurde mir klar, daß der Großvater wie ein Jude betete.

Längst schnauft der Samowar auf dem Tisch, und im Zimmer verbreitet sich ein heißer Dunst von Roggenpfannkuchen mit Quark – man möchte so gerne essen! Die Großmutter lehnt mißmutig am Türpfosten, blickt zu Boden und seufzt. Durchs Fenster sieht aus dem Garten die fröhliche Sonne herein, die Bäume hängen voll schimmernder Tauperlen, die Morgenluft ist würzig und riecht nach Dill, nach Johannisbeeren, nach reifenden Äpfeln, aber der Großvater ist immer noch beim Beten, er schaukelt hin und her und winselt: »Ersticke die Flamme meiner Leidenschaften, o Herr, denn ich bin armselig und ruchlos!«

Ich kenne alle Morgengebete und alle, die vor dem Schlafengehen herzusagen sind, Wort für Wort – ich kenne sie und achte aufmerksam darauf, ob sich der Großvater auch nicht verspricht oder ein einziges Wort ausläßt.

Das kam sehr selten vor, erregte aber bei mir jedesmal ein schadenfrohes Gefühl.

Nachdem der Großvater sein Gebet beendet hatte, sagte er zu der Großmutter und mir: »Guten Tag!«

Wir verneigten uns gegeneinander und setzten uns endlich zu Tisch. Da sagte ich dann zum Großvater: »Du hast heute ›genüget‹ fortgelassen!«

»Nein, wirklich?« fragte er mißtrauisch und besorgt.

»Natürlich hast du es fortgelassen! Es heißt: ›Dieser mein Glaube aber genüget für alle‹, und du hast ›genüget‹ ausgelassen.«

»So etwas!« ruft er aus und zwinkert schuldbewußt.

Er wird mir diese Bemerkung später bitter heimzahlen, aber vorerst genieße ich meinen Triumph, ihn so in Verlegenheit gebracht zu haben.

Eines Tages bemerkte Großmutter im Scherz: »Der Herrgott, Vater, wird sich bei deinen Gebeten wohl doch ein wenig langweilen – er muß sich immer wieder dasselbe anhören!«

»Waaas?« fragte er gedehnt. »Was hast du da zu nörgeln?«

»Ich sage – du wirst den Herrgott nie mit einem Wort, das aus der eignen Seele kommt, beschenken, soviel ich auch hinhöre!«

Er wurde dunkelrot, fing an zu zittern, schnellte vom Stuhl hoch und warf ihr eine Untertasse an den Kopf; tat's und kreischte wie eine Säge, die auf ein Astloch gestoßen ist: »Hinaus, du alte Hexe!«

Wenn er von Gottes unüberwindlicher Macht zu mir sprach, betonte er stets und vor allem ihre Erbarmungslosigkeit: Da hatten die Menschen gesündigt – und waren ertränkt worden, sie sündigten wieder – und kamen im Feuer um, das ihre Städte zerstörte; dann wieder strafte Gott die Menschen durch Hunger und Seuchen – immer hing er als Schwert über der Welt, als Geißel der Sündigen.

»Jedweden, der in Ungehorsam gegen Gottes Gebote verstößt, wird er heimsuchen mit Leid und Untergang!« prägte er mir ein und trommelte dabei mit seinen dünnen Fingerknöcheln auf den Tisch.

Es fiel mir schwer, an Gottes Erbarmungslosigkeit zu glauben. Ich hatte den Verdacht, der Großvater denke sich das alles nur aus, um mir Angst vor ihm selbst und nicht vor Gott zu machen. Und ich fragte ihn geradeheraus: »Erzählst du mir das alles, damit ich dir gehorche?«

Und er entgegnete mit der gleichen Freimütigkeit: »Aber gewiß doch! Das fehlte noch – mir nicht gehorchen!«

»Und wie ist das mit der Großmutter?«

»Der alten Närrin darfst du nicht glauben!« belehrte er mich streng. »Sie ist dumm von Geburt, kann weder lesen noch schreiben und hat keinen Verstand. Warte, ich werde es ihr noch verbieten, mit dir von diesen hohen Dingen zu sprechen! Antworte mir: Wie viele Ränge von Engeln gibt es?«

Ich antwortete und erkundigte mich: »Und was sind Beamtenränge?«

»Worauf du nicht alles kommst!« meinte er mit belustigtem Lächeln, schlug die Augen nieder, kaute kurz auf den Lippen und erläuterte unwillig: »Das hat mit Gott nichts zu tun, Beamte sind etwas Menschliches! Ein Beamter ist ein Gesetzeschinder, er dreht sie um!«

»Was sind Gesetze?«

»Gesetze? Das bedeutet – Gepflogenheiten«, fuhr der Alte schon heiterer und williger fort, und seine klugen, stechenden

Augen blitzten. »Da leben also die Menschen und kommen überein: So ist es am besten, das soll Gepflogenheit werden, das machen wir zur Regel, zum Gesetz! Zum Beispiel: Wenn Kinder spielen wollen, dann machen sie untereinander ab, wie, nach welchen Regeln das Spiel verlaufen soll. Nun, diese Abmachung eben ist das Gesetz!«

»Und die Beamten?«

»Ein Beamter ist wie der Spielverderber, er kommt daher und stößt alle Gesetze um.«

»Warum?«

»Das kannst du noch nicht verstehen!« sagte er mit finsterer Miene und prägte mir aufs neue ein: »Über allen menschlichen Angelegenheiten steht – Gott! Die Menschen wollen das eine, er – etwas anderes. Alles Menschliche ist vergänglich. Der Herrgott braucht nur zu blasen, und alles zerfällt zu Staub und Asche.«

Ich hatte mancherlei Gründe, mich für die Beamten zu interessieren, und forschte weiter: »Aber der Onkel Jakow zum Beispiel singt doch:

›Von göttlichem Rang sind die Engel, die lichten,
Beamte gleichen des Satans Wichten!‹«

Der Großvater strich das Bärtchen nach oben, steckte es in den Mund und schloß die Augen. Seine Wangen bebten. Ich begriff, daß er innerlich lachte.

»Man sollte ein Bein von dir mit einem Bein von Jaschka zusammenbinden und euch ins Wasser werfen!« meinte er. »Solche Lieder hat weder er zu singen, noch hast du sie dir anzuhören. Das sind Späße, die von den altgläubigen Kirchenspaltern, von Ketzern stammen.«

Er versank in Nachdenken, sein Blick ging über mich hinweg, und leise und gedehnt sagte er: »Ach iiihr ...«

Wenn er auch seinen grimmigen Gott hoch über die Menschen stellte, zog er ihn dennoch – ganz wie die Großmutter – in alle seine Angelegenheiten herein, ihn wie die zahllosen Heiligen. Die Großmutter dagegen schien die Heiligen gar nicht zu kennen, von Nikola, Jurij, Frol und Lawr abgesehen, obwohl auch sie meinte, die Heiligen seien gut und stünden den Menschen sehr nahe: sie zögen durch Dörfer und Städte, mischten sich in das

Leben der Menschen ein und besäßen alle ihre besonderen Eigenschaften. Die Heiligen des Großvaters dagegen waren fast lauter Märtyrer, die Götzenbilder stürzten, mit den römischen Kaisern haderten und dafür gefoltert, verbrannt, geschunden wurden.

Manchmal träumte er: »Wenn mir der Herrgott doch hülfe, das Häuschen hier mit einem Gewinn von – meinetwegen – fünfhundert Rubeln zu verkaufen – ich würde einen Dankgottesdienst für Nikola den Gottesknecht abhalten lassen!«

Die Großmutter sagte mit einem spöttischen Lächeln zu mir: »Da denkt der alte Narr, Nikola soll ihm die Häuser verkaufen – als wenn der gute Nikola nichts Besseres zu tun hätte!«

Ich habe lange Großvaters Kirchenkalender bei mir aufbewahrt; er war mit allerlei Randbemerkungen von seiner Hand versehen. Unter anderem stand zum Tage von Joakim und Anna mit rötlicher Tinte und steilen Buchstaben verzeichnet: Meine Wohltäter – sie haben mich vor Unglück bewahrt!

Ich erinnere mich an dieses »Unglück«: Der Großvater, der sich Sorgen um den Unterhalt seiner mißratenen Kinder machte, ließ sich auf Wuchergeschäfte ein und lieh Geld gegen Pfänder aus. Irgendwer zeigte ihn an, und eines Nachts erschien überraschend die Polizei und nahm eine Haussuchung vor. Es gab ein gewaltiges Durcheinander, aber schließlich lief alles gut ab. Der Großvater betete bis zum Sonnenaufgang und trug morgens in meiner Gegenwart diese Worte im Kirchenkalender ein.

Vor dem Abendessen las er mit mir im Psalter, im Kirchengebetbuch oder im schwierigen Buch Ephräms des Syrers, während er sich nach dem Abendbrot aufs neue zum Beten hinstellte und seine niedergeschlagenen, reuigen Worte lange in der Abendstille hallten: »Was bringe ich dir dar und wie vergelte ich dir all deine Freigebigkeit, unsterblicher König ... Und bewahre uns vor allen falschen Träumen ... Herr, beschütze mich vor gewissen Menschen ... Gib mir Tränen und lasse mich nicht vergessen den Tod ...«

Die Großmutter dagegen sagte nicht selten: »Ach, was bin ich heute müde! Es wird mir wohl nichts übrigbleiben, als mich schlafen zu legen, ohne zu beten ...«

Großvater nahm mich regelmäßig in die Kirche mit: sonnabends zum Abendgottesdienst, feiertags zum Hochamt. Ich unterschied auch in der Kirche, wann zu welchem Gott gebetet wurde: Alles, was der Geistliche und der ministrierende Kirchendiener lasen, galt dem Gott des Großvaters, während die Sänger für Großmutters Gott sangen.

Ich drücke diese kindliche Unterscheidung zwischen den Göttern, die meine Seele, wie ich mich erinnere, in einen unruhigen Zwiespalt versetzte, natürlich nur in groben Zügen aus, jedenfalls aber rief Großvaters Gott Angst und ein feindseliges Gefühl in mir hervor. Er liebte niemand, hatte auf alles ein strenges Auge, suchte und sah im Menschen vor allem das Schlechte, Böse, Sündige. Es war klar, daß er jedem mißtraute, immerfort Buße von ihm erwartete und auch gern strafte.

In jenen Tagen waren die Gedanken an Gott, die Gefühle für ihn die wichtigste Nahrung meiner Seele, das Schönste im Leben – während mich alle anderen Eindrücke durch ihre Grausamkeit und Häßlichkeit nur kränkten und Widerwillen und Zorn in mir hervorriefen. Gott war das Beste, Lichteste von allem, was mich umgab – Großmutters Gott, der allem Lebendigen ein so lieber Freund war. Und natürlich mußte mich die Frage beunruhigen: Wieso sah denn Großvater den guten Gott nicht?

Man ließ mich nicht gern auf die Straße, weil sie mich allzusehr erregte und ihre Eindrücke mich in eine Art Taumel versetzten, so daß ich fast jedesmal zum Urheber von Tumulten oder Gewalttätigkeiten wurde. Spielkameraden fanden sich nicht, die Nachbarkinder verhielten sich gegen mich feindlich. Mir gefiel nicht, daß sie mich Kaschirin nannten, als sie es aber merkten, riefen sie sich desto hartnäckiger zu: »Da kommt der Enkel von Kaschirin, dem alten Gerippe, seht mal!«

»Haut ihn!«

Und die Schlägerei begann.

Ich war für mein Alter recht stark und wußte gewandt zu kämpfen – das erkannten selbst meine Feinde an, die mich nicht anders als im Haufen angriffen. Dennoch verprügelte mich die Straße regelmäßig, und ich kehrte gewöhnlich mit blutiger Nase, aufgeschlagenen Lippen und blauen Flecken im Gesicht nach Hause zurück, abgerissen, schmutzig, staubig.

Die Großmutter nahm mich erschrocken in Empfang und

bedauerte mich: »Was ist, du Rübe, hast du dich wieder geprügelt? Was soll das nur, he? Wenn ich dich mal richtig vornehme ...«

Sie wusch mir das Gesicht, drückte Flußschwamm oder Kupfermünzen auf die blauen Flecken oder machte mir Bleiwasserumschläge und ermahnte mich: »Warum du dich nur immer herumprügelst! Zu Hause bist du friedlich, und auf der Straße benimmst du dich wie sonstwer! Schäm dich! Warte, ich sage das dem Großvater, damit er dich nicht mehr auf die Straße läßt ...«

Der Großvater sah meine blauen Flecken, schalt mich aber nie aus, sondern räusperte sich nur und brummte: »Wieder einmal voller Medaillen? Daß du mir, tapferer Krieger, nicht wieder auf die Straße läufst, hast du verstanden?«

Es zog mich auch gar nicht auf die Straße, solange es draußen still war, hörte ich aber fröhliches Kinderlärmen, dann lief ich trotz des großväterlichen Verbots vom Hofe fort. Die blauen Flecken und Hautabschürfungen kränkten mich nicht, wohl aber empörte mich die Grausamkeit der Straßenvergnügungen – eine Grausamkeit, die mir nur allzugut bekannt war und mich jedesmal in Raserei versetzte. Ich konnte es nicht leiden, wenn die Kinder Hunde oder Hähne aufeinanderhetzten, Katzen quälten, die Ziegen der Juden herumjagten, betrunkene Bettler oder den »Gottesnarren« Igoscha, genannt »Tod in der Tasche«, verhöhnten.

Das war ein großer Mann in schwerem Schafpelz, dürr, wie geräuchert, mit harten Stoppeln im knochigen, gleichsam verrosteten Gesicht. Er ging vornübergebeugt und sonderbar schaukelnd durch die Straßen und starrte schweigend auf die Erde, vor seine Füße. Sein ehernes Gesicht mit den traurigen kleinen Augen flößte mir eine scheue Achtung ein – mir schien, der Mann sei mit einer ernsten Sache beschäftigt, er suche etwas, und ihn zu stören gehe nicht an.

Die Jungen rannten hinter ihm her und warfen mit Steinen nach seinem krummen Rücken. Er schien es lange nicht zu bemerken und keinen Schmerz zu verspüren, blieb aber schließlich doch stehen, warf den Kopf mit der zottigen Mütze zurück, rückte sie mit einer hastigen Handbewegung zurecht und sah sich nach allen Seiten um, als ob er soeben erwachte.

»Igoscha, ›Tod in der Tasche‹! Igosch, wo willst du hin? Paß auf – du hast den Tod in der Tasche!« riefen die Jungen.

Er faßte nach seiner Tasche, dann bückte er sich rasch, las einen Stein, ein Stück Holz, einen trockenen Schmutzklumpen auf, holte ungeschickt mit dem langen Arm aus und murmelte ein paar Verwünschungen. Er gebrauchte immer dieselben drei unflätigen Wörter – in dieser Hinsicht waren die Jungen unvergleichlich einfallsreicher als er. Manchmal jagte er ihnen leicht lahmend nach; der lange Schafpelz hinderte ihn beim Laufen, er fiel auf die Knie und stemmte die schwarzen, an dürre Äste erinnernden Arme gegen die Erde. Die Jungen bepflasterten ihm Seiten und Rücken mit Steinen, die Kühnsten wagten sich bis unmittelbar an ihn heran, schütteten eine Handvoll Straßenstaub auf seinen Kopf und sprangen davon.

Ein anderer, vielleicht noch bedrückenderer Eindruck der Straße war für mich der Meister Grigorij Iwanowitsch. Er war völlig erblindet und ging betteln, groß, wohlgestalt, stumm. Eine graue, kleine alte Frau führte ihn dabei am Arm. Sie blieb vor einem Fenster mit ihm stehen, blickte jedesmal irgendwohin zur Seite und plärrte mit piepsiger Stimme: »Eine milde Gabe, um Christi willen, für einen armen Blinden!«

Grigorij Iwanowitsch aber schwieg. Seine schwarzen Brillengläser blickten geradeaus auf die Wand des Hauses, ins Fenster oder einem Vorübergehenden ins Gesicht; die von Farbe verfärbte Hand strich langsam über den breiten Bart, die Lippen waren fest zusammengekniffen. Ich habe ihn oft gesehen, aber nie einen Laut von diesen verschlossenen Lippen gehört, und das Schweigen des alten Mannes bedrückte, quälte mich. Ich vermochte nicht auf ihn zuzutreten, und ich tat es auch nie, ich lief im Gegenteil, wenn ich ihn sah, nach Hause und sagte zur Großmutter: »Grigorij kommt durch die Straße!«

»Wirklich?« rief sie aufgeregt und voller Mitleid aus. »Hier, lauf und gib ihm das!«

Ich weigerte mich barsch und ärgerlich. Da ging sie selber vor das Tor und unterhielt sich lange auf dem Bürgersteig mit ihm. Er lächelte, schüttelte den Bart, sprach aber selber wenig und nur kurz.

Manchmal holte die Großmutter ihn in die Küche herein,

setzte ihm Tee vor und gab ihm zu essen. Einmal fragte er, wo ich sei. Die Großmutter rief nach mir, aber ich lief davon und versteckte mich beim Holzhaufen. Es war mir unmöglich, zu ihm zu kommen. Ich schämte mich ganz unerträglich vor ihm, und ich wußte, daß auch die Großmutter sich vor ihm schämte. Nur ein einziges Mal sprachen wir miteinander von ihm. Sie hatte ihn bis vor das Tor begleitet, kam langsam, mit gesenktem Kopf über den Hof zurück und weinte. Ich trat auf sie zu und ergriff ihre Hand.

»Warum läufst du denn von ihm fort?« fragte sie leise. »Er hat dich doch gern, er ist gut . . .«

»Warum ernährt ihn der Großvater nicht?« fragte ich zurück.

»Der Großvater?«

Sie blieb stehen, drückte mich an sich und sagte prophetisch und fast tonlos: »Denk an mein Wort: Der Herrgott wird uns um dieses Menschen willen noch bitter strafen! Das wird er . . .«

Und sie behielt recht. Etwa zehn Jahre später, als die Großmutter für immer zur Ruhe gefunden hatte, zog der Großvater selber durch die Stadt, ein irrer Bettler, der vor den Fenstern jammerte: »Ihr meine lieben Köche, schenkt mir doch schon ein Stückchen Pirogge! Ach iiihr . . .«

An den früheren Menschen erinnerte nur noch dieses bittere, gedehnte, die Seele bewegende »Ach iiihr . . .«

Außer Igoscha und Grigorij Iwanowitsch bedrückte und vertrieb mich von der Straße ein liederliches Frauenzimmer, die Woronicha. Sie tauchte an Feiertagen auf, riesenhaft, zerzaust, betrunken. Ihr Gang war eigentümlich; ohne die Füße zu bewegen, ohne die Erde zu berühren, schwamm sie dahin wie eine Wolke und grölte unanständige Lieder. Alle, die ihr begegneten, versteckten sich vor ihr – in den Haustoren, hinter einer Straßenecke, hinter einer Ladentür, sie fegte gleichsam die Straße leer. Ihr Gesicht war aufgedunsen, aufgeblasen und fast blau, die großen grauen Augen traten furchterregend hervor und blickten einen spöttisch an. Manchmal heulte sie auch und schluchzte: »Ach meine Kinderchen, wo seid ihr?«

Ich fragte die Großmutter, was das bedeute.

»Das darfst du noch nicht wissen!« entgegnete sie mürrisch, erzählte dann aber doch, wenn auch nur kurz, ihre Geschichte:

Die Frau war verheiratet gewesen, mit einem Beamten, Woronow, und dieser Beamte wünschte sich eine andere, höhere Stellung und verkaufte die Frau seinem Vorgesetzten; der fuhr irgendwohin mit ihr fort, so daß sie volle zwei Jahre nicht zu Hause lebte. Als sie dann aber doch zurückkehrte, waren ihre Kinder – ein Junge und ein Mädchen – schon tot, und ihr Mann, der Staatsgelder verspielt hatte, saß im Gefängnis. Die Frau fing vor Kummer an zu trinken, zu bummeln, herumzukrakeelen. Jeden Feiertag gegen Abend landete sie bei der Polizei ...

Nein, zu Hause war es besser als auf der Straße. Besonders schön waren die Stunden nach dem Mittagessen, wenn der Großvater zu Onkel Jakow in die Werkstatt fuhr, während die Großmutter am Fenster saß, allerlei fesselnde Märchen und Geschichten erzählte oder von meinem Vater sprach.

Dem Star, den sie dem Kater weggenommen hatte, stutzte sie den gebrochenen Flügel und paßte ihm statt des abgebissenen Beins geschickt einen hölzernen Stelzfuß an; als der Vogel geheilt war, lehrte sie ihn sprechen. Da stand sie manchmal – gleich einem großen, gutmütigen Tier – eine geschlagene Stunde am Fensterpfosten vor dem Käfig und sprach dem gelehrigen kohlschwarzen Vogel immer wieder mit dunkler Stimme vor: »Nun, so bitt schon: Starmatz will Grützchen!«

Der Star, der mit rundem lebhaftem Auge humorig zu ihr hinüberschielt, klappert mit seinem Stelzfuß über den dünnen Käfigboden, reckt den Hals und pfeift wie eine Goldamsel, äfft einen Eichelhäher, einen Kuckuck nach, versucht zu miauen wie eine Katze, heult wie ein Hund, und nur die menschliche Rede nachzuahmen will ihm nicht gelingen.

»Laß den Unfug!« sagt die Großmutter in allem Ernst. »Sprich nach: Starmatz will Grützchen!«

Der schwarze gefiederte Affe bringt ohrenbetäubend etwas heraus, was an Großmutters Worte erinnert. Die alte Frau freut sich, lacht, läßt den Vogel Hirsebrei von ihrem Finger picken und sagt: »Dich, Spitzbube, kenne ich; du stellst dich nur so – in Wirklichkeit kannst du alles, ja, alles!«

Und sie brachte es dem Star tatsächlich bei: Er bat nach einiger Zeit ziemlich deutlich um sein »Grützchen« und plärrte, wenn er die Großmutter sah, etwas wie »Guten – a-ag ...«

Sein Käfig hing zuerst beim Großvater, aber der Großvater verbannte ihn bald zu uns in die Dachkammer, denn der Star hatte es rasch heraus, ihn nachzuäffen. Während der Großvater deutlich die Gebetsworte sprach, steckte der Vogel seinen wächsernen Schnabel zwischen den Käfigstäben hindurch und pfiff: »Tju, tju, tju-irr, tu-irr, ti-i-rr, tju-u-u!«

Dem Großvater erschien das kränkend. Eines Tages unterbrach er sein Gebet, stampfte mit dem Fuß und schrie außer sich: »Nimm ihn fort, den Satan, sonst bringe ich ihn um!«

Es gab viel Interessantes im Haus, viel Spaßiges, und dennoch würgte mich bisweilen eine unüberwindliche Traurigkeit, etwas Schweres, Niederdrückendes erfüllte mich, so daß ich lange Zeit hindurch wie in einer tiefen dunklen Grube lebte, mein Gesicht, mein Gehör, alle meine Empfindungen verlor und nur noch blind dahindämmerte . . .

VIII

Der Großvater verkaufte das Haus überraschend an den Kneipenbesitzer, nachdem er ein anderes in der Kanatnaja-Straße erworben hatte. Ungepflastert, mit Gras bewachsen, sauber und still, führte die Straße geradewegs ins freie Feld hinaus; bunt gestrichene kleine Häuser reihten sich zu ihren beiden Seiten aneinander.

Das neue Haus war schmucker, netter als das alte. Seine Front mit ihrem dunkelroten Anstrich wirkte warm und ruhig; kräftig leuchtend stachen von ihr die hellblauen Läden an den drei Fenstern und die Gitterläden des einzigen Dachkammerfensters ab. Das Dach war links auf ansprechende Weise vom dichten Laub einer Ulme und einer Linde verdeckt. Im Hof und Garten gab es viele behagliche Winkel, die eigens zum Versteckspielen geschaffen schienen. Vor allem gefiel mir der Garten – er war nicht groß, aber dicht und angenehm wirr. In seiner einen Ecke stand das kleine, an ein Spielzeug erinnernde Badehaus, in einer anderen befand sich eine große, ziemlich tiefe Grube; sie war von Unkraut überwuchert, und halbverkohlte dicke Balken – die Reste des früheren, abgebrannten Badehauses – ragten aus ihm hervor.

Links war der Garten durch die Rückwand von Oberst Owsjannikows Pferdeställen, rechts durch die Betlengschen Gebäude begrenzt. Er erstreckte sich bis zum Gehöft der Milchhändlerin Petrowna, eines dicken, sehr roten und lauten Frauenzimmers, das an eine Kirchenglocke erinnerte. Ihr baufälliges und dunkles Häuschen war halb in der Erde versunken und blickte, schön mit Moos überzogen, mit seinen beiden Fenstern gutmütig auf ein Feld, das von tiefen Schluchten durchfurcht und in der Ferne von einer schweren blauen Wolkenwand begrenzt war – dem Wald. Auf dem Felde liefen den ganzen Tag Soldaten hin und her; in den schrägen Strahlen der herbstlichen Sonne funkelten ihre Bajonette wie weiße Blitze.

Das ganze Haus war mit Leuten vollgepfercht, wie ich sie noch nicht gesehen hatte: Nach der Straße zu wohnte ein Offizier – er war ein Tatar – mit seiner rundlichen kleinen Frau; von morgens bis abends lärmte sie, lachte, spielte auf einer reich verzierten Gitarre und sang mit hoher, klangvoller Stimme häufiger als alles andere das kecke Lied:

»Eine lieben macht nicht fröhlich,
Die zweite erst macht selig!
Geh hin und find sie schon!
Auf diesem sichern Pfade
Winkt dir des Lohnes Gnade!
Oh, ein gar süßer Lo-ohn!«

Der kugelrunde Offizier, der mit aufgeblasenem blauem Gesicht am Fenster saß und lustig die rötlichen Augen aufriß, rauchte ununterbrochen Pfeife und hustete seltsam, als belle ein Hund: »Wuch, wuch – wuch – ch – ch . . .«

Den warmen Anbau über dem Keller und Pferdestall bewohnten zwei Lastfuhrleute: der kleine aschgraue Onkel Pjotr, sein stummer Neffe Stjopa – ein glatter, wie aus einem Stück gegossener Bursche mit einem Gesicht, das an ein Kupfertablett erinnerte – und der mürrische, lange Tatar Walej, der Offiziersbursche. Das alles waren für mich neue Menschen, die mich fesselten, da mir mancherlei an ihnen unbekannt war.

Besonders stark aber zog mich unser Kostgänger »Gar nicht übel« an. Er war in einem länglichen Zimmer im hinteren Teil des Hauses neben der Küche untergebracht, das Zimmer hatte zwei Fenster – eines ging nach dem Hof, das andere in den Garten.

Er war ein hagerer Mann mit krummem Rücken und einem weißen, in ein schwarzes, geteiltes Bärtchen auslaufenden Gesicht, mit gutmütigen Augen und bebrillt. Schweigsam und unauffällig gab er, wenn man ihn aufforderte, zum Mittagessen oder zum Tee zu kommen, immer die gleiche Antwort: »Gar nicht übel.«

Allmählich gewöhnte sich die Großmutter daran, ihn so zu nennen, sowohl in seiner Gegenwart wie auch dann, wenn er nicht da war.

»Ljonka, ruf ›Gar nicht übel‹ – er soll zum Tee herüberkommen! Sie essen ja so wenig, ›Gar nicht übel‹!«

Sein Zimmer war vollgestellt und vollgepackt mit Kisten und dicken Wälzern in der mir unbekannten weltlichen Druckschrift. Überall standen Flaschen mit verschiedenfarbigen Flüssigkeiten, lagen Kupfer- und Eisenstücke und dünne Bleistäbe herum. In einer rötlichen Lederjacke und grauen karierten Hosen, überall mit Farbe beschmiert, unangenehm riechend, zerzaust und linkisch, schmolz er von morgens bis abends Blei, lötete irgendwelche Kupfergegenstände, wog irgend etwas auf einer kleinen Waage ab, brummte vor sich hin, verbrannte sich die Finger und blies hastig auf sie, trat stolpernd auf die Zeichnungen zu, die an den Wänden hingen, putzte seine Brille und schien am Papier zu riechen – er berührte es fast mit der schmalen, geraden, sonderbar weißen Nase. Manchmal stand er auch plötzlich mitten im Zimmer oder am Fenster still und blieb lange so stehen – mit geschlossenen Augen und zurückgeworfenem Kopf, starr, stumm.

Ich kletterte auf das Schuppendach und beobachtete ihn über den Hof hinweg durchs offene Fenster. Ich sah die blaue Flamme einer Spirituslampe auf dem Tisch, sah die dunkle Gestalt, sah sie in einem abgegriffenen Heft schreiben und die Brillengläser kalt und bläulich wie Eisklümpchen blitzen. Die Zauberarbeit dieses Mannes hielt mich stundenlang auf dem Dach fest und schürte meine Neugier in quälender Weise.

Gelegentlich, wenn er, die Hände auf dem Rücken, wie eingerahmt am Fenster stand, blickte er unmittelbar zum Dach herüber, schien mich jedoch nicht zu sehen, und das kränkte mich sehr. Plötzlich sprang er zum Tisch zurück und kramte, tief vorgebeugt, auf ihm herum.

Ich glaube, ich hätte Angst vor ihm gehabt, wenn er reicher und besser angezogen gewesen wäre, doch er war arm: Unter dem Kragen seiner Jacke stand der zerknitterte, schmutzige Hemdkragen vor, die Hosen waren geflickt und voller Flecken, die bloßen Füße steckten in ausgetretenen Schuhen. Die Armen brauchte man nicht zu fürchten, sie waren ungefährlich, das hatte mich unmerklich Großmutters mitleidvolle und Großvaters verächtliche Haltung gegen sie gelehrt.

Niemand im Hause mochte »Gar nicht übel«; alle sprachen in spöttischem Ton von ihm. Die lustige Offiziersfrau nannte ihn »Kreidenase«, Onkel Pjotr einen Apotheker und Hexenmeister, der Großvater einen Schwarzkünstler und Freigeist.

»Was macht er?« fragte ich die Großmutter. Sie gab barsch zur Antwort: »Das ist nicht deine Sache; halt lieber den Mund . . .«

Eines Tages faßte ich mir ein Herz, trat an sein Fenster und fragte, kaum fähig, meine Erregung zu verbergen: »Was machst du da?«

Er zuckte zusammen, sah mich lange über die Brille hinweg an, streckte mir die Hand entgegen, die voller Geschwüre und Brandnarben war, und sagte: »Kletter herein . . .«

Der Umstand, daß er mir vorschlug, durchs Fenster einzusteigen, statt durch die Tür zu kommen, hob ihn in meinen Augen noch mehr. Er setzte sich auf eine Kiste, stellte mich vor sich hin, schob mich von sich, zog mich aufs neue näher an sich heran und fragte schließlich leise: »Wo bist du her?«

Das war seltsam, saß ich doch in der Küche viermal am Tage bei Tisch neben ihm! Ich entgegnete: »Der hiesige Enkel . . .«

»Aha, ja«, sagte er, besah seinen Finger und schwieg.

Da hielt ich es für angebracht, ihm zu erklären: »Ich bin kein Kaschirin, ich bin ein Peschków . . .«

»Ein Péschkow?« wiederholte er mit falscher Betonung. »Gar nicht übel.«

Er schob mich beiseite, erhob sich, ging zum Tisch und sagte: »Nun gut, dann sitz still . . .«

Ich saß sehr lange da und beobachtete, wie er auf einem Kupferstück, das er in einen Schraubstock gespannt hatte, mit der Raspel herumschabte; die goldenen Körnchen der Feilspäne fielen auf ein Stück Pappe. Er sammelte sie in der hohlen Hand, schüttete sie in eine dickwandige Schale, tat aus einem Glas ein wenig Pulver dazu, das weiß war wie Salz, und übergoß alles mit einer Flüssigkeit aus einer dunklen Flasche. In der Schale zischte und rauchte es, ein beizender Geruch stieg mir in die Nase, ich mußte husten und schlenkerte mit dem Kopf, während er, der Hexenmeister, sich prahlerisch erkundigte: »Riecht scheußlich, nicht wahr?« – »Ja!« – »Na siehst du! Das ist sehr gut so, mein Lieber!«

Was da schon zu prahlen ist! dachte ich mir und sagte streng: »Wenn etwas scheußlich ist, kann es nicht gut sein!«

»Ach was!« rief er aus und zwinkerte mir zu. »Das, Verehrtester, stimmt aber nicht immer! Spielst du eigentlich das Knöchelspiel?«

»Babki?« – »Ja, sicher. Spielst du Babki?« – »Ja, das tu ich.« – »Soll ich dir so einen Knöchel mit Blei ausgießen? Das gibt einen ausgezeichneten Wurfknöchel!« – »Möchte ich schon.« – »Dann mach, hol einen Knöchel her!«

Er trat, die rauchende Schale in der Hand, aufs neue auf mich zu, schielte mit einem Auge in die Schale, stand unmittelbar vor mir still und sagte: »Ich gieße dir einen Knöchel mit Blei aus, und du kommst dafür nicht wieder zu mir. Abgemacht?«

Ich war bitter gekränkt. »Auch so komme ich nie wieder zu Ihnen . . .«

Beleidigt zog ich mich in den Garten zurück. Dort mühte sich der Großvater, er häufte Stalldung um die Wurzeln der Apfelbäume. Es war schon Herbst, seit langem fielen die Blätter.

»Los, beschneide mal die Himbeersträucher«, sagte der Großvater und reichte mir eine Gartenschere.

Ich fragte ihn: »Was zaubert denn eigentlich ›Gar nicht übel‹?«

»Verschandelt mir nur die Stube«, entgegnete er ärgerlich. »Er hat mir Löcher in den Fußboden gebrannt, die Tapete beschmutzt und in Fetzen gerissen. Warte, dem sage ich – er soll ziehen!«

»Geschieht ihm ganz recht«, pflichtete ich dem Großvater bei und machte mich daran, die trockenen Himbeergerten zu beschneiden.

Ich war jedoch voreilig gewesen.

An regnerischen Abenden veranstaltete die Großmutter, falls der Großvater aus dem Hause ging, sehr interessante Zusammenkünfte, indem sie alle Mieter einlud, bei ihr in der Küche Tee zu trinken: die Lastfuhrleute, den Offiziersburschen, die flinke Petrowna, die oft genug erschien; gelegentlich fand sich sogar die lustige Mieterin ein, und stets hockte regungslos und schweigend »Gar nicht übel« in der Ofenecke. Der stumme Stjopa spielte mit dem Tataren Karten; Walej klatschte ihm mit den Karten auf die breite Nase und sagte dazu: »Asch – Schaitan!«

Onkel Pjotr brachte meist einen mächtigen Kanten Weißbrot und einen großen irdenen Topf »Kernchenkonfitüre« mit, schnitt das Brot in Scheiben, bestrich sie freigebig mit Eingemachtem und verteilte die leckeren Himbeerschnitten an jedermann; er bot sie – mit einer tiefen Verbeugung – auf seiner flachen Hand an.

»Erweisen Sie mir die Ehre, kosten Sie!« bat er mit einschmeichelnder Stimme, besah, nachdem man ihm eine Schnitte abgenommen hatte, aufmerksam seine dunkle Hand und leckte, wenn er ein Tröpfchen Konfitüre auf ihr entdeckte, das Tröpfchen ab.

Die Petrowna steuerte eine Flasche Kirschlikör bei, während die lustige gnädige Frau Nüsse und Konfekt mitbrachte. Eine ausgiebige Schwelgerei begann – Großmutters liebstes Vergnügen.

Einige Zeit, nachdem mir »Gar nicht übel« eine Abfindung dafür angeboten hatte, daß ich ihn nicht mehr besuchte, veranstaltete die Großmutter wieder einen solchen Abend. Glucksend und prasselnd strömte unaufhörlich der Herbstregen, der Wind klagte, die Bäume rauschten und kratzten mit ihren Ästen an der Wand. In der Küche war es warm und behaglich, alle saßen dicht beisammen, alle waren irgendwie besonders still, während Großmutter freigebig Märchen erzählte – eines immer schöner als das andere.

Sie saß auf der Ofenkante, die Füße auf dem Tritt, und beugte sich zu den anderen vor, die durch das Licht einer kleinen Blechlampe beleuchtet wurden. Jedesmal, wenn sie in Schwung kam, kletterte sie auf den Ofen und erklärte: »Ich muß von oben herunter sprechen – von oben geht das besser!«

Ich richtete mich zu ihren Füßen ein, auf dem breiten Ofentritt, fast unmittelbar über dem Kopf von »Gar nicht übel«. Die Großmutter sagte die schöne Geschichte von Iwan dem Krieger und Miron dem Eremiten her, und ihre Worte flossen gleichmäßig dahin, erfüllt von Saft und Kraft:

»Es war einmal ein böser Heerführer, Gordion,
Schwarz die Seele, steinern das Gewissen;
Er brach das Recht, der Mensch war ihm nur Knecht,
Lebte im Sündenschlamm wie das Käuzchen im hohlen
[Stamm.

Am schlimmsten aber haßte Gordion
Den greisen Miron, den Einsiedler,
Den stillen Beschützer allen Rechts,
Der Welt unerschrockenen Wohltäter.

Es rief der Heerführer den treuen Knecht
Iwanuschko, den tapferen Krieger:
›Geh hin, Iwanko, bring den Alten um,
Den hochmütigen Greis, Miron mit Namen!
Geh hin und schlage ihm ab den Kopf,
Schleif ihn herbei am grauen Schopf.
Will den Hunden ihn vorwerfen zum Fraße!‹

Da gehorchte Iwan und machte sich auf.
Ging hin und dachte voll Bitterkeit:
Ich bin nicht frei, mich zwingt die Not,
So ist es mir wohl bestimmt von Gott!

Er verbarg das scharfe Schwert unterm Rock,
Kam zum Einsiedler und verneigte sich:
›So lebest du noch, ehrwürdiger Greis?
Ist dir der Herrgott noch gnädig?‹

Der Seher nun, er lächelte nur
Und sprach die weisen Worte zu ihm:
›Hör auf, Iwanuschko, die Wahrheit zu verbergen,

Ich weiß doch, weshalb du zu mir kommst:
Dem Herrgott, Iwan, ist alles bekannt,
Gutes wie Böses ruhen in seiner Hand!‹

Da schämt sich Iwan vor dem Einsiedler,
Aber er fürchtet sich auch, nicht zu gehorchen,
Zieht das Schwert aus der ledernen Scheide,
Wischt es am breiten Rocksaum blank.
›Ich, Miron, wollt dich ja töten,
Ohne daß du mein Schwert auch nur siehst,
So nun aber – bete zum Herrgott,
Bete ein letztes Mal zu ihm
Für dich, für mich, für das ganze Menschengeschlecht,
Danach aber schlag ich dir ab dein Haupt . . .‹

Miron der Einsiedler sank auf die Knie,
Lag still unter der jungen Eiche,
Die Eiche neigte sich vor ihm,
Der Einsiedler aber lächelte und meinte:

›Ach, Iwan, wirst lange warten müssen!
Das Gebet fürs ganze Menschengeschlecht wird lang!
Besser, du tötest mich jetzt gleich,
Damit du dich nicht unnötig bangst!‹

Hier machte Iwan ein finsteres Gesicht,
Prahlte töricht und rühmte sich:
›Nein, nimmer, ein Mann – ein Wort!
Bet nur, ich warte, und sei es mein Leben lang!‹

Es betete der Einsiedler bis zum Abend,
Vom Abend betete er bis zum Morgengraun,
Vom Morgengrauen aber, bis es Nacht war,
Und so vom Sommer, bis der Lenz erwacht war.
Miron betet ein Jahr ums andere,
Die junge Eiche ragt bis an die Wolkenwände,
Aus ihren Eicheln ist ein dichter Wald erwachsen,

Doch das Gebet des Heiligen nimmt immer noch kein Ende!
So halten sie's auch bis auf den heutigen Tag:
Miron fleht noch immer leise zum Herrgott,

Den Menschen seine Hilfe zu leihen,
Zur heiligen Muttergottes – die Menschen zu erfreuen.

Iwan der Krieger aber steht daneben,
Sein Schwert ist längst zu Staub zerfallen,
Den Eisenharnisch hat der Rost zerfressen,
Die gute Kleidung hat sich in Moder aufgelöst;
Iwan steht nackt – im Sommer wie im Winter.
Die Sonnenglut versengt ihn – sie trocknet ihn nicht aus,
Das Ungeziefer frißt ihn – es saugt sein Blut nicht aus,
Die Wölfe, die Bären rühren ihn nicht an,
Schneestürme und Fröste haben ihm nichts getan.
Er selber aber hat nicht die Kraft, den Arm zu heben,
Sich von der Stelle zu wagen oder ein Wort zu sagen:
Das, sieht man, ist ihm als Strafe auferlegt.

Er hätt dem bösen Befehl nicht gehorchen,
Sich nicht hinter fremdem Gewissen verstecken sollen!
Das Gebet des Einsiedlers aber für uns Sünder
Fließt fort zum Herrgott bis zu dieser guten Stunde
Gleich einem lichten Fluß zum Meer, dem Ozean!«

Schon gleich zu Anfang von Großmutters Erzählung bemerkte ich, daß »Gar nicht übel« irgendwie aufgeregt war. Seine Hände zuckten sonderbar, er nahm die Brille ab, setzte sie wieder auf, hob und senkte sie im Takt der melodischen Worte. Er nickte, berührte mit den Fingern die Augen, drückte sie kräftig zu und wischte sich mit einer raschen Handbewegung immerfort über Wangen und Stirn wie jemand, der heftig schwitzt.

Wenn sich ein Zuhörer rührte, wenn einer hustete oder mit den Füßen scharrte, zischte der Kostgänger ihn streng an: »Sch! . . .«

Und als die Großmutter dann schwieg, sprang er ungestüm auf, drehte sich irgendwie unnatürlich hin und her, fuchtelte mit den Armen und murmelte: »Wissen Sie, das ist wunderbar, man muß es aufschreiben, unbedingt! Das ist schrecklich echt, schrecklich russisch . . .«

Jetzt war deutlich zu sehen, daß er weinte – seine Augen standen voller Tränen. Die Tränen quollen oben und unten hervor, die Augen schwammen in ihnen. Das wirkte sonderbar und äußerst mitleiderregend. Er lief in der Küche umher, schnellte hier und da komisch und ungeschickt hoch, fuhr mit der Brille vor seiner Nase herum, um sie aufzusetzen, vermochte aber den Draht durchaus nicht hinter die Ohren zu klemmen. Onkel Pjotr sah ihn mit spöttischem Lächeln an, und alle schwiegen verlegen still, während die Großmutter rasch sagte: »Nun ja, dann schreiben Sie es nur auf, das ist keine Sünde; ich weiß noch vieles in dieser Art . . .«

»Nein, gerade dieses! Das ist schrecklich russisch«, rief der Kostgänger wiederholt aufgeregt aus, stand plötzlich wie erstarrt mitten in der Küche still und begann laut zu reden – seine Rechte durchschnitt dabei die Luft, während in der Linken die Brille zitterte. Er sprach lange und geriet dabei derart in Hitze, daß er gelegentlich aufkreischte, mit dem Fuß stampfte und häufig ein und dieselben Worte wiederholte: »Man kann nicht leben, wenn man sich hinter einem fremden Gewissen versteckt, nein, nein!«

Dann plötzlich verschlug es ihm fast die Stimme, er schwieg still, blickte sich im Kreise um und ging sehr leise, schuldbewußt, mit gesenktem Kopf hinaus. Alle lächelten und sahen einander betreten an, während die Großmutter auf dem Ofen tief in den Schatten rückte und mehrmals schwer seufzte.

Die Petrowna wischte sich mit der Hand über die dicken roten Lippen und fragte: »Er ist doch nicht etwa böse geworden?«

»Nein«, entgegnete Onkel Pjotr. »Das meint er nicht so . . .«

Die Großmutter kletterte vom Ofen herunter und machte sich schweigend daran, den Samowar aufzuwärmen, während Onkel Pjotr gemächlich erklärte: »Die Herrschaften sind alle so – voller Grillen!«

Walej brummte finster vor sich hin: »Ein Hagestolz hat immer nur Flausen im Kopf!«

Alle lachten, während Onkel Pjotr gedehnt fortfuhr: »Zuletzt hat er geweint. Man sieht – früher bissen die Hechte an, und heute ist kaum eine Plötze dran . . .«

Es wurde langweilig; Mutlosigkeit preßte mein Herz zusammen. »Gar nicht übel« hatte mich in größtes Erstaunen versetzt und tat mir leid – ich sah seine verschwimmenden Augen so deutlich vor mir.

Er verbrachte die Nacht außer Hause und stellte sich erst am folgenden Nachmittag ein, still, zerknittert und offensichtlich betreten.

»Ich bin gestern ein bißchen laut gewesen«, sagte er, schuldbewußt wie ein kleines Kind, zur Großmutter. »Sind Sie mir auch nicht böse?« – »Aber weshalb denn?« – »Nun ja, weil ich mich eingemischt, weil ich so viel geredet habe ...« – »Sie haben niemanden gekränkt ...«

Ich fühlte, daß Großmutter ihn fürchtete, ihm absichtlich nicht ins Gesicht sah und mit ihm viel leiser sprach als gewöhnlich.

Er trat ganz dicht auf sie zu und sagte wunderbar einfach: »Sehen Sie, ich bin furchtbar einsam, ich habe niemand! Da schweigt man und schweigt – und plötzlich geht einem das Herz über und durchbricht alle Dämme ... Man wäre fähig, zu einem Stein zu sprechen, zu einem Stück Holz ...«

Großmutter rückte von ihm ab.

»So heiraten Sie doch ...«

»Hach!« rief er aus, verzog das Gesicht, winkte nur ab und ging.

Großmutter machte ein finsteres Gesicht, sah ihm nach, nahm eine Prise Tabak und sagte mit strenger Stimme zu mir: »Du, paß auf, treib dich nicht zuviel bei ihm herum. Gott allein weiß, was das für einer ist ...«

Mich zog es dennoch wieder zu ihm.

Ich hatte gesehen, wie sein Gesicht sich verwandelte, wie es sich verzerrte, als er sagte, er sei »furchtbar einsam«; in diesen Worten lag etwas sehr Verständliches, das mir ans Herz griff, und ich folgte ihm.

Ich sah vom Hof durchs Fenster in sein Zimmer – er war nicht da. Der Raum glich einer Vorratskammer, in die man kurzerhand und ohne jede Ordnung allerlei unnötige Dinge geworfen hatte – Dinge, die ebenso entbehrlich und seltsam schienen wie ihr Herr. Ich ging in den Garten und traf ihn dort, in der Brandgrube. Er hockte vorgebeugt in unbequemer Haltung, die Hände am Hinterkopf, die Ellenbogen gegen die Knie gestemmt, auf einem halbverkohlten Balkenende. Der Balken war zum größten Teil verschüttet, und nur ein kleines Stück, das speckig wie Kohle glänzte, ragte aus dem verschrumpelten Wermut, den Brennesseln, den Kletten hervor. Daß dieser Mensch so unbequem dasaß, nahm mich noch mehr für ihn ein.

Lange bemerkte er mich nicht und sah mit blinden Uhuaugen an mir vorbei, bis er mich plötzlich und scheinbar ärgerlich fragte: »Sollst du mich holen?« – »Nein.« – »Was sonst?« – »Nichts.«

Er setzte die Brille ab, polierte sie mit dem Taschentuch voll roter und schwarzer Flecken und sagte: »Also los, komm schon her!«

Ich setzte mich neben ihn, und er faßte mich fest um die Schultern.

»So, sitz still! Wir sollen stillsitzen und schweigen. Abgemacht? Ja, so ist das alles . . . Bist du eigensinnig?« – »Ja.« – »Gar nicht übel!«

Wir schwiegen lange. Es war ein stiller, milder Abend, einer jener wehmütigen Abende im Altweibersommer, da alles ringsum so farbenfroh ist und doch mit jeder Stunde merklich verblaßt, verglimmt, da die Erde all ihre satten Sommergerüche bereits verströmt hat und nur noch nach Feuchtigkeit riecht, während die Luft sonderbar durchsichtig wirkt und vor dem rötlichen Himmel geschäftige Dohlen hin und her schießen und unfrohe Gedanken wecken. Alles ist wortlos und stumm. Jedes leise Geräusch – das Flattern eines Vogels, das Rascheln eines fallenden Blattes – erscheint sehr laut und läßt einen bange zusammenzucken, und doch versinkt man gleich darauf wieder in der Stille – sie hält die ganze Erde umfangen und erfüllt die Brust.

In solchen Augenblicken werden besonders reine, besonders schwerelose Gedanken geboren, doch sie sind fein und durchsichtig wie Spinneweben und lassen sich nicht in Worte fassen. Sie flammen auf und verschwinden so rasch wie Sternschnuppen, versengen die Seele mit einer unbestimmten Sehnsucht, umschmeicheln und beunruhigen sie, so daß sie zu glühen beginnt, schmilzt und für ihr ganzes Leben Form annimmt, ihr Gesicht erwirbt.

Ich schmiegte mich an die warme Schulter des Kostgängers, blickte mit ihm durch das schwarze Geäst der Apfelbäume zum roten Himmel, verfolgte den Flug der geschäftigen Hänflinge, beobachtete, wie die Stieglitzjungen an trockenen Klettenköpfen herumzerrten, um ihre herb riechenden Samenkörner zu gewinnen, wie von den Feldern graublaue, purpurgeränderte, zottige Wolken heraufzogen, während unter den Wolken die Krähen schwerfällig ihren Nestern zustrebten – zum Friedhof. All das war schön und nicht alltäglich, und doch auch wieder verständlich und so vertraut.

Ab und zu seufzte der Mann aus tiefster Brust und fragte mich: »Schön, Freund, nicht wahr? Na also! Ist es dir auch nicht zu feucht, zu kalt?«

Als sich der Himmel dann aber verdunkelte und alles ringsum aufquoll und sich mit feuchter Dämmerung erfüllte, forderte er mich auf: »So, genug jetzt! Komm . . .«

An der Gartenpforte blieb er stehen und sagte mit leiser Stimme: »Du hast eine wunderbare Großmutter – ach, welch ein Land!« Er schloß die Augen und sagte lächelnd, nicht allzu laut, aber sehr deutlich die Verse her:

»Das ist ihm als Strafe auferlegt.
Er hätt dem bösen Befehl nicht gehorchen,
Sich nicht hinter fremdem Gewissen verstecken sollen!«

»Du, mein Freund, behalt das im Gedächtnis, und zwar gut!«

Und er schob mich ein Stück vorwärts und fragte: »Kannst du schreiben?« – »Nein.« – »Dann lerne es! Und wenn du's kannst, schreib auf, was Großmutter erzählt – das, mein Bester, ist alles sehr brauchbar . . .«

Wir freundeten uns an. Seit diesem Tage ging ich bei »Gar nicht übel« ein und aus, setzte mich in eine Kiste mit irgendwelchen Lumpen und beobachtete ungestört, wie er Blei schmolz oder Kupfer erhitzte; wie er zum Glühen gebrachte Eisenplättchen auf einem kleinen Amboß mit einem leichten, schön gestielten Hammer schmiedete, sie mit einer Raspel, mit Feilen, mit Schmirgel, mit einer fadendünnen Säge bearbeitete. Und immer wieder wog er alles auf einer empfindlichen Messingwaage ab. Er goß allerlei Flüssigkeiten in dickwandigen weißen Schalen zusammen, beobachtete, wie die Flüssigkeiten dampften und das Zimmer mit einem beißenden Geruch erfüllten, verzog das Gesicht, sah in ein dickes Buch, biß brummend auf seinen roten Lippen herum oder summte mit heiserer Stimme vor sich hin:

»O Rose von Saron . . .«

»Was machst du da eigentlich?« – »Etwas ganz Bestimmtes, Verehrter . . .« – »Was denn nur?« – »Ja, siehst du, ich kann es nicht so schildern, daß du es verstehst . . .« – »Großvater meint, du machst vielleicht falsches Geld . . .« – »Großvater? Hm . . . Da redet er aber Unsinn! Geld, mein Freund, ist gar nichts . . .« – »Und womit soll man sein Brot bezahlen?« – »N-ja, mein Bester, das Brot muß man bezahlen, stimmt . . .« – »Siehst du? Und das Rindfleisch auch . . .« – »Ja, Rindfleisch auch . . .«

Er brach in ein leises, besonders liebes Lachen aus, kraulte mich hinterm Ohr wie einen kleinen Hund und sagte: »Ich kann durchaus nicht mit dir streiten – du nagelst mich immer gleich fest, mein Freund; komm, laß uns lieber ein bißchen schweigen . . .«

Manchmal unterbrach er seine Arbeit und setzte sich neben mich; wir blickten lange zum Fenster hinaus, sahen, wie auf die Dächer, den grasüberwucherten Hof der Regen niederging, wie die Apfelbäume ihr Laub verloren und immer kahler wurden. »Gar nicht übel« war wortkarg, doch wenn er etwas sagte, dann wußte er, warum; meist stieß er mich nur, wenn er auf etwas aufmerksam machen wollte, leicht an und wies mir zwinkernd die Richtung.

Etwas Besonderes ist auf dem Hof nicht zu sehen, und doch erscheint dank diesen Ellenbogenpüffen und kurzen Worten alles Sichtbare eigentümlich bedeutend und prägt sich dem Gedächtnis fest ein. Da läuft eine Katze über den Hof; sie bleibt vor einer hellen Pfütze stehen, betrachtet ihr Spiegelbild und hebt die weiche Pfote, als ob sie nach ihm schlagen wollte – und leise sagt »Gar nicht übel«: »Katzen sind stolz und mißtrauisch . . .«

Der goldgelb und rot gefiederte Hahn Mamai schwingt sich auf den Gartenzaun, läßt sich dort nieder, schlägt mit den Flügeln, fällt fast herunter und kollert ärgerlich und gekränkt mit langem Hals.

»Majestätisch – der General, wenn auch nicht grade sehr gescheit . . .«

Der ungeschlachte Walej kommt vorbei, schwerfällig wie ein altes Pferd stapft er durch den Schlamm. Sein Gesicht mit den breiten Backenknochen ist aufgeplustert, er blinzelt aus zusammengekniffenen Augen in den Himmel, woher geradewegs auf seine Brust ein fahler herbstlicher Sonnenstrahl fällt. Der Messingknopf an seiner Jacke funkelt, und der Tatar bleibt stehen und fühlt mit krummen Fingern an ihm herum.

»Als ob er eine Medaille bekommen hätte, an der er sich nicht satt sehen kann ...«

Ich faßte rasch eine tiefe Zuneigung für »Gar nicht übel«. Er wurde mir unentbehrlich – sowohl an Tagen, da ich mich bitter gekränkt fühlte, als auch in Stunden der Freude. Schweigsam wie er war, verbot er mir doch nicht, von allem zu sprechen, was mir gerade in den Kopf kam, während der Großvater mir in solchen Fällen barsch zurief: »Schwatz nicht, du Plappermaul!«

Die Großmutter wiederum war so mit ihren eigenen Gedanken beschäftigt, daß sie nichts hörte oder in sich aufnahm, was von außen kam.

»Gar nicht übel« hörte sich mein Geschwätz stets aufmerksam an und wandte nicht selten ein: »Na weißt du, mein Bester, das stimmt aber nicht, das hast du dir ausgedacht ...«

Und immer kamen seine kurzen Bemerkungen im richtigen Augenblick und waren notwendig – er schien mir ins Herz und in den Kopf zu schauen; er erkannte alle überflüssigen oder falschen Worte, bevor ich sie aussprach, und schnitt sie mir mit zwei oder drei freundlichen Hieben ab: »Das ist geschwindelt, Verehrter!«

Ich forderte diese magische Fähigkeit nicht selten absichtlich heraus; ich erfand etwas und erzählte es so, als ob es wirklich geschehen wäre; eine Weile hörte er mir zu, doch schließlich schüttelte er verneinend den Kopf: »Du schwindelst, Freundchen ...«

»Und woher weißt du das?« – »Das merke ich schon, mein Bester ...«

Die Großmutter nahm mich, wenn sie zum Sennaja-Platz ging, um Wasser zu holen, häufig mit, und eines Tages sahen wir, wie fünf Kleinbürger auf einen Bauern einschlugen – sie hatten ihn zu Boden geworfen und fielen über ihn her wie Hunde. Großmutter setzte die Eimer ab und ging, das Tragholz schwingend, auf die Kleinbürger los, wobei sie mir zurief: »Lauf rasch weg!«

Ich war jedoch so erschrocken, daß ich hinter ihr herlief und mit Steinen nach den Kleinbürgern warf, während sie tapfer mit dem Tragholz auf sie eindrang und auf Schultern und Schädel schlug. Es mischten sich noch irgendwelche anderen Leute ein, die Kleinbürger ergriffen die Flucht, und die Großmutter wusch dem Geprügelten das Blut ab. Sein Gesicht war zertrampelt – ich sehe es noch heute vor mir –, sehe mit Abscheu, wie er mit seinem schmutzigen Finger den abgerissenen Nasenflügel andrückt, höre, wie er jammert, wie er hustet, während unter seinem Finger hervor Blut gegen Großmutters Brust und Gesicht spritzt. Auch sie schrie und zitterte an allen Gliedern.

Als ich, nach Hause zurückgekehrt, zum Kostgänger gelaufen kam und alles erzählte, ließ er die Arbeit liegen, stand vor mir still, die lange Feile in der Luft wie einen Säbel, sah mich unter der Brille hervor ernst und aufmerksam an, unterbrach mich dann plötzlich und sagte ungewohnt eindringlich: »Ausgezeichnet, genau so ist das alles gewesen! Sehr schön!«

Erschüttert von dem, was ich gesehen hatte, kam ich erst gar nicht darauf, mich über seine Worte zu wundern, und fuhr in meiner Erzählung fort, doch er umarmte mich nur, durchmaß stolpernd das Zimmer und unterbrach mich: »Das reicht, weiter will ich nichts wissen! Du, mein Bester, hast ja schon alles gesagt – verstehst du? Alles!«

Ich schwieg gekränkt, dachte dann aber nach und verstand – mit einem Erstaunen, an das ich mich noch gut erinnere –, daß er mich genau im richtigen Augenblick gebremst hatte: Ich hatte in der Tat alles gesagt.

»Du darfst dich mit solchen Begebenheiten nicht aufhalten, mein Freund, vergiß das lieber!« meinte er.

Gelegentlich sagte er mir Worte, die mir mein Leben lang in Erinnerung blieben. Ich erzählte ihm zum Beispiel von meinem Feind Kljuschnikow, dem Raufbold aus der Nowaja-Straße, einem dicken, großköpfigen Jungen – keiner von uns beiden vermochte den anderen zu überwinden. »Gar nicht übel« hörte sich meine Kümmernisse aufmerksam an und sagte: »Das ist Unsinn. Solche Kraft ist gar nichts! Die wirkliche Kraft liegt in der

Schnelligkeit der Bewegung; je schneller du bist, desto stärker bist du auch, verstanden?«

Am folgenden Sonntag versuchte ich, mich meiner Fäuste rascher zu bedienen, und besiegte Kljuschnikow mühelos. Das ließ mich den Worten des Kostgängers nur noch aufmerksamer lauschen.

»Man muß jede Sache anzupacken wissen, verstehst du? Es ist äußerst schwierig – etwas richtig anzupacken!«

Ich verstand nicht das mindeste, prägte mir aber diese und ähnliche Worte unwillkürlich ein, gerade darum, weil in all ihrer Einfachheit etwas ärgerlich Geheimnisvolles lag: Brauchte man doch wirklich keinerlei besondere Fertigkeiten, um einen Stein, ein Stück Brot, eine Tasse oder einen Hammer anzupacken!

Im Hause aber wuchs die Abneigung gegen den Kostgänger immer mehr. Selbst die zutrauliche Katze der lustigen Mieterin kam nicht zu ihm auf den Schoß, wie sonst zu jedermann, und ließ sich auf seinen Lockruf nicht ein. Ich schlug sie dafür, zauste sie an den Ohren und versuchte, fast unter Tränen, ihr die Furcht vor ihm auszureden.

»Meine Kleidung riecht nach Säuren – und da will die Katze eben nicht zu mir«, so erklärte er es, aber ich wußte, daß alle, selbst die Großmutter, es anders deuteten – in einem ihm feindlichen, falschen und kränkenden Sinn.

»Warum du nur immer bei ihm herumhockst?« fragte die Großmutter ärgerlich. »Paß auf, er bringt dir noch was bei . . .«

Der Großvater wiederum prügelte mich erbarmungslos für jeden meiner Besuche beim Kostgänger, der ihm, dem rothaarigen Iltis, bekannt wurde. Ich sagte »Gar nicht übel« natürlich nichts davon, daß man mir den Umgang mit ihm verbot, erzählte ihm aber offen, was man im Hause von ihm dachte.

»Die Großmutter fürchtet sich vor dir; sie sagt – du bist ein Schwarzkünstler, während der Großvater meint, daß du ein Gottesfeind und für die Menschen gefährlich bist . . .«

Er schlenkerte mit dem Kopf, als wollte er Fliegen verscheuchen; auf seinem kreideweißen Gesicht flammte schwach rosa ein Lächeln auf, bei dem sich mein Herz zusammenkrampfte und mir grün vor den Augen wurde.

»Ich sehe schon, wo das hinauswill, mein Bester!« sagte er leise. »Ist das nicht traurig, mein Freund, oder wie?« – »Ja, das ist es!« – »Traurig, mein Bester . . .«

Schließlich ekelte man ihn hinaus.

Ich kam eines Tages nach dem Morgentee bei ihm vorbei und sah, daß er auf dem Fußboden saß und seine Sachen packte – er summte leise die »Rose von Saron« vor sich hin.

»Nun, mein Freund, leb wohl, ich ziehe also aus . . .« – »Warum?«

Er sah mich aufmerksam an und sagte: »Weißt du's denn nicht? Das Zimmer wird für deine Mutter benötigt . . .«

»Wer hat das gesagt?« – »Der Großvater . . .« – »Das ist gelogen!«

»Gar nicht übel« zog mich an meiner Hand zu sich und sagte, nachdem ich mich neben ihm auf dem Fußboden niedergelassen hatte, mit leiser Stimme: »Sei mir nicht böse, mein Freund! Ich hab schon geglaubt, daß du es weißt, mir aber nichts davon sagst; das ist nicht schön, habe ich mir gesagt . . .«

Ich war sehr traurig und aus irgendeinem Grunde auch etwas ärgerlich über ihn.

»Hör zu«, sagte er lächelnd und fast stimmlos. »Weißt du noch, wie ich zu dir sagte: Komm nicht wieder zu mir?«

Ich nickte.

»Du warst damals gekränkt, nicht wahr?« – »Ja . . .« – »Ich wollte dich nicht kränken, Freund; aber, siehst du, ich wußte schon: Wenn du dich mit mir anfreundest, dann werden die Deinen mit dir schimpfen. Und war's nicht so? Verstehst du nun, warum ich das damals gesagt habe?«

Er sprach zu mir, als ob er ein Kind, ein Altersgefährte von mir wäre, und ich freute mich schrecklich über seine Worte; mir schien sogar, daß ich ihn längst, daß ich ihn schon damals verstanden hatte; und so sagte ich auch zu ihm: »Das habe ich längst verstanden!«

»Na siehst du! So also ist das alles, mein Freund! Eben das ist es, mein Bester . . .«

Mein Herz krampfte sich zusammen.

»Warum können sie dich alle nicht leiden?«

Er umarmte mich, drückte mich an sich und entgegnete mit einem Augenzwinkern: »Ich bin ein Fremder – verstehst du? Deshalb. Ich bin nicht so wie sie ...«

Ich zupfte ihn am Ärmel und wußte nicht, fand nicht, was ich sagen sollte.

»Sei mir nicht böse«, flüsterte er mir aufs neue ins Ohr und setzte hinzu: »Und weinen sollst du auch nicht ...«

Dabei quollen auch ihm unter der trüben Brille hervor die Tränen.

Später saßen wir dann, wie immer, lange da und schwiegen – und nur gelegentlich flog ein kurzes Wort zwischen uns hin und her.

Er zog am Abend von uns fort, nachdem er von allen freundlich Abschied genommen, mich selbst aber kräftig an sich gedrückt hatte. Ich ging vor das Tor und sah zu, wie er im Pferdefuhrwerk davonratterte. Die Wagenräder holperten über den gefrorenen Straßenschlamm. Sobald er fort war, begann die Großmutter das verschmutzte Zimmer zu scheuern und zu reinigen, während ich absichtlich von einer Ecke zur anderen ging und sie zu stören versuchte.

»Mach, daß du fortkommst!« rief sie, wenn sie mit mir zusammenstieß.

»Warum habt ihr ihn hinausgeworfen?« – »Rede nur!« – »Dummköpfe seid ihr – alle zusammen!« sagte ich.

Sie schlug mit einem nassen Scheuertuch nach mir und rief: »Du bist wohl übergeschnappt, du Nichtsnutz!«

»Dich meine ich nicht, aber die anderen sind alle Dummköpfe«, verbesserte ich mich, doch das beruhigte sie nicht.

Großvater sagte während des Abendessens: »Gott sei Dank! Traf mich doch jedesmal, wenn ich ihn sah, ein Stich ins Herz: Der muß hinaus!«

Ich zerbrach vor Wut einen Löffel und hatte aufs neue zu dulden.

So endete meine Freundschaft mit ihm, dem ersten in einer endlosen Reihe von Menschen, die Fremde in ihrer eigenen Heimat waren und dennoch zu ihren besten Männern zählten.

IX

Ich stelle mich mir in meiner Kindheit als einen Bienenstock vor, in den einfache, unbedeutende Leute den Honig ihrer Erfahrungen, ihrer Gedanken über das Leben wie Bienen zusammentrugen und freigebig meine Seele bereicherten, jeder, so gut er konnte. Oft genug war dieser Honig bitter und unrein, aber Wissen blieb trotz allem Honig.

Nachdem »Gar nicht übel« fortgezogen war, freundete sich Onkel Pjotr mit mir an. Er hatte Ähnlichkeit mit dem Großvater, war ebenso dürr, ordentlich und sauber, aber kleiner an Wuchs und überhaupt unansehnlicher; er erinnerte an einen Halbwüchsigen, der sich zum Scherz als alter Mann verkleidet hat. Sein Gesicht war voller Runzeln, es glich einem Sieb oder Geflecht, in dem – wie Zeisige im Käfig - die komischen flinken Augen mit ihrem gelblichen Augenweiß herumhüpften. Sein graues Haar kräuselte sich, das Bärtchen bestand aus Ringeln; er rauchte Pfeife, und auch ihr Rauch – er hatte die gleiche Farbe wie seine Haare – ringelte sich, selbst seine Rede war kraus und voller bildhafter Wendungen. Er sprach mit summender Stimme und scheinbar freundlich, ich hatte jedoch immer das Gefühl, daß er sich über alle lustig machte.

»Zu Anfang meiner Jahre hieß mich die gnädige Frau Gräfin Tatjan Lexewna: ›Werde Schmied‹, doch eine Zeit danach befahl sie: ›Hilf dem Gärtner!‹ Nun gut; aber wo man den Bauern auch hinstellt, recht macht er's nie! So sagt sie ein anderes Mal zu mir: ›Du wirst jetzt Fische fangen, Petruschka!‹ Mir ist das einerlei, von mir aus auch Fische . . . Kaum aber hatte ich Gefallen daran gefunden – aus: Lebt wohl, ihr Fische, vielen Dank! Ich mußte in die Stadt, als Droschkenkutscher, um meinen Grundzins hereinzubekommen. Droschkenkutscher, na schön, und wie geht's weiter? Weiter ging's eben nicht, die Herrin und ich schafften's nicht mehr, noch irgend etwas daran zu ändern, die Bauernbefreiung kam, ich blieb beim Pferd, es ist für mich jetzt sozusagen – die Gräfin.«

Das Pferd, schon ziemlich ältlich, sah aus, als wäre es ursprünglich weiß gewesen, als hätte ein Maler im Rausch das ursprünglich weiße Tier mit allerlei Farben bemalt, ohne sein Werk zu vollenden. Die Beine schienen verrenkt, das Ganze aus Lumpen zusammengeflickt, der knochige Kopf mit den trüben Augen, der mit dem Rumpf durch die hervorquellenden Adern und durch die alte, verschlissene Haut nur lose verbunden schien, war traurig gesenkt. Onkel Pjotr behandelte das Tier respektvoll, schlug es nicht und nannte es Tanka.

Eines Tages sagte Großvater zu ihm: »Wieso gibst du dem Pferdevieh einen christlichen Namen?«

»Durchaus nicht, Wassil Wassiljew, das tue ich nicht, Verehrter! Einen christlichen Namen Tanka gibt es nicht, es gibt nur eine Tatiana!«

Auch Onkel Pjotr war des Lesens und Schreibens kundig und in der Heiligen Schrift sehr beschlagen. Er und Großvater stritten sich ständig, wer von den Heiligen am heiligsten sei. Einer strenger als der andere, brachen sie den Stab über die altzeitlichen Sünder; am meisten bekam dabei Absalom ab. Manchmal nahmen ihre Streitgespräche ausgesprochen grammatikalischen Charakter an. Großvater sagte: Versündiget, gefrevelet, unrecht gelebet – während Onkel Pjotr behauptete, es heiße: Versündigt, gefrevelt, unrecht gelebt habend.

»Deiner Ansicht nach heißt es so, und meiner Ansicht nach so!« erregte sich Großvater, wurde zornrot und höhnte: »Habend, habend – guten Abend!«

Doch Onkel Pjotr umgab sich mit einer Rauchwolke und fragte giftig zurück: »Und wieso sind deine ›diget‹ oder ›velet‹ schöner? Dem Herrgott klingen sie keineswegs angenehmer im Ohr! Weißt du, ob sich der Herrgott, wenn er deine Gebete hört, nicht denkt: Bete noch so gelehrt – bist keinen Groschen wert!«

»Hinaus mit dir, Lexej!« rief der Großvater wütend und funkelte mit den grünen Augen.

Pjotr hatte viel für Sauberkeit und Ordnung übrig. Stets räumte er, wenn er über den Hof ging, Holzspäne, Scherben, einen Knochen durch einen Fußtritt aus dem Weg, wobei er dem fortgeräumten Stück vorwurfsvoll nachrief: »Überflüssiges Zeug, du störst!«

Er war gesprächig und wirkte gutmütig und fröhlich, aber gelegentlich liefen seine Augen blutrot an, trübten sich und standen still wie bei einem Toten. Da kauerte er dann im Dunkeln in einer Ecke, finster und stumm wie sein Neffe.

»Was hast du, Onkel Pjotr?«

»Laß mich in Frieden«, sagte er dumpf und rauh.

In einem der kleinen Häuser unserer Straße hatte sich ein besserer Herr angesiedelt mit einer Beule an der Stirn und einer äußerst seltsamen Gewohnheit: Er setzte sich sonntags mit einer Schrotflinte ans Fenster und schoß auf Hunde, Katzen, Hühner oder Krähen, manchmal auch auf Vorübergehende, die ihm nicht recht gefielen. Eines Tages feuerte er »Gar nicht übel« eine Ladung Feinschrot in die Seite. Der Schrot durchschlug die Lederjacke zwar nicht, doch fanden sich einige Körner in der Jackentasche. Ich erinnere mich, daß sich der Kostgänger die grauen Körner aufmerksam durch seine Brille ansah. Der Großvater versuchte ihn zu überreden, eine Klage anzustrengen, er aber schüttelte die Schrotkörner in eine Küchenecke und meinte: »Es lohnt sich nicht.«

Ein anderes Mal jagte der Schütze einige Schrotkörner dem Großvater ins Bein. Großvater wurde böse, reichte eine Klage beim Friedensrichter ein und suchte in der Straße nach Zeugen sowie nach Leuten, die selber zu Schaden gekommen waren, doch der bessere Herr verschwand plötzlich.

Onkel Pjotr nun – sofern er zu Hause war – stülpte sich jedesmal, wenn draußen Schüsse knallten, rasch die verschossene, langschirmige Feiertagsmütze über den grauen Kopf und eilte vors Tor. Draußen schob er die Hände unter den Mantel, verschränkte sie auf dem Rücken und stolzierte mit vorgewölbtem Bauch, den Mantel wie einen Hahnenschweif in der Luft, am Schützen vorbei über den Bürgersteig – hin und her, hin und her. Alle aus unserem Haus standen vor dem Tor, im Fenster zeigte sich das blaue Gesicht des Offiziers, darüber der weißblonde Kopf seiner Frau. Auch aus dem Betlengschen Hof traten Leute auf die Straße heraus, und nur vor Owsjannikows leblosem Haus war niemand zu sehen.

Manchmal promenierte Onkel Pjotr ohne Erfolg. Der Nimrod erkannte ihn offensichtlich nicht als ein Wild an, das eines Schusses würdig wäre, es kam aber auch vor, daß die Doppelflinte gleich zweimal hallte: »Bum – bum . . .«

Ohne den Schritt zu beschleunigen, trat Onkel Pjotr auf uns zu und stellte befriedigt fest: »Es hat in den Mantelschoß reingehauen!«

Eines Tages drang ihm der Schrot in Schulter und Hals. Großmutter, die die Körner mit einer Nähnadel herausholte, hielt Onkel Pjotr vor: »Was bietest du dich diesem Verrückten als Zielscheibe an? Und wenn er dir eines Tages ein Auge ausschießt?«

»N-nein, nicht doch, Akulina Iwanowna«, entgegnete Pjotr gedehnt. »Das ist kein Schütze . . .« – »Weshalb tust du ihm überhaupt den Gefallen?« – »Tu ich das? Mir macht's nur Spaß, den feinen Herrn zu necken . . .«

Er sah sich die aus dem Fleisch entfernten Schrotkörner an, die nun auf seiner Hand lagen, und meinte: »Keine Ahnung vom Schießen! Dagegen übte bei der Frau Gräfin Tatjan Lexewna vorübergehend ein gewisser Mamont Iljitsch die Pflichten eines Ehemannes aus – sie wechselte die Männer wie die Lakaien –, nun, dieser Mamont Iljitsch, ein Offizier, übte also bei ihr die Pflichten eines Ehemannes aus, ja – der konnte schießen! Er, Großmutter, schoß immer nur mit Kugeln! Da stellte er zum Beispiel den einfältigen Ignaschka ein ganzes Stück ab, vielleicht vierzig Schritt entfernt, hin und band ihm eine Flasche an den Gürtel, so daß sie dem Narren, der in seiner Dummheit nur lachte, zwischen den gespreizten Beinen herunterhing. Mamont Iljitsch brachte die Pistole in Anschlag, und – pardauz! – flog die Flasche in Scherben. Nur, daß dann eines Tages den Ignaschka wohl eine Bremse stach – jedenfalls zuckte er, und die Kugel traf ihn ins Knie, genau in die Kniescheibe! Man holte einen Arzt, der säbelte ihm das Bein sogleich ab – und fertig! Verscharrt hat man's . . .«

»Und der Narr?«

»Der? Der machte sich nichts daraus. Ein Narr braucht weder Arme noch Beine, den bringt auch die Narrheit gut durch. Den Dummen liebt jeder, Dummheit ist harmlos. Heißt es doch auch: Ob einer Schreiber oder Kanzleivorsteher ist, wenn er dumm ist, weißt du, daß du sicher vor ihm bist . . .«

Großmutter setzten solche Erzählungen weiter nicht in Erstaunen, sie selbst kannte dergleichen Geschichten dutzendweise, während mir dabei ein wenig unheimlich wurde, so daß ich Onkel Pjotr fragte: »Und kann einen ein Herr auch einfach umbringen?«

»Kann er. Warum nicht? Bringen sie sich doch sogar gegenseitig um. Da kam zu Tatjan Lexewna ein Ulan, er geriet mit Mamont in Streit, und schleunigst die Pistolen in die Hand und in den Park, wo der Ulan auf einem Gartenweg neben dem Teich Mamont eine Kugel in die Leber jagte. Mamont kam auf den Friedhof und der Ulan in den Kaukasus – und damit hatte sich's. So treiben sie's untereinander! Was aber den Bauern oder so betrifft – was ist da schon zu reden! Heutzutage tun ihnen die Leute nicht allzusehr leid, sie gehören ja nicht mehr ihnen, während sie früher denn doch ein bißchen geschont wurden – war ja ihr eigenes Hab und Gut!«

»Nun, allzusehr geschont wurden sie auch damals nicht«, warf die Großmutter ein.

Und Onkel Pjotr pflichtete ihr bei: »Stimmt. Ihr eigenes Hab und Gut waren sie wohl, aber nicht allzuviel wert . . .«

Zu mir war er freundlich. Er sprach gutherziger mit mir als mit den Großen und verbarg auch die Augen nicht, aber irgend etwas an ihm mißfiel mir. Er bestrich, wenn er alle mit seinem Lieblingseingemachten bewirtete, meine Scheibe Brot besonders dick, brachte mir aus der Stadt Malzkuchen oder einen Mohnstriezel mit und unterhielt sich mit mir immer ernst und behutsam.

»Was willst du werden, Verehrter? Soldat oder Beamter?« – »Soldat.« – »Das ist gut. Heute hat es auch der Soldat nicht schwer. Nicht übel ist es auch bei den Popen, brauchst nur zu rufen: Herrgott, erbarme dich! – und damit hat sich's! Der Pope hat es sogar noch leichter als der Soldat, aber am leichtesten – der Fischer; der braucht überhaupt keine Lehre – alles ist Übungssache!«

Er machte spaßig nach, wie Fische um einen Köder herumschwimmen und wie sich Barsche, Bleie, Meeräschen abmühen, wenn sie erst zugebissen haben.

»Da ärgerst du dich, wenn der Großvater dich züchtigt«, versuchte er manchmal, mich zu trösten. »Das, Verehrter, solltest du wirklich nicht, man züchtigt dich nur, um dich zu belehren, und solche Prügel sind ein Kinderspiel! Meine Herrin Tatjan Lexewna dagegen – ja, die verstand sich auf Prügel! Sie hatte eigens einen Mann dazu abgestellt, Christofor hieß er, der war ein solcher Meister in seinem Fach, daß ihn die Nachbarn von den anderen Gutshäusern gelegentlich bei der Frau Gräfin für sich ausbaten: ›Beurlauben Sie, verehrte Tatjan Lexewna, den Christofor, damit er unser Gesinde auspeitscht!‹ Und sie tat's.«

Er erzählte harmlos und in aller Ausführlichkeit, wie die Herrin im weißen Mullkleid, ein himmelblaues luftiges Tüchlein um den Kopf, in einem roten Sessel auf der Säulenterrasse vor dem Hause saß, während Christofor Männer wie Weiber vor ihren Augen auspeitschte.

»Obwohl nun dieser Christofor, Verehrter, aus dem Rjasanschen stammte, sah er doch eher wie ein Zigeuner oder Kleinrusse aus. Der Schnurrbart reichte ihm bis an die Ohren, und die Visage war blau – den Bart rasierte er. Und man wußte nicht recht, ob er einfältig war oder sich nur so stellte, damit man ihn nicht zuviel fragte. Da goß er zum Beispiel in der Küche Wasser in eine Tasse, fing eine Fliege, eine Küchenschabe oder irgendeinen Käfer und mühte sich lange damit ab, sie in der Tasse mit einer dünnen Gerte zu ertränken. Oder er brachte eine Laus hinten aus seinem Kragen zum Vorschein – und ertränkte die . . .«

Solche und ähnliche Erzählungen waren für mich nichts Neues, ich hatte viele aus Großmutters und aus Großvaters Munde gehört. Obwohl verschieden, waren sie dennoch alle merkwürdig ähnlich: In jeder wurde ein Mensch gehetzt, gequält, verhöhnt. Ich hatte diese Erzählungen satt, ich wollte sie nicht mehr hören und bat den Fuhrmann: »Erzähl was anderes!«

Er zog all seine Falten um den Mund zusammen, schob sie dann bis an die Augen hoch und willigte ein: »Also gut, du Nimmersatt, was anderes. Wir hatten da einen Koch . . .« – »Wer – wir?« – »Die Gräfin Tatjan Lexewna.« – »Wieso nennst du sie denn Tatjan? War sie ein Mann?«

Er lachte mit dünner Stimme.

»Natürlich war sie eine Frau, aber ein Schnurrbärtchen hatte sie doch. Ganz schwarz war es – sie stammte nämlich aus dem

Ausland, von dunkelhäutigen Fremden ab, von Leuten ähnlich wie die Mohren. Ja, also – der Koch: Das, mein Verehrter, ist eine Geschichte zum Lachen . . .«

Die Geschichte zum Lachen bestand darin, daß der Koch eine Fischpastete verdarb und gezwungen wurde, sie hintereinander aufzuessen. Er erkrankte.

Ich ärgerte mich: »Das ist gar nicht zum Lachen!« – »Was ist denn dann zum Lachen? So sag's doch!« – »Ich weiß nicht . . .« – »Dann – rede nicht!«

Er spann aufs neue sein langweiliges Garn.

An Feiertagen kamen gelegentlich meine Vettern zu uns zu Besuch: der traurige, träge Sascha vom Onkel Michailo und der allwissende, akkurate Sascha vom Onkel Jakow. Eines Tages, als wir zu dritt auf den Gebäudedächern umherkletterten, erblickten wir auf dem Hof des Betlengschen Hauses einen Herrn in grünem, pelzgefüttertem Überrock. Der Herr saß auf einem Holzhaufen neben der Wand und spielte mit jungen Hunden. Sein kleiner, kahler, gelber Kopf war unbedeckt. Einer der Vettern schlug vor, eines der Hündchen zu stehlen, und im Nu entstand ein geistreicher Plan: Die Vettern wollten sogleich auf die Straße zum Tor des Betlengschen Hauses gehen, während ich jenen Herrn erschrecken sollte; wenn er in seinem Schrecken davonlief, wollten sie in den Hof eindringen und eines der Hündchen ergreifen.

»Wie soll ich ihn denn erschrecken?«

Einer der Vettern schlug vor: »Spuck ihm auf die Glatze!«

Ist die Sünde so groß, einem Menschen auf den Kopf zu spukken? Ich habe wiederholt gehört und selber gesehen, daß man ihm sehr viel Schlimmeres antat, und selbstverständlich führte ich die übernommene Aufgabe gewissenhaft durch.

Es gab einen gewaltigen Tumult, ein ganzer Heerhaufen von Männern und Frauen unter der Führung eines jungen, hübschen Offiziers drang aus dem Betlengschen Hause in unseren Hof ein, und da die Vettern im Augenblick der Tat friedlich auf der Straße spazierengingen und nichts von meinem wilden Bubenstreich zu wissen schienen, verdrosch der Großvater mich ganz allein. Die Bewohner des Betlengschen Hauses zeigten sich vollauf befriedigt.

Während ich geprügelt auf dem Ofen lag, kletterte, wohlgelaunt und feiertäglich gekleidet, Onkel Pjotr zu mir herauf.

»Das hast du dir fein ausgedacht, Verehrter!« flüsterte er. »Geschieht ihm ganz recht, dem alten Ziegenbock, ja doch – spuck auf sie, gib es ihnen! Am besten mit einem Stein über den faulen Schädel!«

Ich sah das runde, bartlose Kindergesicht des Angespienen vor mir, ich erinnerte mich, daß er leise und jämmerlich – wie ein Hündchen – gewinselt und mit den kleinen Händen die gelbe Glatze abgewischt hatte, und ich verspürte eine unerträgliche Scham und haßte meine Vettern, aber alles das war im Nu vergessen, als ich dem Fuhrmann aufmerksamer ins faltendurchfurchte Gesicht sah: Es zitterte genauso erschreckend widerwärtig wie das Gesicht des Großvaters, wenn er mich schlug.

»Geh weg, du!« rief ich aus und stieß ihn mit Händen und Füßen von mir.

Er kicherte, zwinkerte, kroch vom Ofen hinunter.

Von da an war mir die Lust an den Gesprächen mit ihm vergangen, ich mied ihn und begann ihn argwöhnisch zu beobachten, als ob ich etwas ahnte.

Bald nach der Geschichte mit dem angespienen Herrn ereignete sich eine neue. Seit langem beschäftigte mich das stille Owsjannikowsche Haus, mir schien, in diesem grauen Hause fließe ein ganz besonderes, geheimnisvolles Märchenleben dahin.

Im Betlengschen Haus lebte man lustig und geräuschvoll, es gab dort viele schöne Damen, bei denen Offiziere und Studenten vorsprachen, stets wurde gelacht, gelärmt, gesungen und musiziert. Allein schon äußerlich hatte das Haus etwas Heiteres, die Fensterscheiben blitzten, die Zimmerpflanzen, die man dahinter sah, schimmerten in einem hellen, vielfach gestuften Grün. Großvater hatte für dieses Haus nichts übrig.

»Ketzer und Gottlose« nannte er alle Mieter des Hauses, wobei er die Frauen unter den Mietern mit einem häßlichen Wort benannte; den Sinn des Wortes erklärte mir eines Tages Onkel Pjotr – auch er sehr häßlich und schadenfroh.

Das strenge und schweigsame Haus der Owsjannikows flößte Großvater Achtung ein.

Der einstöckige, aber hohe Bau stand quer zur Straße und zog sich in den Hof hinein, der sauber und öde dalag, mit Gras bewachsen, mit einem überdachten Brunnen in der Mitte. Das Brunnendach ruhte auf zwei Säulen. Das Haus rückte gleichsam von der Straße ab, versteckte sich vor ihr. Seine drei schmalen, von Bögen durchschnittenen Fenster waren hoch über der Erde angebracht, die Scheiben wirkten trüb und spielten, wenn die Sonne auf sie fiel, in allen Regenbogenfarben. Gegenüber, zur anderen Seite des Tors, zog sich die Front eines Speichers hin, die der des Wohnhauses genau entsprach und ebenfalls drei Fenster aufwies, die aber blind waren: Auf der grauen Wand zeichneten sich Fensterverkleidungen ab, in die man mit weißer Farbe das Rahmenwerk gemalt hatte. Diese blinden Fenster wirkten unangenehm, und überhaupt gab der Speicher aufs neue zu verstehen, daß sich das Haus zu verbergen, daß es für sich zu bleiben wünsche. Das ganze Gehöft mit seinen leeren Ställen, den Scheunen, die riesige Tore aufwiesen, aber ebenfalls leer standen, strömte etwas wie Stille und Gekränktheit oder auch Stille und Hoffart aus.

Gelegentlich ging, ein wenig lahmend, ein hochgewachsener alter Mann im Hof umher. Er war rasiert, trug aber einen weißen Schnurrbart, dessen Haare in die Luft stachen wie Nadeln. Manchmal führte ein anderer Alter mit Backenbart und krummer Nase ein langköpfiges graues Pferd mit schmaler Brust und schlanken Beinen aus dem Stall; sobald es auf dem Hof war, verneigte es sich nach allen Seiten wie eine demütige Nonne. Der Lahme klatschte es laut mit der flachen Hand, pfiff und seufzte geräuschvoll. Dann steckte man das Tier aufs neue in den dunklen Stall. Mir schien, der Alte wolle aus dem Hause fahren, könne es aber nicht – er sei verhext.

Fast jeden Tag spielten von Mittag bis abends drei Jungen auf dem Hof. Alle drei trugen die gleichen grauen Jacken und Hosen, die gleichen Mützen, alle drei hatten runde Gesichter und graue Augen und sahen sich so ähnlich, daß ich sie nur nach dem Wuchs auseinanderhielt.

Ich beobachtete sie durch die Zaunlücken, doch sie bemerkten mich nicht, während ich gerne bemerkt worden wäre. Es gefiel mir, wie schön, vergnügt und einmütig sie ihre mir unbekannten Spiele spielten, auch ihre Anzüge gefielen mir und ihre Fürsorge füreinander, die sich besonders im Verhalten der älteren Brüder zum kleinsten äußerte, einem drolligen, munteren Knirps. Wenn er hinfiel, lachten sie, wie man immer lacht, wenn einer hinfällt, aber sie taten es ohne Schadenfreude und halfen ihm auch gleich wieder auf; hatte er sich aber die Hände oder die Knie beschmutzt, dann wischten sie ihm Finger und Hosen mit Klettenblättern und Taschentüchern ab, und der mittlere der Jungen pflegte gutmütig zu bemerken: »So 'n Tolpatsch!«

Sie zankten sich nicht, nie betrog einer den anderen, und alle drei waren sehr gewandt, stark, unermüdlich.

Eines Tages kletterte ich auf einen Baum und pfiff zu ihnen hinüber. Sie blieben stehen, wo sie gerade gestanden hatten, traten dann ohne Eile aufeinander zu und berieten mit leiser Stimme; sie blickten dabei hier und da zu mir hin. Ich nahm schon an, sie würden mit Steinen nach mir werfen, kletterte zur Erde hinunter, stopfte Taschen und Jackenausschnitt voll Steine und kletterte wieder auf den Baum, aber sie spielten bereits weit weg in einer Hofecke und hatten mich augenscheinlich vergessen. Das war traurig, doch ich wollte den Krieg nicht als erster beginnen, und bald darauf rief ihnen jemand durch die Lüftungsklappe eines Fensters zu: »Kinder – marsch ins Haus!«

Sie gingen ohne Eile und schicksalergeben wie Gänse davon.

Viele Male saß ich im Geäst über dem Zaun und wartete darauf, daß sie mich aufforderten, mit ihnen zu spielen, aber sie taten es nicht. In Gedanken spielte ich schon mit, und gelegentlich ließ ich mich so hinreißen, daß ich aufschrie oder laut lachte. Dann sahen mich alle drei an und besprachen sich leise, während ich verlegen zur Erde hinunterstieg.

Eines Tages spielten sie Verstecken, der Mittlere war an der Reihe zu suchen, er stellte sich in die Ecke hinter den Speicher und wartete, ohne zu mogeln, die Hände ehrlich über die Augen gedeckt, während seine Brüder davonliefen, um sich zu verstekken. Der Älteste verkroch sich rasch und geschickt in einem breiten, niedrigen Schlitten, der unter dem Wetterdach des Speichers stand, während der Kleinste den Kopf verlor, immerfort komisch um den Brunnen herumlief und kein Versteck für sich fand.

»Eins«, rief der Älteste, »zwei . . .«

Der Kleine sprang auf den Brunnenrand, griff nach dem Seil,

schwang sich mit den Beinen in den leeren Kübel, und der Kübel verschwand – man hörte ihn dumpf gegen die Wände des Brunnenschachts stoßen.

Ich erstarrte, als ich sah, wie schnell und geräuschlos sich das gut geschmierte Rad drehte, begriff jedoch rasch, was geschehen konnte, sprang zu ihnen in den Hof hinunter und rief: »Er ist in den Brunnen gefallen!«

Der mittlere der Jungen war gleichzeitig mit mir am Brunnenrand, er packte das Seil, wurde aber hochgerissen und rieb sich die Hände wund. Inzwischen hatte ich das Seil jedoch schon übernommen, und im gleichen Augenblick kam auch der Älteste gelaufen und half mir, den Kübel hochzuwinden. Er bat: »Bitte recht leise!«

Wir zogen den Kleinen rasch heraus – auch er war erschrokken. Von den Fingern seiner rechten Hand tropfte Blut, die Wange wies starke Abschürfungen auf, er war bis an den Gürtel naß und bläulich bleich, aber er lächelte. Lächelnd erschauernd, mit weit aufgerissenen Augen, meinte er gedehnt: »Wie iiich runtergesaust biiin . . .«

»Einen ganz ssönen Klaps hast du, damit du's weißt«, sagte der mittlere Bruder, umarmte ihn und wischte ihm mit dem Taschentuch das Blut vom Gesicht, während der Älteste sich verfinsterte und vorschlug: »Kommt, wir können es ja doch nicht verbergen . . .«

»Werdet ihr Haue bekommen?« fragte ich.

Er nickte, streckte mir die Hand entgegen und sagte: »Du bist aber sehr rasch dazugesprungen!«

Vor lauter Freude über das Lob versäumte ich, seine Hand zu ergreifen, und gleich darauf hatte er sich wieder dem mittleren Bruder zugewandt.

»Kommt, er wird sich erkälten! Wir werden einfach sagen, daß er hingefallen ist, aber nichts vom Brunnen!«

»Nein, nichts vom Brunnen«, pflichtete der Jüngste bei und erschauerte. »Ich bin in eine Pfütze gefallen, nicht wahr?«

Sie gingen.

Alles hatte sich so rasch abgespielt, daß der Ast, von dem ich in den Hof gesprungen war, noch schaukelte und gelbes Laub verlor, als ich zu ihm hinaufsah.

Eine volle Woche lang zeigten sich die Brüder nicht auf dem Hof, dann tauchten sie wieder auf – geräuschvoller als vorher. Als der Älteste mich auf dem Baum erblickte, rief er mir freundlich zu: »Komm zu uns herunter!«

Wir schlüpften unter das Wetterdach des Speichers, in den niedrigen alten Schlitten, und unterhielten uns, während wir uns gegenseitig musterten, längere Zeit.

»Seid ihr geprügelt worden?« fragte ich.

»Ja, es hat was gesetzt«, entgegnete der Älteste.

Ich wollte nicht glauben, daß diese Jungen Schläge bekamen wie ich. Ich fühlte mich ihretwegen gekränkt.

»Warum fängst du Vögel?« fragte der Jüngste. – »Sie singen schön.« – »Tu's nicht, sollen sie lieber herumfliegen, wie sie wollen . . .« – »Also gut, ich laß es bleiben!« – »Aber einen könntest du noch fangen und mir schenken!« – »Was für einen willst du denn?« – »Einen lustigen. Und im Käfig.« – »Also einen Zeisig.«

»Die Katze wird ihn fressen«, sagte der Jüngste. »Und dann erlaubt es Papa auch nicht.«

Der Älteste pflichtete ihm bei.

»Nein, er wird es nicht erlauben . . .« – »Und habt ihr auch eine Mutter?«

»Nein«, sagte der Älteste, doch der Mittlere verbesserte ihn: »Wir haben eine, aber eine andere, nicht unsere, unsere ist nicht da, sie ist tot.«

»Die andere nennt man Stiefmutter«, sagte ich; der Älteste nickte. – »Ja.«

Und alle drei wurden nachdenklich und verfinsterten sich.

Aus Großmutters Märchen wußte ich, was eine Stiefmutter war, und ich fand diese Nachdenklichkeit verständlich. Sie saßen fest aneinandergedrängt und glichen sich wie Küken. Mir aber fiel die Stiefmutter ein, die in Wirklichkeit eine Hexe gewesen war und die Stellung der leiblichen Mutter durch Betrug an sich gebracht hatte, und ich verhieß ihnen: »Eure richtige Mutter wird schon zu euch zurückkommen, wartet nur!«

Der Älteste zuckte die Schultern.

»Nachdem sie gestorben ist? Das gibt es nicht . . .«

Das gab es nicht? Aber mein Gott, wie oft waren schon Tote, sogar in Stücke zerhauene, auferstanden, nachdem man sie mit

»Lebenswasser« besprengt hatte, wie oft war es kein wirklicher Tod gewesen, keiner, den Gott gesandt hatte, sondern Hexen und Hexenmeister!

Aufgeregt erzählte ich ihnen Großmutters Geschichten. Der Älteste lächelte zuerst immer nur spöttisch und wandte vorsichtig ein: »Das kennen wir, das sind doch alles Märchen . . .«

Seine Brüder hörten schweigend zu, der Kleine – mit zusammengekniffenen Lippen und aufgeblasenen Backen, während der Mittlere, einen Arm auf das Knie gestützt, sich zu mir vorbeugte und auch den Bruder, um dessen Hals er den anderen gelegt hatte, vornüberzog.

Es wurde rasch Abend, über den Dächern hingen schon rote Wolken, als der Alte mit dem weißen Schnurrbart neben uns auftauchte – in einem braunen Rock, der lang war wie das Gewand eines Popen, und eine zottige Pelzmütze auf dem Kopf.

»Wer ist das?« fragte er und zeigte mit dem Finger auf mich.

Der älteste Junge erhob sich und machte eine Kopfbewegung hinüber zu Großvaters Haus.

»Er ist von drüben . . .« – »Wer hat ihn gerufen?«

Die Jungen kletterten – alle auf einmal – schweigend aus dem Schlitten und gingen zum Haus. Sie erinnerten mich aufs neue an schicksalergebene Gänse.

Der Alte faßte mich fest an der Schulter und führte mich über den Hof zum Tor. Ich hätte aus Furcht vor ihm weinen mögen, aber er ging so rasch und mit so langen Schritten, daß ich einfach nicht dazu kam. Schon befand ich mich draußen auf der Straße, während er in der Pforte stehenblieb, mir mit dem Finger drohte und sagte: »Untersteh dich nicht wieder, zu mir zu kommen!«

Ich wurde böse: »Zu dir komme ich gar nicht, du alter Satan!«

Er packte mich aufs neue mit seinem langen Arm und führte mich den Bürgersteig entlang; mir war, als schlage er mich mit einem Hammer auf den Kopf, als er mich fragte: »Ist dein Großvater zu Hause?«

Zu meinem Unglück war er zu Hause. Als der grimmige Alte eintrat, stand er auf, sah ihm in die Augen, die glanzlos und rund waren wie Zweikopekenstücke, und sagte mit zurückgeworfenem

Kopf, das Bärtchen hoch in der Luft: »Seine Mutter ist verreist, ich bin die ganze Zeit beschäftigt, es ist niemand da, der auf ihn aufpaßt – entschuldigen Sie schon, Herr Oberst!«

Der Oberst räusperte sich, daß es im ganzen Hause schallte, drehte sich hölzern um und ging, während ich mich einige Zeit später im Hof, im Rollwagen von Onkel Pjotr wiederfand.

»Schon wieder angeeckt, Verehrter?« erkundigte er sich, während er das Pferd ausspannte. »Wofür hast du Prügel bezogen?«

Als ich es ihm erzählte, brauste er auf und zischte: »Warum freundest du dich mit ihnen erst an? Sind Herrensöhnchen, Schlangenbrut. Siehst du, wie du es ihretwegen kriegst! Jetzt verdrisch du sie – gib's ihnen!«

Er zischte noch lange fort. Erbost durch die Schläge, die ich bezogen hatte, hörte ich ihm zunächst wohlwollend zu, doch das Faltengeflecht seines Gesichts zitterte immer unangenehmer und erinnerte mich: Auch die Jungen würden Haue beziehen, und sie trugen mir gegenüber keinerlei Schuld.

»Die braucht man nicht zu verdreschen, es sind brave Jungen, und alles, was du redest, ist gefaselt«, erklärte ich.

Er sah mich an, dann wetterte er überraschend los: »Hinunter von meinem Wagen!«

»Du bist ein Dummkopf!« rief ich und sprang auf die Erde.

Er rannte auf dem Hof hinter mir her, bemühte sich vergeblich, mich zu fangen, und schrie mit unnatürlicher Stimme: »Ich ein Dummkopf? Ich fasele? Na warte, ich werde dir . . .«

Auf den Treppenstufen vor der Küche erschien die Großmutter, ich huschte rasch zu ihr hin, und er beschwerte sich über mich: »Es ist kein Leben mehr mit dem Bürschlein! Ich bin fast fünfmal so alt wie er, und er beschimpft mich in unanständiger Weise und überhaupt . . . er sagt, ich fasel . . .«

Wenn man mir ins Gesicht log, verlor ich den Kopf und wurde vor lauter Staunen blöd. So war es auch diesmal. Doch die Großmutter sagte mit fester Stimme: »Na weißt du, Pjotr, das ist aber in der Tat gefaselt – unanständig beschimpft hat er dich nicht!«

Der Großvater hätte dem Fuhrmann geglaubt.

Von diesem Tage an entbrannte zwischen uns ein stummer, aber erbitterter Kampf. Pjotr versuchte, mich scheinbar ohne Absicht anzurempeln oder mich mit der Pferdeleine zu streifen, er ließ meine Vögel fliegen, er hetzte eines Tages die Katze auf sie, und er verklagte mich aus jedem erdenklichen Anlaß beim Großvater, wobei er stets übertrieb, während mir immer häufiger schien, er sei genauso ein Bengel wie ich, nur als Alter verkleidet. Ich flocht ihm die Bastschuhe auseinander, drehte unmerklich die Schnüre auf oder schnitt sie ein – sie rissen, wenn er die Schuhe anziehen wollte. Eines Tages schüttete ich Pfeffer in seine Mütze, so daß er eine volle Stunde niesen mußte, wie ich denn überhaupt nach Kräften bemüht war, ihm ja nichts schuldig zu bleiben. An Feiertagen hatte er wachsam von morgens bis abends auf mich acht und ertappte mich auch wiederholt bei etwas Verbotenem – dem Verkehr mit den Herrensöhnchen von nebenan: Hatte er mich erwischt, dann ging er zum Großvater petzen.

Die Bekanntschaft mit den Herrensöhnchen machte mir mit der Zeit immer mehr Freude. In einem kleinen Winkel, der zwischen der Wand des großväterlichen Hauses und dem Owsjannikowschen Zaune lag, wuchsen eine Ulme, eine Linde und ein dichter Holunderstrauch. Unter diesem Strauch schnitt ich eine halbrunde Öffnung in den Zaun, die Brüder traten der Reihe nach oder zu zweit vor sie hin, und wir unterhielten uns leise, in der Hocke oder auf den Knien. Einer von ihnen paßte immer auf, daß uns der Oberst nicht überrumpelte.

Sie erzählten mir, wie eintönig ihr Leben war, und das betrübte mich sehr. Sie berichteten mir, wie es den Vögeln ging, die ich für sie gefangen hatte, von vielem anderen, das noch ganz kindlich war, aber nie verloren sie ein Wort über ihre Stiefmutter oder ihren Vater – jedenfalls kann ich mich nicht daran erinnern. Meistens schlugen sie mir jedoch vor, einfach ein Märchen zu erzählen. Ich gab gewissenhaft die Geschichten der Großmutter wieder, vergaß ich aber etwas, dann bat ich die Brüder, sich zu gedulden, rannte zur Großmutter und erkundigte mich. Das war ihr immer angenehm.

Ich erzählte ihnen auch viel von der Großmutter selbst. Der Älteste der Jungen sagte eines Tages mit einem tiefen Seufzer: »Großmütter sind, wie es scheint, alle sehr lieb – auch wir hatten eine sehr liebe . . .«

Er sagte so oft und mit solcher Wehmut: »wir hatten«, »es gab«

und »es war«, als habe er auf dieser Erde ein Jahrhundert und nicht elf Jahre gelebt. Er hatte, wie ich mich erinnere, schmale Hände und schlanke Finger und wirkte überhaupt zerbrechlich und zart; seine Augen waren sehr klar, aber sanft wie das Licht eines Kirchenlämpchens. Auch seine Brüder waren nett, auch sie mußte man einfach gern haben. Immer hatte man das Bedürfnis, ihnen einen Gefallen zu tun – aber den Ältesten mochte ich doch am liebsten.

Gefesselt von der Unterhaltung, bemerkte ich häufig nicht, wie Onkel Pjotr auftauchte, der uns mit seinem gedehnten Ausruf auseinandertrieb: »Schooon wiiieder?«

Ich sah, daß ihn immer öfter Anwandlungen einer finsteren Erstarrung überkamen, ich lernte sogar im voraus erkennen, wie er gelaunt war, wenn er von der Arbeit zurückkam: Gewöhnlich öffnete er das Tor, ohne sich zu beeilen, und die Torangeln kreischten träge und anhaltend, hatte er aber schlechte Laune, dann kreischten sie nur kurz auf, als ob sie vor Schmerzen stöhnten.

Sein stummer Neffe war aufs Dorf gefahren, um dort zu heiraten. Pjotr hauste allein über dem Pferdestall, in einer niedrigen Kammer mit winzigem Fenster, in der es betäubend nach faulendem Leder, nach Teer, Schweiß und Tabak roch – wegen dieses Geruches ging ich nie zu ihm. Er schlief jetzt, ohne die Lampe zu löschen, was Großvater sehr mißfiel.

»Paß auf, Pjotr, du brennst mir noch das Haus ab!«

»Auf keinen Fall, da sei ganz unbesorgt! Zur Nacht stell ich die Lampe in eine Schüssel mit Wasser«, entgegnete er und blickte zur Seite.

Überhaupt sah er jetzt alles irgendwie seitlich, aus den Augenwinkeln an und besuchte auch schon seit langem Großmutters Abende nicht mehr. Er bewirtete die Leute nicht mehr mit Eingemachtem, sein Gesicht war eingetrocknet, die Falten hatten sich vertieft. Er bewegte sich wie ein Kranker – schaukelnd und schlurfend.

Eines Morgens an einem Wochentag, als Großvater und ich auf dem Hof Schnee schippten – es hatte während der Nacht tüchtig geschneit –, hörte man plötzlich, wie jemand das Pförtchen aufklinkte – laut, anders als sonst, dann kam ein Polizist herein, verdeckte das Pförtchen mit seinem Körper und winkte mit dem dicken grauen Finger den Großvater zu sich heran. Großvater trat auf ihn zu, der Polizist neigte das langnasige Gesicht zu ihm vor und sprach, als hackte er nach Großvaters Stirn, unhörbar auf ihn ein, worauf Großvater hastig entgegnete: »Hier! Wann? Ja, mein Gott, wann war das nur . . .«

Und plötzlich schnellte er komisch hoch und rief aus: »Herrgott, erbarm dich, ist das wahr?«

»Leise«, sagte der Polizeibeamte streng.

Großvater blickte sich um und sah mich.

»Nimm die Schaufeln und geh ins Haus!«

Ich versteckte mich hinter der Hausecke, während sie zur Kammer des Fuhrmanns gingen. Der Polizist zog den rechten Handschuh aus, klatschte ihn mehrmals gegen die offne Linke und sagte: »Er ist sich darüber im klaren, er hat das Pferd stehenlassen und ist verschwunden . . .«

Ich rannte zur Küche, um der Großmutter zu erzählen, was ich gehört und gesehen hatte. Sie knetete im Backtrog einen Brotteig, ihr mehlbestaubter Kopf ging hin und her; sie hörte mich an und meinte ruhig: »Er wird wohl etwas gestohlen haben . . . Lauf, tummle dich, was geht es dich an!«

Als ich aufs neue in den Hof gesprungen kam, stand Großvater, die Mütze in der Hand, am Pförtchen, bekreuzigte sich und blickte zum Himmel. Sein Gesicht war ärgerlich, der Bart gesträubt, das eine Bein zitterte.

»Ich habe gesagt – geh ins Haus!« rief er mir zu und stampfte mit dem Fuß.

Er folgte mir dann selber nach und rief, als er die Küche betrat: »Komm doch mal her, Mutter!«

Sie gingen in das Zimmer nebenan und flüsterten dort eine ganze Weile, und als die Großmutter wieder in die Küche kam, wurde mir klar, daß etwas Schreckliches geschehen sein mußte.

»Warum bist du so erschrocken?«

»Sei mal still«, entgegnete sie leise.

Den ganzen Tag herrschte im Hause eine ungute, bange Stimmung. Großvater und Großmutter tauschten unruhige Blicke und unterhielten sich leise mit unverständlichen, kurzen Worten, die die Unruhe nur noch vertieften.

»Zünde doch überall die Lämpchen vor den Ikonen an, Mutter«, befahl der Großvater und hüstelte.

Man aß unlustig, aber eilig zu Mittag, als ob man jemand erwarte. Großvater blies müde die Wangen auf, räusperte sich und brummte: »Gar große Gewalt hat der Teufel über den Menschen! Schien doch wohl fromm, der Mann, und auch kirchlich gesinnt, und plötzlich – so etwas!«

Die Großmutter seufzte.

Quälend langsam schmolz dieser silbrig trübe Wintertag dahin, während es im Hause immer beunruhigender, immer bedrückender wurde.

Gegen Abend kam ein Polizist, aber nun schon ein anderer. Er saß dick und rothaarig in der Küche auf einer Bank, döste, schnarchte leise und nickte, wenn aber die Großmutter ihn fragte: »Wie hat man es denn herausgefunden?« entgegnete er nach einer kleinen Pause mit tiefer Stimme: »Bei uns findet man alles heraus, keine Sorge!«

Ich weiß noch – ich saß am Fenster, wärmte im Mund einen alten Groschen und gab mir alle Mühe, Georg den Drachentöter auf dem Eis der Scheibe abzudrücken.

Plötzlich entstand im Flur ein heftiger Lärm, die Tür wurde aufgerissen, und von der Schwelle rief Petrowna laut: »Seht euch an, was sich bei euch im Garten tut!«

Als sie den Polizisten bemerkte, wandte sie sich rasch wieder zum Flur, aber der Polizist erwischte sie am Rockzipfel und brüllte, erschrocken auch er: »Halt – wer bist du? Was sollen sie sich ansehen?«

Sie stolperte auf der Schwelle, sank in die Knie und schrie, sich überstürzend und gewürgt von Tränen: »Da geh ich die Kühe melken und sehe: Was ist denn da im Kaschirinschen Garten – etwa ein Stiefel?«

Hier stampfte der Großvater mit den Füßen und rief außer sich: »Du lügst, dumme Gans! Gar nichts konntest du sehen, der Gartenzaun ist hoch und hat auch keine Lücken – du lügst! Bei uns ist gar nichts!«

»Väterchen!« heulte Petrowna und streckte die eine Hand zu ihm aus, während sie mit der anderen an ihre Stirn faßte. »Es stimmt, Väterchen, tatsächlich, es war gelogen! Ich gehe also, und plötzlich – führt eine Spur auf euren Zaun zu, und auch der Schnee ist an der einen Stelle festgetreten; ich luge über die Latten und sehe – da liegt er ...«

»Weeer?«

Der Ausruf hallte entsetzlich lange, und niemand konnte verstehen, was gemeint war. Doch plötzlich stürzten alle wie von Sinnen, einander drängend, aus der Küche fort und rannten zum Garten. Dort, in der weich mit Schnee ausgepolsterten Grube, lag Onkel Pjotr, mit dem Rücken an einen halbverkohlten Balken gelehnt, den Kopf auf der Brust. Unter dem rechten Ohr klaffte ein tiefer Spalt, rot wie ein Mund. Bläuliche Zacken ragten aus ihm hervor – wie Zähne. Ich schloß vor Schreck die Augen, erkannte aber durch die Wimpern hindurch auf Onkel Pjotrs Knien ein mir bekanntes Sattlermesser und neben ihm, verkrampft und dunkel, die Finger seiner rechten Hand. Die Linke war zur Seite geworfen und im Schnee versunken. Der Schnee war unter dem Fuhrmann zusammengeschmolzen, der kleine Körper tief in den hellen lockeren Flaum eingesunken und wirkte noch kindlicher als sonst. Rechts von ihm zeichnete sich im Schnee ein merkwürdiges rotes Muster ab, das Ähnlichkeit mit einem Vogel hatte, während zur Linken der Schnee völlig unberührt war, glatt und von blendender Helligkeit. Der schicksalergeben geneigte Kopf stieß mit dem Kinn gegen die Brust und drückte den dichten Krausbart platt, daneben lag, auf der nackten Haut, in roten Strömen geronnenen Bluts ein großes kupfernes Kreuz. Vom Lärmen der Stimmen schwindelte mir heftig der Kopf. Ununterbrochen schrie die Petrowna, es schrie der Polizeibeamte, der Walej irgendwohin auf den Weg schickte, und auch der Großvater schrie: »Zertretet ja nicht die Spuren!«

Doch plötzlich verfinsterte er sich und sagte, den Blick zu Boden gerichtet, laut und gebieterisch zum Polizisten: »Du solltest nicht unnötig brüllen, Polizist! Das hier ist Gottes Werk, ein Gottesgericht, und du kommst uns mit deinen Albernheiten – ach iiihr!«

Und sogleich verstummten alle, starrten hinüber zum Toten, seufzten, bekreuzigten sich.

Vom Hof kamen Leute in den Garten gelaufen, andere kletterten von der Petrowna herüber über den Zaun, stürzten und schalten, aber es blieb dennoch alles still und ruhig, bis sich der Großvater im Kreise umsah und verzweifelt losschrie: »Nachbarn, warum zertretet ihr mir die Himbeeren, schämt ihr euch nicht?«

Die Großmutter faßte mich bei der Hand und führte mich schluchzend zum Hause ...

»Was hat er getan?« fragte ich; sie entgegnete: »Als ob du's nicht siehst ...«

Den ganzen Abend bis in die späte Nacht drängten sich in der Küche und im Zimmer daneben lärmende fremde Menschen, die Polizei kommandierte herum, und ein Mann, der aussah wie ein Diakon, machte irgendwelche Notizen; er fragte, quäkend wie eine Ente: »Was? Was?«

Die Großmutter bewirtete in der Küche alle mit Tee, am Tisch saß ein rundlicher Mann, pockennarbig, mit starkem Schnurrbart, und erzählte mit knarrender Stimme: »Sein richtiger Name ist nicht bekannt, aber es ist ermittelt worden, daß er aus Jelatma stammt. Der Stumme aber ist gar nicht stumm und hat alles gestanden. Und auch der dritte hat gestanden, es gibt da nämlich noch einen dritten. Die Kirchen berauben sie schon seit langem, es ist ihr eigentliches Gewerbe ...«

»O Gott«, seufzte die rote, schwitzende Petrowna.

Ich lag auf dem Ofen und blickte hinunter, und alle Menschen erschienen mir kurz, dick und schrecklich ...

X

Eines Sonnabends ging ich am frühen Morgen in Petrownas Gemüsegarten, um Gimpel zu fangen. Ich blieb lange dabei, aber die rotbrüstigen, wichtigtuerischen Vögel gingen mir nicht ins Garn. Sie neckten mich mit ihrer Schönheit, stolzierten spaßig auf dem silbergeschmiedeten Harsch umher, flogen zu den mit wärmendem Reif bekleideten Zweigen der Sträucher auf, wiegten sich auf ihnen wie lebende Blumen und ließen bläuliche Schneefunken heruntersprühen. Das war so schön, daß das Mißlingen der Jagd mich nicht betrübte. Ich war kein allzu leidenschaftlicher Jäger, der Hergang an sich reizte mich mehr als das

Ergebnis. Ich liebte es, zu beobachten, wie die Piepmätze lebten, und über sie nachzudenken.

Es tut gut, allein am Rande eines Schneefelds zu sitzen und zu lauschen, wie in der kristallenen Stille eines frostigen Tags die Vögel zwitschern, während irgendwo fern das Glöckchen eines vorüberziehenden Dreigespanns verklingt, diese schwermütige Lerche des russischen Winters ...

Zitternd vor Kälte, fühlte ich schließlich, daß mir die Ohren erfroren, ich holte meine Fallen und Käfige zusammen, kletterte über den Zaun in Großvaters Garten und ging zum Haus – das Tor zur Straße stand offen, ein hünenhafter Mann führte ein Dreigespann vom Hof, das vor einen großen geschlossenen Schlitten gespannt war, von den Pferden stieg dichter Dampf auf, während der Mann fröhlich vor sich hin pfiff – mir krampfte sich das Herz zusammen.

»Wen hast du hergebracht?«

Er wandte sich um, sah mich an, die Hand über den Augen, sprang auf den Bock und sagte: »Einen Popen!«

Nun, das betraf mich nicht; wenn es ein Pope war, dann kam er sicherlich zu unseren Mietern.

»He, meine Hühnchen!« rief der Mann, pfiff, nahm die Zügel auf und durchdrang mit seiner Fröhlichkeit die Stille. Die Pferde zogen einmütig an und jagten aufs Feld hinaus, ich sah ihnen nach und schloß das Tor, als ich dann aber in die leere Küche kam, erklang im Zimmer nebenan die laute Stimme meiner Mutter; deutlich hörte ich sie sagen: »Was nun – muß ich jetzt hingerichtet werden?«

Ohne mich auszuziehen, warf ich die Käfige hin, sprang auf den Flur hinaus und prallte mit dem Großvater zusammen. Er packte mich an der Schulter, sah mir mit wilden Augen ins Gesicht, würgte mit Mühe etwas hinunter und sagte heiser: »Deine Mutter ist gekommen, geh hinein! Oder warte mal ...« Er gab mir einen solchen Ruck, daß ich fast hingefallen wäre, und stieß mich auf die Zimmertür zu. »Na, geh schon ...«

Ich prallte gegen die Filz- und Wachstuchverkleidung der Tür, tastete mit vor Kälte und Aufregung zitternden Händen über sie hin, konnte lange die Klinke nicht finden, machte schließlich leise auf und blieb geblendet auf der Schwelle stehen.

»Da ist er ja«, sagte die Mutter. »Herrgott, wie groß du bist! Du kennst mich wohl nicht wieder? Wie ziehen Sie ihn nur an, ich bitte Sie ... Aber er hat ja ganz weiße Ohren! Mama, rasch, geben Sie mir etwas Gänseschmalz ...«

Sie stand in der Mitte des Zimmers, beugte sich zu mir vor, zog mich aus und drehte mich hin und her wie einen Ball. Ihr großer Körper war in ein warmes, weiches rotes Kleid gehüllt, das, weit wie ein Bauernmantel, mit großen schwarzen Knöpfen zugeknöpft wurde – sie zogen sich von der Schulter schräg abwärts zum Saum. Noch nie hatte ich ein solches Kleid gesehen.

Ihr Gesicht erschien mir kleiner als früher, kleiner und weißer, die Augen dagegen waren größer und tiefer, das Haar goldener geworden. Während sie mich auszog und die Kleidungsstücke neben die Schwelle warf, waren ihre himbeerroten Lippen verächtlich geschürzt, und ihre Stimme klang wie ein Kommando: »Warum sagst du nichts? Freust du dich? Pfui, was für ein schmutziges Hemd du anhast ...«

Später rieb sie meine Ohren mit Gänseschmalz ein. Es tat weh, aber sie strömte einen angenehmen und erfrischenden Geruch aus, und das milderte den Schmerz. Ich schmiegte mich an sie an, haschte, stumm vor Aufregung, nach ihren Blicken und hörte durch ihre Worte hindurch die Großmutter mit leiser, unfroher Stimme sagen: »Ein Dickschädel ist er, kein Fertigwerden mit ihm, nicht einmal vor dem Großvater hat er Angst ... Ach, Warja, Warja ...«

»So jammern Sie nicht, Mama, es wird schon werden!«

Verglichen mit meiner Mutter, erschien mir alles ringsum klein, alt und kümmerlich, auch ich kam mir so alt wie der Großvater vor. Sie drückte mich zwischen den festen Knien, strich mir mit schwerer, warmer Hand die Haare glatt und sagte: »Die Haare lassen wir kürzer schneiden. Es wird auch Zeit, daß du zur Schule kommst. Hast du denn Lust zum Lernen?«

»Ich habe schon alles gelernt.«

»Du wirst noch ein bißchen zulernen müssen. Nein, wie kräftig du bist!«

Und sie lachte ihr dunkles, herzerwärmendes Lachen und spielte mit mir herum.

Dann trat Großvater ein, grau, widerborstig, mit geröteten

Augen. Sie schob mich mit einer Handbewegung beiseite und fragte mit lauter Stimme: »Nun, Vater, was ist? Muß ich fort?«

Er blieb am Fenster stehen, kratzte mit dem Fingernagel auf dem Eis der Fensterscheibe herum und sagte lange kein Wort. Alles ringsum spannte sich an und wurde unheimlich, und wie immer in solchen Augenblicken wuchsen mir überall am Körper Augen und Ohren. Die Brust war sonderbar geweitet, ich hatte den Wunsch, aufzuschreien.

»Lexej, geh hinaus«, sagte mit dumpfer Stimme der Großvater.

»Warum?« fragte die Mutter und zog mich aufs neue an sich. »Du bleibst, du fährst nirgendwo hin, ich verbiete es dir ...«

Die Mutter erhob sich, glitt durch das Zimmer wie eine Abendwolke und blieb hinter dem Großvater stehen.

»Vater, hören Sie zu ...«

Er wandte sich zu ihr um und kreischte: »Schweig!«

»Nun, anschreien lasse ich mich von Ihnen nicht«, sagte leise die Mutter.

Die Großmutter erhob sich vom Sofa und drohte ihr mit dem Finger: »Warwara!«

Der Großvater aber setzte sich auf einen Stuhl und murmelte: »Wartet mal! Wer bin ich? Was soll denn das?«

Und plötzlich brüllte er mit einer völlig fremden Stimme los: »Du hast mir Schande angetan, Warkaaa! ...«

»Geh hinaus«, befahl mir die Großmutter. Ich ging bedrückt in die Küche, kletterte auf den Ofen und hörte noch lange, wie draußen, hinter der Wand, alle auf einmal sprachen und sich gegenseitig ins Wort fielen oder auch schwiegen, als wären sie plötzlich eingeschlafen ... Sie sprachen von einem Kind, das die Mutter geboren und irgendwem übergeben hatte, es war jedoch nicht zu verstehen, worüber sich der Großvater eigentlich ärgerte: darüber, daß Mutter geboren hatte, ohne ihn zuvor um Erlaubnis zu fragen, oder über die Tatsache, daß sie ihm dieses Kind nicht mitgebracht hatte.

Später kam er zerzaust, rot und erschöpft in die Küche, gefolgt von der Großmutter, die sich mit ihrem Jackensaum die Tränen abwischte. Er setzte sich auf die Bank, stützte die Hände auf, sank in sich zusammen, zuckte und biß sich die grauen Lippen. Sie fiel vor ihm auf die Knie und flehte mit leiser, aber leidenschaftlicher Stimme: »Vater, vergib ihr schon, vergib ihr um Christi willen! Schließlich zerbrechen auch noch ganz andere Schlitten! Oder kommt bei der Herrschaft, bei den Kaufleuten so etwas vielleicht nicht vor? So schau sie dir doch an – was für ein Frauenzimmer! Also vergib ihr schon, niemand ist schließlich ohne Sünde ...«

Der Großvater warf sich gegen die Wand zurück, blickte ihr ins Gesicht und brummte, aufschluchzend und mit schiefem Lächeln: »Ja doch, warum nicht gar! Was denn sonst? Wem vergibst du nicht? Du vergibst allen, gewiß doch, ach iiihr ...«

Er neigte sich zu ihr vor, packte sie an den Schultern, schüttelte sie und flüsterte hastig auf sie ein: »Und der Herrgott, nicht wahr, der vergibt einem nichts? Am Rande des Grabes noch holt er sich uns und straft uns; selbst in den letzten Lebenstagen haben wir weder Ruhe noch Freude und werden auch keine mehr haben! Denk an mein Wort – wir enden noch als Bettler, als Bettler!«

Die Großmutter griff nach seinen Händen, setzte sich neben ihn und brach in ein leises, sorgloses Lachen aus.

»Was das schon für ein Unglück wäre! Was ist daran so Schreckliches? Nun gut, dann eben als Bettler? Du wirst schön ruhig zu Hause sitzen, und betteln gehe ich – sei unbesorgt, mir geben sie schon was, wir werden nicht verhungern! So laß doch einfach alles laufen!«

Er setzte plötzlich ein spöttisches Lächeln auf, drehte den Hals wie ein Ziegenbock, faßte die Großmutter um den Nacken und schmiegte sich an sie, klein und zerknittert; er schluchzte: »Ach, Närrin, se-elige Närrin du, du bist der einzige Mensch, der mir noch bleibt! Dir macht alles nichts aus, du verstehst von allem nicht das Geringste! So überleg doch: Haben wir beide nicht redlich geschuftet, hab ich mich nicht um ihretwillen versündigt – ach, wenn mir doch wenigstens jetzt, wenigstens ein klein bißchen ...«

Da hielt auch ich es nicht länger aus, glitt, in Tränen zerfließend, rasch vom Ofen und stürzte zu ihnen. Ich schluchzte vor Freude, weil sie so unerhört lieb miteinander sprachen, aus Kummer um sie und darum, daß meine Mutter gekommen war, auch weil ich gleichberechtigt mit ihnen weinen durfte, weil beide mich herzten, umarmten, mit ihren Tränen benetzten, weil Großvater mir zuflüsterte, die Lippen an meinen Augen, an meinen Ohren: »Ach, kleiner Satan, auch du noch! Nun, nun, jetzt ist deine Mutter gekommen, du gehörst jetzt zu ihr, und dein Großvater, der böse alte Teufel – der ist jetzt abgetan, nicht wahr? Und deine Großmutter, die dich immer verwöhnt und verhätschelt hat – auch sie gibt es nicht mehr? Ach iiihr . . .«

Er schob uns mit ausgebreiteten Armen beiseite, erhob sich und sagte laut und ärgerlich: »Alle wollen fort, alles strebt auseinander – jeder geht seinen eigenen Weg . . . Also ruf sie schon her! Mach schon . . .«

Die Großmutter verließ die Küche, während er mit gesenktem Kopf, das Gesicht zur Ecke gewandt, sagte: »Herrgott, allgütiger, hier – bitte, sieh her!«

Und er schlug sich wuchtig und laut mit der Faust gegen die Brust. Das gefiel mir nicht. Überhaupt gefiel mir nicht, daß er stets mit seinem Herrgott sprach, als ob er sich vor ihm brüste.

Die Mutter kam herein, ihr rotes Kleid ließ die Küche heller erscheinen. Sie saß auf der Bank am Tisch zwischen Großvater und Großmutter – die weiten Ärmel ihres Kleides auf den Schultern der beiden – und erzählte ihnen etwas, ernst und mit leiser Stimme, während sie ihr schweigend und ohne sie zu unterbrechen zuhörten. Sie schienen jetzt beide ganz klein, wie ihre Kinder.

Erschöpft von den Aufregungen, schlief ich auf meiner Hängepritsche fest ein.

Am Abend machten sich die Alten, feiertäglich gekleidet, zum Abendgottesdienst auf. Die Großmutter wies mit einem Augenzwinkern auf den Großvater, der in der Uniform des Zunftvorstehers, mit Waschbärpelz und langen, über die Stiefel fallenden Beinkleidern dastand, und sagte zu meiner Mutter: »Sieh dir den Vater an – adrett wie ein Böckchen!«

Die Mutter lachte vergnügt.

Als ich allein mit ihr im Zimmer zurückblieb, setzte sie sich mit untergeschlagenen Beinen auf das Sofa, klatschte mit der Hand auf den Platz neben sich und sagte: »Komm, setz dich zu mir! Nun, wie lebst du eigentlich – schlecht, nicht wahr?«

Wie lebte ich eigentlich?

»Ich weiß nicht.« – »Der Großvater schlägt dich wohl?« – »Jetzt nicht mehr allzusehr.« – »Nein? Erzähl mir doch was – nun?«

Von Großvater zu sprechen hatte ich keine Lust, und so erzählte ich ihr, daß hier in diesem Zimmer ein äußerst netter Mann gewohnt habe, den aber niemand mochte, so daß der Großvater ihm kündigte. Es war zu merken, daß die Geschichte meiner Mutter nicht gefiel; sie fragte: »Nun, und was sonst?«

Ich erzählte ihr von den drei Jungen, erzählte, wie mich der Oberst von seinem Hof verjagt hatte – sie schloß mich fest in ihre Arme.

»So ein gemeiner Lump . . .«

Und sie schwieg still, kniff die Augen zusammen, blickte zu Boden und wiegte den Kopf hin und her. Ich fragte: »Weshalb war der Großvater böse auf dich?« – »Ich habe ihm etwas abzubitten.« – »Hättest du ihm das Kind doch hergebracht . . .«

Sie prallte zurück, verfinsterte sich, biß sich auf die Lippen. Dann lachte sie auf und drückte mich an sich.

»Du kleines Scheusal! Kein Wort mehr davon, verstanden? Keine Silbe – untersteh dich!«

Sie sprach dann lange weiter, leise, streng, unverständlich, erhob sich und ging auf und ab, wobei sie mit den Fingern gegen das Kinn trommelte und ihre dichten Augenbrauen hochzog.

Auf dem Tisch brannte ein Talglicht. Es tropfte und spiegelte sich in der Leere des Spiegels, schmutzige Schatten krochen über den Fußboden hin, in der Ecke glomm vor den Heiligenbildern ein Lämpchen, und Mondlicht versilberte das vereiste Fenster. Die Mutter glitt mit dem Blick über die kahlen Wände, über die Zimmerdecke, als ob sie nach etwas suche.

»Wann gehst du schlafen?«

»Ein bißchen später.«

»Übrigens hast du ja am Tag geschlafen«, erinnerte sie sich und seufzte. Ich fragte: »Willst du noch fortgehen?«

»Aber wohin denn?« entgegnete sie erstaunt, bog meinen Kopf zu sich herauf und sah mir lange ins Gesicht, so lange, daß mir die Tränen kamen.

»Was hast du?« – »Der Nacken schmerzt mir.«

Mir schmerzte auch das Herz. Ich hatte gleich gefühlt, daß sie in diesem Haus nicht wohnen bleiben, daß sie aus ihm entfliehen werde.

»Du gerätst nach deinem Vater«, sagte sie und warf mit einem Fußtritt die Bodenläufer beiseite.

»Hat Großmutter dir von ihm erzählt?« – »Ja.« – »Sie hat Maxim sehr gern gehabt. Und er sie auch ...« – »Ich weiß.«

Die Mutter sah zur Kerze, legte das Gesicht in Falten und blies die Kerze aus; sie sagte: »So ist es schöner!«

Ja, es war frischer und klarer so, nun flackerten keine dunklen, schmutzigen Schatten mehr, auf den Fußboden senkten sich helle bläuliche Flecke, und an den Fensterscheiben glommen goldene Funken auf.

»Und wo hast du gelebt?«

Sie nannte, als rufe sie sich längst Vergessenes ins Gedächtnis zurück, einige Städte und kreiste immerfort im Zimmer, lautlos wie ein Habicht.

»Und woher hast du dieses Kleid?«

»Das habe ich selber genäht. Ich mache mir alles selber.«

Es war mir angenehm, daß sie so anders war als alle anderen, doch betrübte mich, daß sie so wenig sprach und, wenn man sie nicht fragte, vollends schwieg.

Später setzte sie sich aufs neue zu mir aufs Sofa, und wir saßen schweigend und eng aneinandergeschmiegt da, bis die Alten zurückkamen; sie rochen nach Wachs und Weihrauch und waren feierlich still und freundlich.

Man aß festlich und wohlgesittet zu Abend und sprach bei Tisch nur wenig und äußerst vorsichtig, als fürchtete man, jemandes leisen Schlaf zu stören.

Bald danach begann die Mutter mich energisch in der »weltlichen« Schrift zu unterweisen: Sie kaufte Bücher, und nach einem von ihnen – der »Muttersprache« – eignete ich mir die Weisheit, auch die gewöhnliche, »weltliche« Druckschrift zu lesen, in wenigen Tagen an; doch meine Mutter verlangte nun sogleich, daß ich auch Verse auswendig lerne, und damit begann der Verdruß, den wir uns gegenseitig bereiteten.

Die Verse lauteten:

Du große Straße, du lange, gerade,
Viel Raum verlangst du von Gottes Gnade,
Du bist nicht geglättet mit Axt oder Spaten,
Der Huf scheint durch weichen Staub zu waten.

Ich las »Baum« statt »Raum«, »gerettet«, statt »geglättet«, »reichen« statt »weichen«.

»So denk doch nach«, ermahnte mich die Mutter, »was heißt – viel Baum? Du Scheusal! Raum, verstehst du denn nicht?«

Ich verstand zwar, las aber dennoch »Baum« – und wunderte mich über mich selber.

Sie meinte ärgerlich, ich sei schwer von Begriff und eigensinnig. Es war bitter für mich, das zu hören, ich bemühte mich sehr gewissenhaft, mir die verdammten Verse einzuprägen, und sagte sie für mich auch fehlerfrei her, las ich sie aber laut, dann brachte ich unfehlbar alles durcheinander. Diese nicht festzuhaltenden Zeilen wurden mir schließlich verhaßt, und ich entstellte sie in meiner Wut absichtlich, indem ich gleichlautende Worte aneinanderreihte. Es befriedigte mich sehr, wenn die verhexten Verse jeden Sinn verloren.

Doch dieser Zeitvertreib sollte sich noch rächen: Eines Tages, als meine Mutter mich nach einer gelungenen Unterrichtsstunde fragte, ob ich die Verse nun endlich behalten hätte, murmelte ich gegen meinen Willen:

»Die Straße, die nasse, ach Quark, eine Gasse,
Der Spaten muß waten, gebraten ...«

Ich kam zu spät zur Besinnung: Die Mutter stützte die Hände auf den Tisch, erhob sich und fragte betont deutlich: »Was soll das?«

»Ich weiß nicht«, entgegnete ich und erstarrte vor Schrecken. – »Nein, trotzdem?« – »Das ist – nur so.« – »Was heißt – nur so?« – »Es ist komisch.« – »Geh in die Ecke! Ecke!« – »Warum?«

Sie wiederholte leise, aber drohend: »In die Ecke!« – »In welche?«

Ohne zu antworten, blickte sie mich an, bis ich den Kopf verlor und wirklich nicht mehr wußte, was sie denn von mir wollte.

In der Ikonenecke stand ein rundes Tischchen mit einer Vase voll wohlriechender trockener Gräser und Blumen, in der anderen vorderen Ecke eine Truhe, über die ein Teppich gebreitet war, die hintere Ecke nahm das Bett ein, und eine vierte war nicht vorhanden – der Türpfosten befand sich unmittelbar neben der Wand.

»Ich weiß nicht, was du von mir willst«, sagte ich, außerstande, sie zu verstehen.

Sie ließ sich nieder und rieb sich schweigend Stirn und Wangen. Dann fragte sie: »Hat dich der Großvater nie in die Ecke gestellt?«

»Wann?«

»Überhaupt, irgendwann!« rief sie aus und schlug zweimal mit der flachen Hand auf den Tisch.

»Nein. Ich kann mich nicht erinnern.« – »Weißt du, daß es eine Strafe ist, in der Ecke zu stehen?« – »Nein. Wieso – eine Strafe?«

Sie seufzte.

»Puh! Komm einmal her!«

Ich trat auf sie zu und fragte: »Warum schreist du mich an?« – »Und warum verdrehst du absichtlich die Verse?«

Ich erklärte ihr, so gut ich konnte, daß ich, wenn ich die Augen schloß, die Verse sehr wohl wüßte, daß mir indessen, wenn ich sie aufsagen solle, ganz andere Wörter auf die Zunge kämen.

»Verstellst du dich auch nicht?«

Ich sagte – »nein«, fragte mich jedoch im gleichen Augenblick: Verstellst du dich vielleicht doch? Und plötzlich sagte ich langsam die Verse völlig richtig her; das setzte mich selber in Erstaunen und zerschmetterte mich.

Mir war plötzlich, als schwelle mein Gesicht an, meine Ohren wurden rot und schwer, im Kopf brauste es. Brennend vor Scham stand ich vor der Mutter und sah durch Tränen, wie ihr Gesicht sich verdunkelte, wie sie die Brauen zusammenzog und die Lippen aufeinanderpreßte.

»Wie ist das möglich?« fragte sie mit fremder Stimme. »Dann hast du dich also doch verstellt?«

»Ich weiß nicht. Ich habe es nicht gewollt . . .«

»Man hat es schwer mit dir«, sagte sie und senkte den Kopf. »Geh jetzt!«

Sie verlangte, daß ich immer mehr Verse auswendig lernte, doch mein Gedächtnis nahm die gleichmäßigen, glatten Zeilen immer schlechter auf, und immer stärker, immer hartnäckiger wurde mein unüberwindliches Verlangen, die Verse umzumodeln, andere Wörter für sie zu setzen. Das gelang mir ziemlich leicht – scharenweise stellten sich unnütze Wörter ein, die das Verbindliche, Schriftsprachliche rasch verwischten. Häufig entschwand mir eine ganze Zeile, und so ehrlich ich mich auch bemühte, sie wieder zu erhaschen, sie blieb meinem inneren Blick verschlossen. Viel Kummer brachte mir das rührselige Gedicht – wenn ich nicht irre, des Fürsten Wjasemskij – ein:

An den Abenden wie auch bei Tage
Stehn viel Witwen und Waisen und Greise,
Flehn, zu helfen auf christliche Weise ...

Die dritte Zeile:

Vor den Fenstern mit bitterer Klage

ließ ich jedesmal aus. Meine Mutter, die das empörte, erzählte dem Großvater von meinen Heldentaten. Er sagte finster: »Dummheiten! Er hat ein gutes Gedächtnis: Er weiß die Gebete besser als ich. Er schwindelt, sein Gedächtnis ist wie aus Stein, was darin eingemeißelt ist, das sitzt auch! Verdrisch ihn einfach!«

Auch die Großmutter belastete mich: »Märchen behält er, Lieder auch, und sind denn Lieder nicht dasselbe wie Verse?«

Alles das stimmte, ich fühlte mich auch schuldig, sobald ich mich aber hinsetzte, um Verse zu lernen, stellten sich ganz von selbst irgendwelche anderen Wörter ein; sie kamen angekrochen wie Küchenschaben und fügten sich ihrerseits zu Versen.

Flehen da vor unsrem Tor
Viele Bettelleut im Chor,
Flehn um Brot mit vielen Klagen,
Wollen's zur Petrowna tragen,
Für die Kuh es ihr verkaufen,
In der Schlucht das Geld versaufen.

Wenn ich nachts mit der Großmutter auf dem Ofen lag, wiederholte ich bis zum Überdruß alles, was ich aus den Büchern behalten und was ich selber erfunden hatte, manchmal lachte sie darüber, aber meistens wusch sie mir tüchtig den Kopf.

»Da haben wir's – du weißt es, du kannst es! Über die Bettler aber sollte man sich nicht lustig machen, Gott steh ihnen bei! Christus selbst war ein Bettler und alle Heiligen auch ...«

Ich murmelte:

»Ich mag keine Bettler,
Auch Großvater hab ich nicht lieb,
Was kann ich schon dazu sagen?
Ach, Herrgott vergib!
Großvater sucht nur nach einem Vorwand,
Um mich zu schlagen ...«

»Was redest du da, die Zunge soll dir verdorren!« schalt die Großmutter ärgerlich. »Und wenn nun der Großvater von deinen Worten erfährt?«

»Soll er doch!«

»Mach nicht soviel Dummheiten und ärgere deine Mutter nicht so! Sie hat es ohnehin nicht sehr gut«, ermahnte mich freundlich und gedankenvoll die Großmutter.

»Wieso hat sie es denn nicht gut?« – »Halt den Mund! Davon verstehst du nichts ...« – »Ich weiß, es ist der Großvater, nur er ...« – »Halt den Mund, habe ich dir gesagt!«

Ich quälte mich, ich hatte ein Gefühl, das der Verzweiflung nahekam, wollte es aus irgendeinem Grunde jedoch verheimlichen, machte mich stark und vollführte allerlei Streiche. Der Unterricht, den meine Mutter mir erteilte, wurde immer umfassender und schwerer verständlich, die Arithmetik bewältigte ich zwar leicht, aber das Schreiben haßte ich, und die Grammatik verstand ich schon ganz und gar nicht. Am meisten bedrückte mich indessen, daß ich sah und fühlte, wie schwer es der Mutter fiel, in Großvaters Hause zu leben. Sie verdüsterte sich immer mehr, sah alle befremdet an, saß lange schweigend an ihrem Fenster zum Garten und welkte ganz dahin. In den ersten Tagen nach ihrer Ankunft war sie frisch und beweglich gewesen, während sich jetzt dunkle Schatten um ihre Augen legten – sie ging tagelang ungekämmt umher, in einem zerknitterten Kleid, in einer Jacke, die sie nicht zuknöpfte – das alles entstellte sie und kränkte mich:

Sie sollte immer schön sein, streng, sauber gekleidet – besser als alle anderen!

Sie starrte während des Unterrichts aus eingefallenen Augen über mich hin zur Wand oder zum Fenster, fragte mit müder Stimme, vergaß die Antworten, ärgerte sich immer häufiger und schrie mich immer öfter an – auch das war kränkend: Eine Mutter mußte gerecht sein, gerechter als alle anderen – wie in den Märchen.

Manchmal fragte ich sie: »Fühlst du dich bei uns nicht wohl?«

Und sie gab ärgerlich zur Antwort: »Kümmere dich um deine Angelegenheiten!«

Ich sah auch, daß Großvater etwas vorbereitete, was Großmutter und Mutter schreckte. Er schloß sich oft mit Mutter in ihrem Zimmer ein und plärrte oder winselte dort wie die unangenehme Flöte des schiefhüftigen Hirten Nikanor. Während eines dieser Gespräche schrie die Mutter, daß es im ganzen Hause hallte: »Das mache ich nicht mit, nein, nie und nimmer!«

Und krachend fiel die Tür ins Schloß, während der Großvater aufheulte.

Es war am Abend. Die Großmutter saß in der Küche am Tisch, nähte an einem Hemd für den Großvater und flüsterte etwas vor sich hin. Als die Tür zufiel, horchte sie auf und sagte: »Jetzt ist sie zu den Mietern gegangen, o Gott!«

Plötzlich kam der Großvater in die Küche gestürzt, lief auf die Großmutter zu, schlug sie auf den Kopf, schlenkerte mit der schmerzenden Hand und zischte: »Schwatz nicht, was du nicht sollst, du Hexe!«

»Alter Narr!« sagte die Großmutter gelassen und rückte das verschobene Käppchen zurecht. »Ich soll den Mund halten? Warum nicht gar! Alles werde ich ihr sagen, was ich von deinen Einfällen weiß ...«

Er stürzte auf sie zu und schlug sie mehrmals mit seinen Fäusten auf den großen Kopf; ohne sich zu verteidigen, ohne ihn fortzustoßen, sagte sie: »So schlag doch zu, du armer Narr! Na los, schlag zu!«

Ich warf von der Hängepritsche hinunter mit Kissen, Decken und Stiefeln nach ihnen, aber der außer sich geratene Großvater bemerkte es nicht. Die Großmutter war zu Boden gesunken, er trat mit den Füßen nach ihrem Kopf, stolperte schließlich und fiel hin. Er riß dabei den Wassereimer um, sprang spuckend und prustend auf, sah sich wild um und lief in seine Dachkammer davon. Die Großmutter richtete sich stöhnend auf, setzte sich auf die Bank und machte sich daran, ihr völlig verwirrtes Haar zu ordnen. Ich glitt von der Hängepritsche, sie fuhr mich ärgerlich an: »Such die Kissen und alles andere zusammen und pack es auf den Ofen! Was dir aber auch einfällt – mit Kissen zu werfen! Was geht dich das alles an? Aber auch er, der alte Satan, war schön in Fahrt – so ein Narr!«

Plötzlich stöhnte sie auf, verzog das Gesicht, neigte den Kopf und rief mich zu sich: »Sieh doch mal nach, was da so weh tut!«

Ich schob die Flut der Haare auseinander – es stellte sich heraus, daß eine Haarnadel tief unter ihre Haut gedrungen war. Ich zog sie heraus, fand eine zweite, dann versagten mir die Finger.

»Ich hole lieber die Mutter, ich fürchte mich!«

Sie winkte ab.

»Was fällt dir ein? Ich werde dir helfen! Ich danke Gott, daß sie nichts gehört und gesehen hat, und du kommst mir damit! Troll dich!«

Und sie begann mit ihren flinken Klöpplerinnenfingern in ihrer dichten schwarzen Mähne herumzuwühlen. Ich nahm mich zusammen und half ihr, zwei weitere dicke, verbogene Haarnadeln herauszuziehen.

»Tut es nicht weh?« – »Macht nichts, ich heize morgen das Badehaus ein und wasch mich – wird schon vergehen.«

Dann bat sie mich mit schmeichelnder Stimme: »Sag aber deiner Mutter nicht, daß er mich so geschlagen hat, mein Herzchen, hörst du? Sie sind sich ohnehin böse genug! du wirst es ihr nicht sagen, nein?«

»Nein.«

»Aber vergiß es nicht! Komm, bringen wir alles wieder in Ordnung! Und mein Gesicht hat doch nichts abbekommen? Nun gut, dann merkt's ja niemand . . .«

Sie machte sich daran, den Fußboden aufzuwischen, während ich aus vollstem Herzen zu ihr sagte: »Du bist wie eine Heilige, sie quälen und quälen dich, und dir macht das alles nichts aus!«

»Was redest du da für einen Unsinn? Ich – eine Heilige ... Da hast du die Richtige gefunden!«

Sie schalt noch eine ganze Weile weiter, während sie auf allen vieren herumkroch; ich saß auf dem Ofentritt und überlegte, wie ich mich für sie an Großvater rächen könnte.

Es war das erstemal, daß er die Großmutter vor meinen Augen so grausam und gemein geschlagen hatte. Ich sah sein rotes Gesicht im Dämmerschein vor mir flammen, sah seine roten Haare wehen: In meinem Herzen kochte und brannte die Kränkung, ich ärgerte mich, daß ich nicht auf die rechte Rache verfiel.

Zwei Tage später jedoch, als ich in seine Dachstube kam, sah ich ihn vor einem geöffneten Kasten auf dem Fußboden sitzen und Papiere ordnen. Auf einem Stuhl lag sein geliebter Heiligenkalender – zwölf Monatsblätter aus dickem grauem Papier, jeweils der Zahl der Tage nach in Quadrate aufgeteilt, und in jedem Quadrat die kleinen Figürchen der Heiligen, die am betreffenden Tag zu verehren waren. Der Großvater hielt diesen Heiligenkalender sehr wert und erlaubte mir nur in den seltenen Fällen, da er aus irgendeinem Grunde mit mir besonders zufrieden war, sie anzusehen, ich betrachtete die lieben, eng aneinandergereihten grauen Figürchen immer mit einem eigenen Gefühl. Ich kannte das Leben mancher Heiliger – so das Leben des Kririk und Ulitas, der Großmärtyrerin Warwara, Pantelejmons und vieler anderer, besonders aber gefielen mir die traurige Legende sowie die schönen Verse vom Gottesknecht Alexej: Großmutter sprach sie mir oft und mit viel Rührung vor. Da sah man sich manchmal Hunderte von diesen Leuten an und fühlte sich im stillen getröstet – es hatte immer Märtyrer gegeben.

Jetzt allerdings faßte ich den Entschluß, den Heiligenkalender in Stücke zu schneiden, ergriff, als der Großvater sich zum Fenster wandte, um ein blaues, mit Adlerwappen geschmücktes Papier zu lesen, einige der Blätter, lief rasch nach unten, stibitzte aus Großmutters Tisch eine Schere, kletterte auf die Hängepritsche und machte mich daran, den Heiligen die Köpfe abzutrennen. Nachdem ich mit der ersten Reihe fertig war, tat es mir um den Heiligenkalender plötzlich leid. Ich schnitt nur noch die Linien entlang, die die Quadrate abteilten, aber ich kam nicht mehr dazu, auch nur die zweite Reihe zu zerschnipseln – Großvater trat ein, stellte sich auf den Ofentritt und fragte: »Wer hat dir erlaubt, den Heiligenkalender zu nehmen?«

Als er die auf den Brettern verstreuten Papierquadrate erblickte, raffte er einige zusammen, führte sie ans Gesicht, warf sie fort und ergriff andere. Sein Unterkiefer stand schief, der Bart zitterte, er atmete so heftig, daß die Blättchen zu Boden flatterten.

»Was hast du getan?« fuhr er mich schließlich an und riß mich am Bein auf sich zu. Ich wirbelte durch die Luft, überschlug mich, die Großmutter fing mich in ihren Armen auf, und der Großvater schlug mit den Fäusten auf uns ein – auf sie, auf mich – und kreischte: »Ich bring ihn uuum!«

Die Mutter erschien, drängte mich in die Ofenecke und baute sich schützend vor mir auf. Der Großvater fuchtelte mit den Fäusten vor ihrem Gesicht herum, aber sie fing sie ab oder stieß sie zurück und redete auf ihn ein: »Wie ist das alles abscheulich! So kommen Sie zu sich!«

Der Großvater warf sich auf die Fensterbank und jammerte:

»Man bringt mich um! Alle, alle sind gegen mich, aaah ...«

»Schämen Sie sich denn nicht?« hörte ich die Mutter mit dumpfer Stimme sagen. »Warum verstellen Sie sich in einem fort?«

Großvater schrie, trommelte mit den Füßen auf der Bank herum, sein Bart ragte komisch zur Decke, während die Augen fest geschlossen waren. Auch mir schien, daß er sich vor Mutter schämte, daß er sich tatsächlich verstellte und ebendarum die Augen geschlossen hielt.

»Ich ziehe Ihnen die Stücke auf Kaliko auf, es wird noch besser, noch haltbarer sein als früher«, sagte die Mutter, während sie sich die Schnipsel und die noch heilen Blätter ansah. »Schauen Sie her – alles war schon zerknittert, hat schlecht gelegen, droht auseinanderzufallen ...«

Sie sprach mit ihm, wie sie mit mir zu sprechen pflegte, wenn ich während des Unterrichts etwas nicht recht verstand, und Großvater stand plötzlich auf, strich sachlich Hemd und Weste glatt, räusperte sich und sagte: »Zieh sie noch heute auf! Ich werde dir gleich die anderen Blätter herunterbringen ...«

Er ging zur Tür, drehte sich an der Schwelle noch einmal um und wies mit krummem Finger auf mich.

»Und der muß Dresche kriegen!«

»Das müßte er«, pflichtete die Mutter ihm bei und beugte sich zu mir vor. »Warum hast du es getan?«

»Mit Absicht! Er soll die Großmutter nicht schlagen, sonst scher ich ihm noch den Bart ab ...«

Großmutter, die sich ihre zerrissene Jacke auszog, schüttelte den Kopf und sagte vorwurfsvoll: »So hältst du dein Versprechen – zu schweigen!«

Sie spie auf den Fußboden.

»Die Zunge soll dir anschwellen, daß du sie nicht wenden und nicht bewegen kannst!«

Die Mutter sah sie an, durchmaß die Küche und trat aufs neue auf mich zu.

»Wann hat er sie geschlagen?«

»Und du, Warwara, solltest dich schämen, ihn danach auszufragen! Geht dich das etwas an?« wandte die Großmutter ärgerlich ein.

Die Mutter umarmte sie.

»Ach, Mama, Sie meine liebe, gute ...« – »Hat sich was – Mama! Geh mal beiseite ...«

Sie sahen sich an, schwiegen still und traten rasch auseinander: Im Flur stapfte der Großvater.

Gleich in den ersten Tagen nach ihrer Ankunft hatte sich Mutter mit der lustigen Mieterin, der Offiziersfrau, angefreundet und ging fast jeden Abend zu ihr ins Vorderhaus hinüber, wo sich auch Leute aus dem Betlengschen Hause einfanden – hübsche Damen und Offiziere. Dem Großvater gefiel das nicht, er drohte, während er in der Küche beim Abendbrot saß, wiederholt mit dem Löffel und schalt: »Haben sich wieder versammelt, die Verdammten! Jetzt lassen sie einen nicht vor dem Morgen einschlafen.«

Es dauerte nicht lange, und er ersuchte die Mieter, die Wohnung zu räumen, ließ, nachdem sie ausgezogen waren, irgendwoher zwei Fuhren mit allerlei Möbeln kommen, verteilte sie in den Vorderzimmern und verschloß alles mit einem großen Hängeschloß. »Wir brauchen nicht zu vermieten, ich werde selber Gäste bei mir empfangen!«

Und so erschienen denn feiertags die Gäste: Da kam Großmutters Schwester Matrjona Iwanowna, eine starknasige, ein wenig aufdringliche Wäscherin, in einem gestreiften Seidenkleid und golden schillerndem Häubchen, und mit ihr die Söhne – der Zeichner Wassilij, langhaarig, gutmütig, vergnügt, völlig in Grau gekleidet, und der bunt aufgeputzte Wiktor, mit schmalem Pferdegesicht und überspritzt mit Sommersprossen. Er krähte schon im Flur, während er seine Überschuhe auszog, wie ein Hampelmann: »Andrej-Papa, Andrej-Papa . . .«

Das verwunderte und erschreckte mich sehr.

Dann kam Onkel Jakow mit seiner Gitarre und brachte einen einäugigen, glatzköpfigen Uhrmachermeister mit, der einen langen schwarzen Rock trug, sehr still war und an einen Mönch erinnerte. Er setzte sich stets in eine Ecke, neigte den Kopf zur Seite und lächelte, wobei er den Kopf auf seltsame Weise stützte. Er stemmte einen Finger in sein gespaltenes rasiertes Kinn. Er wirkte dunkel, undurchsichtig, sein einziges Auge blickte eigentümlich starr; er sprach nur wenig und wiederholte häufig ein und dieselben Worte: »Bemühen Sie sich nicht, es bleibt sich, bitte, gleich . . .«

Als ich ihn zum erstenmal erblickte, fiel mir plötzlich ein, wie eines Tages vor langer Zeit, als wir noch in der Nowaja-Straße wohnten, draußen vor dem Tor laut und beunruhigend Trommelwirbel erklangen und auf dem Wege vom Gefängnis zum Platz ein hoher, schwarzer, von Volk und Soldaten umringter Pferdekarren durch die Straße fuhr, in dem – auf einer Bank – ein kleiner, in Ketten geschlossener Mann hockte, der eine runde Tuchmütze trug. Auf seiner Brust hing eine schwarze Tafel mit einer weißen Inschrift in großen Buchstaben. Der Mann neigte den Kopf, als läse er, was da geschrieben stand, schaukelte hin und her und klirrte mit den Ketten. Und als die Mutter zum Uhrmachermeister sagte: »Das ist mein Sohn«, trat ich erschrocken vor ihm zurück und verbarg meine Hände.

»Bemühen Sie sich nicht«, entgegnete er, wobei sich sein ganzer Mund erschreckend zum rechten Ohr verschob, faßte mich um die Hüften, zog mich an sich, drehte mich rasch und gewandt herum und ließ mich wieder los, nicht ohne beifällig zu äußern: »Nicht übel, der Junge ist kräftig ...«

Ich zog mich in eine Ecke zurück, in einen Ledersessel, der so groß war, daß man sich in ihm ausstrecken konnte – Großvater, der ständig mit ihm prahlte, nannte ihn den Sessel des Fürsten Grusinskij –, ich zog mich also in diesen Sessel zurück und sah mir an, wie langweilig sich die Erwachsenen vergnügten, auf welche seltsame und verdächtige Art sich das Gesicht des Uhrmachers veränderte. Es war ölig, ja flüssig, zerging, schmolz dahin; wenn er lächelte, hingen die dicken Lippen auf seine rechte Wange herab, und auch die kleine Nase rutschte umher gleich einem Fleischkloß auf einem Teller. Seltsam beweglich wirkten die großen abstehenden Ohren, die sich zusammen mit der Braue des einzigen sehenden Auges hoben oder auf die Backenknochen zustrebten – es schien, er könnte sie, wenn er nur wollte, gleich Händen über die Nase decken. Gelegentlich seufzte er, streckte die dunkle, keulenförmige Zunge heraus und fuhr sich mit ihr, geschickt einen richtigen Kreis beschreibend, über die dicken, öligen Lippen. Alles das wirkte nicht komisch, sondern höchstens befremdlich und nötigte mich, ihn ununterbrochen zu beobachten.

Sie tranken Tee mit Rum – er roch nach gebrannten Zwiebelstengeln. Sie tranken Großmutters Fruchtliköre, einen, der dunkel war wie Teer, einen goldgelben und einen grünen; sie aßen frisch erhitzte, gesäuerte Milch und leckere, in Butter gebakkene Honigplätzchen mit Mohn, schwitzten, prusteten und ergingen sich in Lobeshymnen auf die Großmutter. Nachdem sie sich satt gegessen hatten, verteilten sie sich, rot und gedunsen, würdevoll auf die herumstehenden Stühle und redeten Onkel Jakow träge zu, ihnen doch etwas vorzuspielen.

Er neigte sich über die Gitarre, klimperte auf ihr herum und sang mit aufdringlicher, unangenehmer Stimme:

»Hach, wir feiern, wie wir's kennen,
Soll die ganze Stadt doch flennen –
Unsrer Herrin in Kasan
Haben wir's erzählt – wohlan ...«

Ich fand, daß es ein sehr trauriges Lied sei, und Großmutter bat: »Du solltest uns etwas anderes vorspielen, Jascha, ein richtiges Lied, ja? Weißt du noch, Motrja, was man früher für Lieder sang?«

Die Wäscherin strich ihr raschelndes Kleid zurecht und äußerte belehrend: »Heute, meine Teuerste, herrscht eine andere Mode . . .«

Der Onkel blinzelte Großmutter aus zusammengekniffenen Augen an, als säße sie sehr weit von ihm ab, und fuhr hartnäckig mit seinen unfrohen Klängen und aufdringlichen Worten fort.

Der Großvater unterhielt sich geheimnisvoll mit dem Uhrmachermeister und machte ihm irgendwelche Zeichen mit den Fingern, während der Uhrmachermeister zur Mutter hinsah und nickte – sein schwammiges, ja flüssiges Gesicht veränderte sich ungreifbar rasch.

Die Mutter saß stets zwischen den Sergejews und unterhielt sich leise und ernst mit Wassilij; er seufzte und wiederholte immer wieder: »Jaaa, darüber sollte man nachdenken . . .«

Wiktor dagegen lächelte sein sattes Lächeln, scharrte mit den Füßen und stimmte plötzlich mit piepsiger Stimme an: »Andrej-Papa, Andrej-Papa . . .«

Alle verstummten und sahen ihn verwundert an, während die Wäscherin wichtigtuerisch erklärte: »Das hat er nämlich aus dem Tiater, so singen sie dort . . .«

Es fanden zwei oder drei dieser denkwürdigen Abende statt – denkwürdig durch ihre niederdrückende Langeweile –, danach erschien der Uhrmachermeister an einem Sonntag gleich nach dem Hochamt. Ich saß bei meiner Mutter im Zimmer und half ihr Glasperlen von einer zerrissenen Stickerei abtrennen, als unerwartet und rasch die Tür aufging, Großmutters erschrockenes Gesicht hereinsah und gleich wieder verschwand; sie hatte nur laut geflüstert: »Warja – er ist da!«

Die Mutter rührte sich nicht, zuckte mit keiner Wimper, während die Tür aufs neue geöffnet wurde, Großvater auf der Schwelle erschien und feierlich sagte: »Zieh dich an, Warwara, und geh!«

Ohne sich zu erheben, ohne ihn anzusehen, fragte die Mutter: »Wohin?«

»Geh – mit Gott! Widersprich nicht! Er ist ein ruhiger Mann, in seinem Fach ein Meister, ein guter Vater für Lexej . . .«

Der Großvater sprach ungewöhnlich ernst und strich sich in einem fort über die Hüften. Seine zurückgebogenen Ellenbogen zuckten, als wollten sich seine Arme gegen seinen Willen vorstrecken.

Gelassen unterbrach ihn die Mutter: »Ich hab Ihnen gesagt, daraus wird nichts . . .«

Der Großvater machte einen Schritt auf sie zu, streckte die Arme vor wie ein Blinder, beugte sich vor und keuchte aufgebracht und heiser: »Komm! Oder ich schleif dich hin! An den Zöpfen . . .«

»Sie schleifen mich hin?« fragte die Mutter und erhob sich. Ihr Gesicht war bleich, die Augen hatten sich unheimlich verengt, sie riß sich mit einigen raschen Griffen die Jacke und den Rock herunter und trat im bloßen Hemd auf den Großvater zu. »So, schleifen Sie mich hin!«

Er bleckte die Zähne, drohte ihr mit der Faust.

»Warwara, zieh dich an!«

Die Mutter schob ihn beiseite und griff nach der Türklinke.

»Nun – kommen Sie!«

»Ich werde dich verfluchen«, murmelte der Großvater.

»Ich habe keine Angst. Nun?«

Sie öffnete die Tür, aber der Großvater faßte den Saum ihres Hemdes, sank auf die Knie und flüsterte: »Warwara, du Teufel, du richtest dich zugrunde! Mach mir keine Schande . . .«

Und leise und kläglich wimmerte er: »Mutter, Mutter!«

Die Großmutter hatte sich der Mutter schon in den Weg gestellt, scheuchte sie wie ein Huhn zurück ins Zimmer und brummte zwischen den Zähnen: »Warka, du dumme Göre, was fällt dir ein? Geh, Schamlose!«

Sie drängte sie ins Zimmer, hakte die Tür zu, beugte sich nieder zum Großvater und half ihm mit der einen Hand auf, während sie ihm mit der anderen drohte.

»Hu-uh, alter, unverständiger Satan!«

Sie nötigte ihn aufs Sofa, er sackte auf ihm zusammen wie eine Stoffpuppe, sperrte den Mund auf und schlenkerte mit dem Kopf. Großmutter rief der Mutter zu: »Zieh dich an!«

Mutter las die Kleidungsstücke vom Fußboden auf und sagte: »Ich gehe aber nicht zu ihm – haben Sie mich verstanden?«

Die Großmutter stieß mich vom Sofa.

»Lauf, hol eine Kelle Wasser!«

Sie sprach leise, fast stimmlos, ruhig und gebieterisch. Ich lief auf den Flur hinaus, in den Zimmern nach der Straße stampften schwere Schritte, während man Mutter in ihrer Stube laut sagen hörte: »Ich reise morgen ab!«

Ich ging in die Küche und setzte mich wie im Traum ans Fenster.

Der Großvater stöhnte und schluchzte, die Großmutter schalt, dann klappte eine Tür, und eine unheimliche Stille trat ein. Ich besann mich darauf, weshalb man mich hergeschickt hatte, schöpfte die kupferne Kelle voll Wasser und trat auf den Flur hinaus – aus dem Vorderzimmer kam mit gesenktem Kopf der Uhrmachermeister. Er strich mit der Hand über die Pelzmütze und hüstelte. Die Hände vor dem Bauch verneigte sich die Großmutter gegen seinen Rücken und redete ihm behutsam zu: »Die Liebe läßt sich nicht erzwingen – das wissen Sie ja selber.«

Er stolperte über die Hausschwelle die Außentreppe hinab in den Hof, während Großmutter sich bekreuzigte und plötzlich am ganzen Leibe zitterte – ich weiß nicht, ob sie lachte oder lautlos weinte.

»Was hast du?« fragte ich und lief auf sie zu.

Sie riß mir die Schöpfkelle aus der Hand, bespritzte mir die Füße und rief: »Wo kommst du denn mit dem Wasser her? Schließ die Tür!«

Und sie verschwand in Mutters Zimmer, während ich aufs neue in die Küche ging und zuhörte, wie sie nebenan schalten, ächzten und stöhnten, als ob sie Lasten wälzten, die über ihre Kräfte gingen.

Es war ein heiterer Tag. Die winterlichen Sonnenstrahlen fielen schräg durch die vereisten Scheiben der beiden Küchenfenster ein. Auf dem Tisch, der für das Mittagessen gedeckt war, schimmerte mit mattem Glanz das Zinngeschirr und funkelten eine Karaffe mit rotbraunem Kwaß und eine andere mit Großvaters dunkelgrünem, auf Betonien und Johanniskraut abgezogenem Schnaps. Durch die abgetauten Stellen an den Scheiben sah man den blendend weißen Schnee auf den Dächern leuchten, auf Zaunpfählen und Starkästen silberne Häubchen funkeln. In den sonnendurchblitzten Käfigen an den Fensterpfosten hüpften vergnügt meine Vögel: Die fröhlichen zahmen Zeisige zwitscherten, die Gimpel girrten, der Stieglitz schmetterte.

Doch der heitere, silberne, klingende Tag erfreute nicht und war überflüssig wie alles andere. Ich verspürte den Wunsch, die Vögel fliegen zu lassen, und begann, die Käfige von den Haken zu nehmen – in diesem Augenblick stürzte die Großmutter herein. Sie klatschte sich mit den Händen auf die Hüften, lief zum Ofen und schalt: »Ha, die Verdammten, sollen sie platzen! Ach, Akulina, was bist du für eine alte Närrin ...«

Sie nahm die Pirogge aus dem Backofen, klopfte mit dem Finger an die Kruste und spie ärgerlich aus.

»Da – vertrocknet! Das soll aufgewärmt sein! Ach, ihr Teufel, platzen sollt ihr! Was glotzt du mich an, du Eule? Kurz und klein schlagen müßte man euch alle – wie alte Töpfe!«

Sie brach in Weinen aus, drehte die Pirogge gekränkt von einer Seite auf die andere und klopfte die trockene Kruste ab. Dicke, schwere Tränen klatschten auf die Kruste nieder.

Der Großvater und die Mutter kamen in die Küche; Großmutter schleuderte die Pirogge auf den Tisch, daß alle Teller hochsprangen.

»Da, seht nur, was euretwegen passiert ist! Verflixt und zugenäht!«

Die Mutter, heiter und ruhig, umarmte sie und redete ihr zu, sich nicht zu ärgern. Großvater, der müde und zerknittert aussah, setzte sich an den Tisch, band die Serviette um, blinzelte mit verschwollenen Augen in die Sonne und brummte: »Schon recht, macht nichts! Wir haben hier und da auch gute Piroggen gegessen. Der Herrgott ist eben knausrig, er belohnt Jahre der Mühe mit Augenblicken der Freude ... Setz dich doch, Warja ... schon gut!«

Er schien nicht recht bei Verstande zu sein, redete während des ganzen Mittagessens von Gott, vom gottlosen Ahab, vom schweren Los eines Vaters – Großmutter fiel ihm ärgerlich ins Wort: »Iß lieber und red nicht soviel!«

Mutters klare Augen blitzten, sie scherzte.

»Na, warst du sehr erschrocken vorhin?« fragte sie und stieß mich an.

Nein, sehr erschreckt hatte ich mich nicht, nur war mir jetzt alles peinlich und unverständlich.

Sie aßen, wie immer an Feiertagen, ermüdend lange und viel, sie schienen nicht die gleichen Menschen, die sich vor einer halben Stunde angeschrien hatten, bereit, übereinander herzufallen, dieselben, die so geweint und geschluchzt hatten. Es fiel nicht leicht zu glauben, daß sie das alles im Ernst taten und daß das Weinen ihnen schwerfiel. Sowohl ihre Tränen und ihr Geschrei als auch all ihre gegenseitigen Quälereien, die so häufig aufflammten und so rasch erloschen, wurden für mich zu etwas Gewohntem, erregten mich immer weniger, bewegten mein Herz immer schwächer.

Viel später erst wurde mir klar, daß sich die russischen Menschen wegen der Armut und Dürftigkeit ihres Lebens überhaupt gerne an ihrem Kummer ergötzen, wie Kinder mit ihm spielen und sich nur selten ihres Unglücks schämen.

In einer endlosen Reihe von Alltagen ist auch der Kummer ein Fest, auch ein Brand – ein Vergnügen; auf einem leeren Gesicht wirkt selbst ein Kratzer als Schmuck.

XI

Nach dieser Geschichte gewann die Mutter sofort an Spannkraft, richtete sich stolz auf und wurde die Herrin im Hause, während der Großvater kaum noch zu spüren war und nachdenklich und still umherging, sich selber nicht mehr ähnlich.

Er verließ kaum noch das Haus, saß einsam in seiner Dachstube und las in einem geheimnisvollen Buch, das sich »Aufzeichnungen meines Vaters« nannte. Er hielt es unter Verschluß in seinem Kasten, und ich habe mehr als einmal gesehen, daß er die Hände wusch, bevor er es hervorholte. Es handelte sich um einen kleinen, dicken, in rotbraunes Leder gebundenen Band; auf einem bläulichen Blatt vor der Titelseite prangte eine mit ausgeblaßter Tinte geschriebene Widmung in Zierschrift: »Meinem verehrten Wassilij Kaschirin in Dankbarkeit zum herzlichen Gedenken«. Es folgte ein seltsamer Name – er lief in einem Schnörkel aus, der einen fliegenden Vogel darstellte. Der Großvater schlug behutsam den schweren Buchdeckel um, setzte die silbergefaßte Brille auf und fuhr, während er auf die Widmung starrte, lange mit der Nase hin und her, um die Brille zurechtzurücken. Ich erkundigte mich wiederholt, was das denn für ein Buch sei, worauf er jedesmal mit Nachdruck erwiderte: »Das brauchst du nicht zu wissen. Wart ab – wenn ich sterbe, vererb ich es dir. Auch meinen Waschbärpelz sollst du haben.«

Er sprach mit der Mutter jetzt sanfter und weniger, hörte ihr aufmerksam zu, glitzerte mit den Augen wie Onkel Pjotr, winkte ab und brummte: »Schon gut! Mach, was du willst ...«

In seinen Truhen lagen viele seltsame Kleidungsstücke: Damaströcke und Leibjäckchen aus Atlas, silberdurchwirkte seidene Sarafane und perlenbestickter Kopfputz, grellbunte Schultertücher, schwere mordwinische Halsschnüre, Ketten aus farbigen Steinen. Er trug das alles bündelweise in Mutters Zimmer und breitete es auf Tischen und Stühlen aus. Die Mutter bewunderte die schönen Dinge, während er meinte: »In unseren Tagen war alle Kleidung bei weitem schöner und reicher als heute! Die Kleidung war reicher, aber man lebte schlichter, einträchtiger. Die Zeiten sind vorbei und werden nicht wiederkehren. Schon gut, paß dir die Sachen an und putz dich ...«

Eines Tages verschwand die Mutter für kurze Zeit im Nachbarzimmer und kehrte in einem blauen, golddurchwirkten Sarafan, mit einem perlenbestickten Kopfputz geschmückt, von dort zurück. Nach einer tiefen Verbeugung vor dem Großvater fragte sie ihn: »Ist's Ihnen so recht, Herr Vater?«

Der Großvater räusperte sich, er strahlte, ging mit ausgebreiteten Armen um sie herum, bewegte dabei die Finger und murmelte undeutlich, wie im Traum: »Hach, Warwara, hättest du einen Haufen Geld und ordentliche Leute um dich ...«

Die Mutter bewohnte jetzt zwei Zimmer nach vorne, und es kamen oft Gäste zu ihr, am häufigsten die beiden Brüder Maximow: Pjotr, ein stattlicher, schöner Offizier mit mächtigem blondem Bart und blauen Augen, derselbe, in dessen Gegenwart der Großvater mich züchtigte, als ich den alten Herrn von nebenan bespieen hatte, und Jewgenij, hochgewachsen auch er, schlankbeinig, mit blassem Gesicht und schwarzem Spitzbärtchen. Seine großen Augen erinnerten an Pflaumen, er trug einen grünlichen Uniformrock mit goldenen Knöpfen und goldenen Monogrammen auf den schmalen Schultern. Er pflegte die welligen langen Haare mit einer geschickten Kopfbewegung aus seiner hohen glatten Stirn zu werfen, lächelte nachsichtig und erzählte immer mit etwas dumpfer Stimme, wobei er gern einschmeichelnd begann: »Sehen Sie, ich meine . . .«

Die Mutter hörte ihm blinzelnd zu, lächelte und fiel ihm öfter ins Wort: »Sie sind ein Kind, Jewgenij Wassiljewitsch, entschuldigen Sie . . .«

Der Offizier klatschte sich mit der breiten Hand auf das Knie und rief: »Ein richtiges Kind . . .«

Fröhlich und geräuschvoll verlief die Zeit zwischen Weihnachten und dem Dreikönigstag, fast jeden Abend erschienen bei der Mutter Masken, sie kostümierte sich auch selbst – stets war sie schöner als alle anderen – und fuhr mit ihren Gästen fort.

Jedesmal, wenn sie mit dem bunten Schwarm ihrer Gäste durch das Tor verschwand, schien das Haus in der Erde zu versinken, überall wurde es still und beängstigend langweilig. Die Großmutter glitt durch die Zimmer wie eine alte Gans und brachte alles in Ordnung, Großvater stand am Ofen, drückte den Rücken gegen die warmen Kacheln und sagte zu sich selbst: »Nun gut, schon recht . . . Schaun wir an, was sie kann . . .«

Nach dem Dreikönigstage brachte die Mutter mich und Sascha, Onkel Michails Sohn, zur Schule. Saschas Vater hatte geheiratet, die Stiefmutter mochte den Stiefsohn von Anfang an nicht und schlug ihn, so daß Großvater auf Großmutters Drängen Sascha bei uns aufnahm.

Wir gingen ungefähr einen Monat zur Schule, und von allem, was ich dort gelernt habe, weiß ich nur noch, daß man auf die Frage: »Wie heißt du?« nicht einfach sagen durfte: »Peschkow«, sondern zu antworten hatte: »Ich heiße Peschkow.«

Auch durfte man zum Lehrer nicht sagen: »Schrei nicht so, mein Lieber, ich habe keine Angst vor dir . . .«

Mir mißfiel die Schule von Anfang an, während mein Vetter in den ersten Tagen sehr zufrieden war und sich mühelos mit einigen Gefährten anfreundete, aber dann schlief er eines Tages während des Unterrichts ein und schrie im Traum gräßlich auf: »Ich tu's nicht wiiieder ...«

Man weckte ihn, er bat um die Erlaubnis, hinauszugehen, und wurde erbarmungslos dafür ausgelacht; als wir am folgenden Tage zur Schule gingen und in die Erdschlucht auf dem Sennaja-Platz hinabstiegen, blieb er stehen und erklärte mir: »Geh nur, ich komme nicht mit! Ich gehe lieber spazieren.«

Er hockte nieder, vergrub sein Bücherbündel sorgsam im Schnee und ging davon. Es war ein heiterer Januartag, überall funkelte die silberne Sonne, und ich beneidete den Vetter sehr, machte mich aber, wenn auch schweren Herzens, zur Schule auf – ich wollte die Mutter nicht betrüben. Die Bücher, die Sascha vergraben hatte, verschwanden natürlich, so daß er am folgenden Tage schon einen triftigen Grund hatte, nicht in die Schule zu gehen, während am dritten Tag der Großvater von seinem Benehmen erfuhr.

Wir wurden in die Küche vor Gericht geladen – am Tisch saßen Großvater, Großmutter und die Mutter und verhörten uns; ich erinnere mich, wie komisch Sascha Großvaters Fragen beantwortete: »Wie kommt es denn, daß du nicht in die Schule findest?«

Sascha sah dem Großvater mit seinen sanften Augen ins Gesicht und entgegnete ohne Eile: »Ich habe vergessen, wo sie ist.«

»Du hast es vergessen?« – »Ja. Ich habe lange gesucht ...« – »Wärst du doch hinter Lexej hergegangen, er weiß, wo es ist!« – »Ich habe ihn aus den Augen verloren.« – »Den Lexej?« – »Ja.« – »Wie ist denn das gekommen?«

Sascha dachte nach, seufzte und meinte: »Es war gerade ein Schneesturm, man konnte nichts sehen.«

Alle brachen in Lachen aus – es herrschte stilles und klares Wetter. Auch Sascha lächelte vorsichtshalber, während der Großvater die Zähne bleckte und giftig fragte: »Und warum hast du ihn nicht an der Hand gefaßt oder am Gürtel?«

»Das habe ich getan, aber der Wind hat mich weggerissen«, erklärte Sascha.

Er brachte alles das träge und hoffnungslos heraus, mir war es peinlich, diese unnützen, plumpen Lügen mit anzuhören, und ich wunderte mich über seinen Trotz.

Wir bezogen unsere Prügel, auch wurde ein Begleiter für uns angestellt, ein alter ehemaliger Feuerwehrmann mit gebrochenem Arm. Er sollte aufpassen, daß Sascha nicht vom Pfade zur Wissenschaft abwich. Aber es half nicht: Gleich am folgenden Tage beugte sich mein Vetter, als wir die Schlucht erreicht hatten, plötzlich vor, zog erst den einen Filzstiefel aus und warf ihn zur Seite, dann, nach einer anderen Richtung, den zweiten und rannte in bloßen Socken über den Platz davon. Der Alte trottete seufzend los, um die Filzstiefel zusammenzuholen, und führte mich verängstigt wieder nach Hause.

Den ganzen Tag fuhren Großvater, Großmutter und meine Mutter auf der Suche nach dem Entlaufenen in der Stadt umher. Sie entdeckten Sascha erst gegen Abend in der Nähe des Klosters, in der Tschirkowschen Schankwirtschaft, wo er das Publikum mit seinen Tänzen belustigte. Man brachte ihn nach Hause, und er bekam nicht einmal Schläge, so sehr war man bestürzt über sein hartnäckiges Schweigen. Er lag neben mir auf der Hängepritsche, zog die Beine an und kratzte mit den Schuhsohlen an der Decke. Mit leiser Stimme sagte er: »Die Stiefmutter liebt mich nicht, der Vater auch nicht, und auch der Großvater kann mich nicht leiden – wozu also soll ich mit ihnen leben? Ich frage Großmutter, wo es Räuber gibt, und laufe zu ihnen davon – ihr werdet mich alle noch kennenlernen . . . Willst du nicht mitkommen?«

Das konnte ich nicht: Ich hatte in jenen Tagen meine eigene Aufgabe – ich hatte mich entschlossen, Offizier zu werden, ein Offizier mit großem blondem Bart, und dazu mußte man eben lernen. Als ich dem Vetter von meinem Plan erzählte, dachte er nach und stimmte mir zu: »Auch das ist gut. Wenn du Offizier wirst, bin ich schon Räuberhauptmann, und du wirst mich verfolgen müssen; dann bringt einer von uns den anderen um, oder er nimmt ihn gefangen. Ich werde dich aber nicht umbringen.«

»Und ich dich auch nicht.«

Damit stand alles für uns fest.

Die Großmutter kam, kletterte auf den Ofen, sah zu uns herein und sagte: »Nun, ihr kleinen Mäuse, was ist? Ach, ihr Waisen, ihr Übrigbleibsel!«

Nachdem sie uns so bedauert hatte, schalt sie auf Saschas Stiefmutter, die dicke Schankwirtstochter Nadeshda, danach auf alle Stiefmütter und Stiefväter überhaupt. Und bei dieser Gelegenheit erzählte sie uns die Geschichte vom weisen Einsiedler Jona, der, fast noch ein Knabe, seiner Stiefmutter zum Gottesgericht gegenübertrat; seinen Vater, den Uglitscher Bürger und Fischer vom Beloje-See,

Brachte um seine junge Frau:
Sie reichte ihm ein starkes Getränk,
Dazu den Saft von einem Schlafkraut.
Dann schleppte sie ihn, den Schlafenden,
In einen Eichenkahn, eng wie ein Sarg,
Ergriff das Ruder aus Ahornholz
Und ruderte ihn hinaus zur Mitte des Sees,
Um bei den Untiefen, die auf ihm dunkelten,
Zu vollenden ihr schamloses Hexenwerk.
Dort neigte sie sich, beugte sich vor,
Brachte zum Kentern den leichten Kahn.
Ihr Mann versank, wie ein Anker versinkt,
Während sie rasch aufs Ufer zuschwamm,
Es erreichte, auf die Erde sank
Und zu heulen begann wie ein Klageweib,
Falsches Leid damit zu bezeigen.
Die Leute, die guten, sie glaubten ihr,
Fielen ein in ihr bitteres Klagen:
»Ach, Wittib, ach, junge Wittib du!
Groß ist das Leid, das du erdulden mußt,
Doch es liegt unser Leben in Gottes Hand,
Auch der Tod wird uns von Gott gesandt!«

Nur der Stiefsohn Jonuschko
Traute der Stiefmutter Tränen nicht,
Legte ihr seine Hand aufs Herz
Und sagte mit sanfter Stimme:

»O du Stiefmutter, du Schicksal mein,
O du Nachtvogel, du listiger,
Ich traue deinen Tränen nicht:
Allzu freudig hüpft dir im Leib das Herz!
Laß befragen uns denn Gott den Herrn,
Alle heiligen Mächte des Himmels:
Es ergreife jemand einen geschliffenen Dolch,
Werfe ihn hoch in den reinen Himmel,
Bist du im Recht, so töte er mich,
Bin ich es, so treffe er dich!«

Darauf blickte ihn an die Stiefmutter,
Zornig flammten auf ihre Augen,
Sie stellte sich vor Jona hin,
Begann ihn grimmig zu schelten:

»Ach du unvernünftige Kreatur,
Mißgeburt du und Auswurf,
Was nur hast du dir da erlaubt,
Und was wagst du mir da zu sagen?«

Die Leute aber, die zugehört,
Erkannten – die Sache ist dunkel.
Alles stand zag, dachte nach,
Beriet sich untereinander.
Schließlich trat ein alter Fischer vor,
Verneigte sich nach allen Richtungen
Und sagte, was sie beschlossen hatten:

»Also gebt mir denn, gute Leute ihr,
In die Rechte den geschliffenen Dolch,
Daß ich werfe ihn himmelan,
Daß er niederfällt und den Schuldigen stellt!«

Und sie reichten dem Alten einen geschliffenen Dolch,
Und er warf ihn hoch über sein graues Haupt,
Wie ein Vogel schwang sich der Dolch himmelan,
Sie warteten – aber er kam nicht wieder.

Die Leute blicken in die kristallene Höh,
Stehn barhäuptig, aneinandergedrängt,
Alles schweigt, und auch die Nacht ist stumm,
Aber der Dolch kommt aus der Höh nicht wieder!
Schon flammt über dem See das Morgenrot auf,
Die Stiefmutter erheitert sich und lächelt,
Da schießt der Dolch gleich einer Schwalbe herab
Und trifft die Stiefmutter mitten ins Herz.

Die guten Leute fielen nieder auf die Knie
Und beteten zu Gott dem Herrn:
»Preis dir, o Herrgott, für den Richterspruch!«
Der alte Fischer aber nahm Jonuschka
Und führte ihn in eine ferne Einsiedelei –
Sie liegt am hellen Fluß Kershenez,
Nahe der unsichtbaren Stadt Kitesh ...*

Als ich am folgenden Tage erwachte, war ich mit roten Flecken übersät – ich hatte die Pocken. Man brachte mich in der hinteren Dachkammer unter, wo ich lange daniederlag, blind, an Armen und Beinen mit breiten Binden gefesselt, von Alpdrücken heimgesucht – einer von ihnen hätte mich fast das Leben gekostet. Nur die Großmutter kam zu mir herauf, um mich wie ein kleines Kind mit dem Löffel zu füttern und ihre endlosen, immer neuen Märchen zu erzählen. Eines Abends, als ich schon am Genesen war und nicht mehr gefesselt dalag – nur meine Finger steckten in Fäustlingen, damit ich mir das Gesicht nicht zerkratzen konnte –, blieb die Großmutter zur gewohnten Zeit aus irgendeinem Grunde aus. Das beunruhigte mich, und plötzlich erblickte ich sie vor mir: Sie lag hinter der Tür auf den staubigen Brettern des Dachbodens, mit dem Gesicht nach unten, die Arme von sich gestreckt, ihr Hals war zur Hälfte durchgeschnitten – wie bei Onkel Pjotr; und hinter einer Ecke hervor aus dem staubigen Halbdunkel schlich eine große Katze auf sie zu und riß gierig die grünen Augen auf.

* Im Dorf Koljupanowka, Gouvernement Tambow, Kreis Borissoglebsk, habe ich eine andere Variante dieser Legende gehört: Der Dolch tötet den Sohn, der seine Stiefmutter verleumdet hat.

Ich sprang aus dem Bett, stieß mit Füßen und Schultern beide Fensterrahmen heraus und stürzte mich in den Hof, auf eine Schneewehe. Die Mutter hatte an diesem Abend Gäste, niemand hörte, wie ich die Scheibe zerschlug und die Rahmen herausbrach, so daß ich eine ganze Weile im Schnee liegen blieb. Ich hatte mir nichts gebrochen, nur eine Schulter verrenkt und mich erheblich am Glas geschnitten, aber dafür waren meine Beine gelähmt, und ich lag volle drei Monate still, ohne sie bewegen zu können. Ich lag da und hörte, wie das Leben im Hause immer geräuschvoller wurde, wie oft dort unten die Türen klappten, wie viele Menschen ein und aus gingen.

Über das Dach schurrten trübselig die Schneestürme hin, hinter der Tür ging auf dem Dachboden pfeifend der Wind spazieren, es sang und klagte im Schornstein, die Ofenklappen klirrten, am Tage krächzten die Krähen, während in stillen Nächten von den Feldern das melancholische Geheul der Wölfe herüberdrang – eben bei dieser Musik wuchs und reifte mein Herz. Schließlich sah durch das Fenster, noch schüchtern und behutsam, aber mit jedem Tage freundlicher, der scheue Frühling, die Märzsonne mit ihrem strahlenden Auge herein, auf unserem Dach und auf dem Dachboden sangen und jammerten die Katzen, und all die vielen Geräusche des Frühlings drangen durch die Wände ein – die kristallenen Eiszapfen zerbrachen, der aufgetaute Schnee glitt vom Dachfirst ab, und das Glockengeläut klang tiefer als im Winter.

Die Großmutter kam oft zu mir herauf. Immer häufiger und stärker rochen ihre Worte nach Wodka, schließlich brachte sie sich eine große weiße Teekanne mit, versteckte sie unter meinem Bett, zwinkerte mir zu und sagte: »Mein Herzchen, sag nur dem Großvater, diesem Hausdrachen, nichts davon!«

»Warum trinkst du?« – »Keinen Mucks mehr davon! Wenn du groß bist, wirst du es schon verstehen . . .«

Sie sog an der Teekannentülle, fuhr sich mit dem Ärmel über die Lippen, lächelte selig und erkundigte sich: »Ja, nun, Verehrter, wovon habe ich gestern erzählt?« – »Von Vater.« – »Und wo waren wir stehengeblieben?«

Ich erinnerte sie daran, und ihre wohlgesetzte Rede floß lange wie ein Bach dahin.

Sie hatte selber angefangen, mir von meinem Vater zu erzählen. Eines Tages kam sie nüchtern, traurig und müde zu mir herauf und sagte: »Ich habe deinen Vater im Traum gesehen, er ging, ein Nußbaumstöckchen in der Hand, über das Feld und pfiff vor sich hin, während hinter ihm her ein buntscheckiger Hund lief und die Zunge herausstreckte. Ich weiß nicht, Maxim Sawwatejitsch erscheint mir jetzt reichlich oft im Traum – man sieht, daß seine obdachlose Seele keine Ruhe findet . . .«

Und sie erzählte mehrere Abende lang die Lebensgeschichte meines Vaters; sie war genauso interessant wie alle ihre Geschichten.

Mein Vater war der Sohn eines Soldaten, der sich bis zum Offizier heraufgedient hatte und wegen seiner Grausamkeit gegen die Untergebenen nach Sibirien verbannt wurde; ebendort, im weiten Sibirien, kam mein Vater zur Welt. Er hatte es zu Hause nicht gut und lief schon als Kind mehrmals davon; das eine Mal spürte ihm der Großvater im Walde mit Hunden nach wie einem Hasen; ein anderes Mal prügelte er, als er ihn erwischt hatte, dermaßen auf ihn ein, daß die Nachbarn ihm schließlich das Kind fortnahmen und es versteckten.

»Werden Kinder immer geprügelt?« erkundigte ich mich. Die Großmutter entgegnete gelassen: »Immer.«

Die Mutter meines Vaters war früh gestorben, und als mein Vater neun Jahre alt wurde, starb auch der Großvater. Den Vater nahm sein Taufpate, ein Tischler, bei sich auf. Er ließ ihn bei der Handwerkerinnung der Stadt Perm eintragen und unterwies ihn in seinem Handwerk, aber der Vater lief ihm davon, betätigte sich als Blindenführer auf den Jahrmärkten, kam mit sechzehn Jahren nach Nishnij und nahm Arbeit bei einem Unternehmer, der Tischlerarbeiten auf den Koltschinschen Dampfern ausführte. Schon mit zwanzig Jahren galt mein Vater als guter Mahagonitischler, Tapezierer und Dekorateur. Die Werkstatt, in der er arbeitete, lag in der Kowalicha, unmittelbar neben Großvaters Häusern.

»Nun ja, die Zäune waren nicht hoch, die Menschen dafür recht munter«, erzählte Großmutter und lächelte vor sich hin. »Da pflücken wir, Warja und ich, im Garten Himbeeren, und plötzlich setzt er, dein Vater nämlich, über den Zaun – ich war geradezu erschrocken: Stattlich wie er war, kommt er zwischen den Apfelbäumen auf uns zu, im weißen Hemd und Plüschhosen, aber barfuß und ohne Mütze, ein dünnes Riemchen um das lange Haar. In diesem Aufzug kam er, um zu freien! Ich hatte ihn auch früher schon gesehen, er kam ja öfter an unseren Fenstern vorüber, und wenn ich ihn erblickte, sagte ich mir: Der Bursche kann sich sehen lassen! Wie er nun bei uns war, fragte ich ihn: ›Weshalb, junger Mann, kommst du nicht durch die Tür herein, wie sich's gehört?‹ Er aber sank nieder auf die Knie. ›Akulina Iwanowna‹, sagte er, ›da knie ich mit übervollem Herzen vor dir, und da steht Warja; hilf uns um Gottes willen, wir wollen heiraten!‹ Hier war ich starr, sogar die Sprache verschlug es mir. Da sehe ich, daß deine Mutter, die Spitzbübin, sich hinter einem Apfelbaum versteckt hält und, rot wie eine Himbeere, ihm irgendwelche Zeichen macht, während ihr selbst die Tränen in den Augen stehen. ›Ach, ihr‹, sage ich, ›verflixt noch mal, was habt ihr euch da in den Kopf gesetzt? Warwara, du bist wohl nicht recht bei Sinnen? Aber auch du, junger Mann, hast du schon nachgedacht, ob die Birke, die du zu fällen gedenkst, nicht zu hoch für dich ist?‹ Unser Großvater galt zu jener Zeit nämlich als reicher Mann, die Kinder hatte er noch nicht ausgezahlt, es waren vier Häuser da, auch Geld und mancherlei Ehren – erst kurz zuvor hatte man ihm, weil er nun schon das zehnte Jahr Zunftvorsteher war, einen mit Posamenten verzierten Hut und einen Uniformrock verliehen – ganz schön stolz ist er damals gewesen! Ich redete ihnen also zu, wie sich's gehörte, und zitterte dabei vor Schreck, aber leid taten sie mir auch: Beide waren ganz finster geworden. ›Ich weiß ja, Wassilij Wassiljew wird mir Warja nicht im guten zur Frau geben, ich werde sie also entführen, du mußt uns nur helfen‹ – ich, ich sollte helfen! Ich hob sogar die Hand gegen ihn, er aber wich nicht einmal zurück. ›Schlag zu‹, sagte er, ›meinetwegen mit einem Stein, aber hilf, ich lasse ja doch nicht ab!‹ Hier trat auch noch Warwara neben ihn, legte die Hand auf seine Schulter und sagte: ›Wir sind schon seit langem Mann und Frau, bereits seit Mai, wir brauchen uns nur noch trauen zu lassen.‹ Ich fiel fast auf den Rücken – ach du meine Güte!«

Großmutter brach in Lachen aus und schüttelte sich am ganzen

Körper, dann nahm sie eine Prise Schnupftabak, wischte sich die Tränen ab, seufzte erquickt und fuhr fort: »Du kannst noch nicht verstehen, was es bedeutet, Mann und Frau zu sein und sich trauen zu lassen, jedenfalls ist es ein schreckliches Unglück, wenn ein Mädchen ein Kind bekommt, ohne getraut zu sein. Merke dir das und verleite, wenn du erst groß bist, die Mädchen nicht zu solchen Sachen, du lädst eine große Sünde auf dich – das Kind ist unehelich, und das Mädchen wird unglücklich – also vergiß das nicht, hörst du! Hab Mitleid mit den Frauen in deinem Leben, liebe sie von Herzen und treib keine Späße mit ihnen, ich rate dir zum Guten!«

Sie sank in Grübeln und schaukelte auf ihrem Stuhle hin und her, fuhr plötzlich auf und begann aufs neue: »Nun, was sollte ich machen? Ich gab Maxim eine Kopfnuß und zauste Warwara am Zopf, er aber sagt ganz verständig zu mir: ›Mit Schlägen läßt sich die Sache nicht ändern!‹ Und sie meinte dazu: ›Sie sollten zuerst mal nachdenken, was jetzt zu tun ist, schlagen können wir uns auch später!‹ Ich frage ihn: ›Hast du denn Geld?‹ – ›Ich hatte welches‹, sagt er, ›aber ich habe Warja einen Ring dafür gekauft.‹ – ›Dann hast du also wohl – einen Dreirubelschein besessen?‹ – ›Nein‹, sagt er, ›ungefähr hundert Rubel.‹ Das Geld aber war in jenen Zeiten viel wert, die Sachen dagegen billig, ich sehe die beiden an, deine Mutter und deinen Vater, und denke mir – was das für Kinder, was das doch noch für Dummerjane sind! Die Mutter sagt: ›Ich habe diesen Ring, damit Sie es nicht merken, unter den Fußbodenbrettern versteckt – man könnte ihn verkaufen!‹ Nein wirklich, die reinsten Kinder! Doch einerlei, wir kamen überein, daß sie in einer Woche heiraten sollten, mit dem Popen wollte ich schon selbst alles erledigen. Und dabei heulte ich, mein Herz klopfte, ich zitterte vor dem Großvater, auch Warja war unheimlich genug zumute. Nun, wir waren uns jedenfalls einig.

Nur hatte dein Vater einen Feind, es war ein Meister, ein tückischer Mensch, der hatte alles längst durchschaut und bespitzelte uns. Ich stattete also mein einziges Töchterchen, so gut es mir möglich war, aus und begleitete sie vors Tor, hinter der nächsten Ecke aber wartete schon eine Troika, sie stieg ein, Maxim pfiff – und fort ging's. Ich wende mich, in Tränen aufgelöst, nach Hause – da kommt mir plötzlich dieser Mensch entgegen und sagt, der Schuft: ›Ich bin kein Spielverderber und will dem Schicksal nicht in den Arm fallen, Akulina Iwanowna, aber gib mir einen halben Hunderter dafür!‹ Nun hatte ich kein Geld, ich machte mir nichts daraus und legte auch keins zurück, so daß ich törichterweise herausplatzte: ›Ich habe kein Geld und werde dir auch keins geben!‹ – ›Du brauchst es mir‹, sagt er, ›nur zu versprechen!‹ – ›Wie das – versprechen? Und wo nehme ich es später her?‹ – ›Nun‹, sagt er, ›ist es so schwer, dem reichen Ehemann ein bißchen Geld zu stehlen?‹ Ich dumme Gans hätte mit ihm reden, hätte ihn aufhalten sollen, aber ich spuckte ihm einfach ins Gesicht und ging meiner Wege. Er eilte mir voraus, war vor mir auf dem Hof und brachte alles in Aufruhr.«

Sie schloß die Augen, lächelte und sagte: »Noch heute graut mir, wenn ich mich dieser verwegenen Geschichte erinnere! Der Großvater brüllte los wie ein wildes Tier – war schließlich kein Spaß für ihn! So manches Mal hatte er Warwara angesehen und geprahlt: ›Sie wird die Frau eines Edelmanns, eines Herrn!‹ Da hatte er nun seinen Edelmann, da hatte er seinen Herrn! Die heilige Muttergottes weiß besser als wir, wen sie zusammentut. Der Großvater hastete über den Hof, als brennte ihn ein Feuer, trommelte Jakow und Michail heraus und überredete auch jenen sommersprossigen Meister und Klim, den Kutscher, mitzumachen; ich sehe, er nimmt sich eine Schlagkugel, ein schweres, an einem Riemen befestigtes Stück Metall, während Michailo nach der Flinte greift; die Pferde waren bei uns gut und feurig, der Kutschwagen leicht – o je, dachte ich mir, sie holen die beiden ein! Und hier nun erleuchtete mich Warwaras Schutzengel. Ich holte ein Messer und schnitt die Kummetriemen ein, vielleicht, sagte ich mir, reißen sie unterwegs! Und so geschah es auch: Die Deichselstange hakte sich aus und hätte um ein Haar den Großvater erschlagen, mitsamt Michailo und Klim, so daß sie eine Weile aufgehalten wurden, als der Schaden aber behoben war und sie die Kirche erreichten, standen Maxim und Warja schon auf dem Vorplatz und waren Gott sei Dank getraut!

Die Unseren versuchten zwar, Maxim an den Kragen zu gehen, doch er war gesund und ungewöhnlich stark, ihm war nicht beizukommen! Michail warf er die Treppenstufen hinunter, so daß der sich die Hand verstauchte, auch Klim verletzte sich, während der Großvater, Jakow und jener Meister es mit der Angst bekamen.

Maxim blieb auch im Zorn vernünftig und sagte zum Großvater: ›Tu die Schlagkugel fort und fuchtel nicht mit ihr herum, ich bin ein friedfertiger Mensch, doch was ich mir nahm, das habe ich von Gott und lasse es mir von niemand rauben – mehr will ich nicht von dir.‹ Da ließen sie denn von ihm ab, der Großvater stieg in den Wagen und rief: ›Leb wohl jetzt, Warwara, du bist meine Tochter nicht mehr, ich will dich nicht sehen, leb oder verhungere – wie du Lust hast!‹ Er kehrte nach Hause zurück und fiel über mich her – mit Schlägen, mit Schelten, ich aber ächzte und krächzte nur und hielt den Mund: Es geht alles vorüber, und nur was sein soll, bleibt. Später sagte er dann zu mir: ›Und nun, Akulina, nimm dich in acht: Du hast keine Tochter mehr, merk dir das!‹ Ich dachte mir das Meine: Red nur, du Rothaariger, Zorn ist zwar heiß, aber er schmilzt wie Eis!«

Ich höre aufmerksam und begierig zu. Einiges in ihrer Erzählung verwundert mich. Die Trauung meiner Mutter hatte mir der Großvater ganz anders dargestellt: er sei zwar gegen diese Ehe gewesen, er habe Mutter nach der Trauung nicht in sein Haus gelassen, aber heimlich getraut worden sei sie nicht, er habe der Trauung beigewohnt. Ich mag die Großmutter nicht fragen, wer das richtiger schildert, weil Großmutters Geschichte schöner ist und mir besser gefällt. Während sie erzählt, schaukelt sie immerfort hin und her, als führe sie in einem Boot. Wenn sie von Traurigem oder Schrecklichem spricht, schaukelt sie stärker und streckt die Hand aus, gleichsam um etwas in der Luft aufzuhalten. Die Augen hat sie oft halb geschlossen, und in den Wangenfalten verbirgt sich ein gütiges blindes Lächeln, während die dichten Brauen ganz leise zittern. Manchmal greift mir diese blinde, alles versöhnende Güte ans Herz, aber manchmal möchte ich auch, daß Großmutter ein kräftiges Wort sagt oder aufschreit.

»Die erste Zeit – es werden wohl vierzehn Tage gewesen sein – wußte ich nicht einmal, wo Warja und Maxim eigentlich steckten, aber dann schickte sie einen aufgeweckten kleinen Jungen zu mir, und der verständigte mich. Ich wartete bis zum Sonnabend und tat, als ginge ich zum Abendgottesdienst. In Wirklichkeit aber ging ich zu ihnen. Sie wohnten weit weg, am Sujetinskij

Sjesd, in einem kleinen Seitengebäude. Der ganze Hof sah aus wie eine Werkstatt, war unaufgeräumt, schmutzig und laut, doch ihnen machte es nichts aus, sie waren beide fröhlich, spielten und schnurrten wie junge Katzen. Ich hatte ihnen mitgebracht, was möglich war: Tee, Zucker, verschiedene Grützen und Graupen, Mehl, Eingemachtes, getrocknete Pilze; auch etwas Geld, ich weiß nicht mehr wieviel, ich hatte es nach und nach dem Großvater wegstibitzt – wenn's nicht für einen selbst ist, sondern für andere, kann man schon einmal stehlen! Dein Vater will nichts annehmen und ist gekränkt. ›Sind wir denn‹, fragt er, ›Bettler?‹ Und auch Warwara stößt ins gleiche Horn: ›Aber wozu denn das alles, Mamachen? . . .‹ Ich wusch ihnen ein bißchen den Kopf. ›Dummerjan‹, sagte ich, ›wer bin ich für dich? Ich bin dir von Gott als Mutter gegeben, und für dich, Dumme, bin ich die leibliche! Wie könnt ihr mich also kränken? Weint doch, wenn man auf Erden eine Mutter kränkt, im Himmel die Muttergottes bittere Tränen!‹ Hier nahm mich Maxim auf die Arme, trug mich in der Stube umher und tänzelte auch noch – stark war er ja, der Bär! Und Warka, das Mädel, stolziert herum wie eine Pfauhenne und prahlt mit ihrem Mann, als ob es sich um eine neue Puppe handelte, verdreht in einem fort die Augen und tut gar wichtig mit ihrer Wirtschaft, wie eine richtige Hausfrau – zum Totlachen! Dabei tischte sie uns zum Tee kleine Quarkkuchen auf – am Teig hätte sich ein Wolf die Zähne ausgebissen, während der Quark wie Kies zerfiel!

So ging es dann eine ganze Weile – du solltest schon bald zur Welt kommen –, aber der Großvater schwieg und schwieg – ist eigensinnig, der Hausdrache! Ich ging im stillen öfter zu ihnen hin, und er wußte es auch, tat aber, als ob er's nicht merkte. Keiner im Hause durfte von Warja sprechen, alles schwieg, und auch ich hielt den Mund, aber ich wußte – lange bleibt ein Vaterherz nicht stumm. Und schließlich kam die ersehnte Stunde – es war in der Nacht, der Schneesturm heulte, über die Scheiben tastete es wie mit Bärentatzen, in den Schornsteinen sang es, alle Teufel schienen losgelasssen, Großvater und ich lagen da und konnten nicht schlafen, und plötzlich sagte ich: ›Schlecht hat's ein Armer in solcher Nacht, aber schlechter noch, wessen Herz keine Ruhe findet!‹ Auf einmal fragt der Großvater: ›Wie geht es ihnen?‹ –

›Nun ja‹, sage ich, ›es geht ihnen ganz gut.‹ – ›Nach wem‹, so fragt er, ›hab ich mich denn erkundigt?‹ – ›Nach deiner Tochter Warwara, nach deinem Schwiegersohn Maxim!‹ – ›Und wie hast du das erraten?‹ – ›Hör auf mit den Possen, Vater‹, sage ich, ›laß dieses Spiel – wem macht es schon Vergnügen!‹ Er seufzt. ›Ach, ihr Teufel‹, sagt er, ›ihr grauen Teufel!‹ Später versucht er, mich auszufragen: ob dieser Große – gemeint war dein Vater –, ob es denn stimme, daß er ein Dummkopf sei. Ich sage: ›Ein Dummkopf ist, wer nicht arbeiten will, wer anderen auf der Tasche liegt, sieh dir mal lieber den Jakow an und den Michailo – leben nicht eher sie als Dummköpfe? Wer ist der Arbeiter im Hause, wer der Ernährer? Du! Und sind sie dir eine große Hilfe?‹ Hier fängt er an, mit mir zu schelten: eine dumme Gans sei ich und auch noch niederträchtig, eine Kupplerin und was weiß ich! Ich schweige. ›Wie konntest du dich‹, so sagt er, ›von einem Menschen verleiten lassen, von dem man nicht weiß, woher er kommt und was für einer er ist?‹ Ich bleibe stumm, und erst als er müde wird, sage ich: ›Geh doch mal hin und sieh dir an, wie sie zusammen leben, sie sind sich wirklich gut.‹ – ›Zuviel der Ehre für sie‹, entgegnet er, ›sollen sie herkommen . . .‹ Hier brach ich vor lauter Freude in Tränen aus, während er mir das Haar auflöst – er liebte es, mit meinen Haaren zu spielen – und murmelt: ›Flenne nicht, Närrin, glaubst du vielleicht, ich habe kein Herz?‹ Er war nämlich früher schrecklich lieb, unser Großvater, und erst als er auf die Schrulle verfiel, niemand sei klüger als er, wurde er dumm und böse.

Nun, so kamen sie also, deine Mutter und dein Vater, an einem heiligen Tag, dem Versöhnungssonntag, zu uns, beide groß, glatt, sauber; Maxim stellte sich vor den Großvater hin – und Großvater reichte ihm bis zur Schulter –, er stellte sich also vor ihn hin und sagte: ›Glaube um Gottes willen nicht, Wassilij Wassiljewitsch, daß ich der Mitgift wegen zu dir komme, nein, ich bin hergekommen, um dem Vater meiner Frau meinen Respekt zu zeigen!‹ Dem Großvater gefiel das, er lächelte. ›Ach du Lulatsch, ach du Bandit!‹ sagte er. ›Genug jetzt von diesem Unfug, lebt hier mit mir!‹ Maxim verfinsterte sich. ›Was das betrifft‹, sagte er, ›wie Warja will, mir ist das einerlei!‹ Und gleich ging's los bei ihnen, Zahn um Zahn – sie konnten sich durchaus nicht einigen! Ich zwinkerte deinem Vater schon zu, ich stieß ihn unterm Tisch mit dem Fuße an – nein, er blieb hartnäckig. Schön waren seine Augen, heiter und klar, die Brauen aber ganz dunkel; und wenn er sie zusammenzog, verbargen sich seine Augen, das Gesicht wurde steinern vor Eigensinn, und er hörte auf niemanden mehr, nur noch auf mich; ich hatte ihn weit lieber als meine eigenen Kinder, er wußte das, und auch er liebte mich sehr. Da drückte er sich manchmal an mich und umarmte mich, oder er nahm mich auf seine Arme, schleppte mich in der Stube umher und erklärte: ›Du bist meine wirkliche Mutter – wie es die Erde ist, ich liebe dich mehr als Warwara!‹ Deine Mutter aber, die damals ein fröhlicher Übermut war, stürzte sich auf ihn und schrie: ›Wie kannst du so etwas sagen, du Hinterwäldler aus Perm?‹ Und dann balgten wir uns und neckten uns alle drei; schön war es, wie wir zusammen lebten, mein Herzchen! Auch tanzen konnte er wie selten einer und kannte schöne Lieder – die hatte er den Blinden abgelauscht, und bessere Sänger als die Blinden gibt es nicht!

Er wohnte mit deiner Mutter in einem Seitenflügel zum Garten, und ebendort kamst du zur Welt, genau mittags – der Vater kam grade nach Hause zum Essen, und du ihm entgegen zur Welt! Wie hat er sich da gefreut, wie war er da aus dem Häuschen, und deine Mutter – der närrische Mensch hätt sie bald umgebracht, als ob es Gott weiß was wäre, ein Kind in die Welt zu setzen! Mich nahm er auf seine Schultern und trug mich über den ganzen Hof zum Großvater, um ihm zu melden, daß ein neuer Enkel angekommen war – der Großvater brach sogar in Lachen aus: ›Was bist du nur für ein Satan, Maxim!‹

Deine Onkel dagegen mochten ihn nicht – er trank nicht, er hatte eine scharfe Zunge und ersann allerlei listige Streiche – das nahmen sie ihm bitter übel! Eines Tages während der Großen Fasten wurde es windig, und plötzlich ging im ganzen Hause ein unheimliches Singen und Klingen an; alles erstarrte – was war das für ein Höllenspuk? Der Großvater wurde ganz ängstlich, ließ überall die Lämpchen vor den Ikonen anzünden, hastete hin und her und rief: ›Man muß einen Bittgottesdienst abhalten lassen!‹ Plötzlich hörte es wieder auf; und alle erschraken noch mehr. Onkel Jakow erriet es. ›Hier hat sicher Maxim seine Hand im Spiel!‹ Später erzählte Maxim dann selber, er habe allerlei Flaschen und Fläschchen in einer Dachluke aufgestellt – der Wind blies in die Flaschenhälse, und jeder klang anders. Großvater drohte ihm: ›Paß auf, Maxim, daß diese Scherze dich nicht aufs neue nach Sibirien bringen!‹

Das eine Jahr war so strenger Frost, daß von den Feldern Wölfe bis in die Stadt hereindrangen, sie zerrissen einen Hund, erschreckten ein Pferd, ja sie zerfleischten sogar einen betrunkenen Wachmann – es gab ihretwegen viel Aufregung! Dein Vater aber nahm ein Gewehr, schnallte die Schneeschuhe an und zog nachts aufs Feld; und ehe man sich's versah, schleifte er einen Wolf herbei, manchmal auch zwei. Er zog ihnen das Fell ab, laugte die Köpfe aus und setzte Glasaugen ein – gut machte sich das! Geht da einmal der Onkel Michailo in dringender Angelegenheit auf den Flur hinaus. Plötzlich kommt er zurück, die Haare gesträubt, die Augen weit aufgerissen, die Kehle wie zugeschnürt – er kann kein Wort herausbringen. Die Hosen sind ihm verrutscht, er verheddert sich in ihnen, schlägt hin und flüstert: ›Ein Wolf!‹ Jeder ergreift, was er gerade findet, man stürzt mit der Laterne auf den Flur und sieht – aus dem gewissen Örtchen steckt doch tatsächlich ein Wolf den Kopf heraus! Man schlägt auf ihn ein, man schießt – es macht ihm nicht das geringste aus! Als man genauer hinsieht – nichts als ein Balg, dazu der ausgestopfte Kopf, die Vorderläufe aber sind festgenagelt. Der Großvater war auf Maxim damals denn doch sehr böse. Doch nun fand auch noch Jakow Gefallen an diesen Possen: Maxim leimte aus Pappe etwas wie einen Kopf zusammen, versah ihn mit Augen, Nase und Mund und klebte ihm statt der Haare Werg auf, dann ging er mit Jakow durch die Straße und steckte die schreckliche Fratze durchs Fenster in die Häuser hinein – die Leute bekamen natürlich Angst und schrien. Oder sie geisterten nachts in Bettüchern umher und jagten einem Popen einen solchen Schrecken ein, daß er sich auf ein Schilderhäuschen rettete; auch die Wache erschrak und schrie um Hilfe. So stellten sie mancherlei an und waren einfach nicht zur Vernunft zu bringen. Ich sagte ihnen: ›Laßt das!‹ und auch Warja redete ihnen zu – doch nein, sie gaben keine Ruhe! Lachend meinte Maxim: ›Es ist zu komisch, wenn man sieht, wie die Menschen um nichts und wieder nichts davonlaufen!‹ Da sollte einer mit ihm reden . . .

Und beinah hätte er das alles mit seinem Leben bezahlt: Der

Onkel Michailo schlägt ganz nach dem Großvater, er ist nachtragend und empfindlich, und eines Tages setzte er sich in den Kopf, er müsse deinen Vater umbringen. Da waren sie also Anfang des Winters irgendwo zu Besuch gewesen und gingen zu viert nach Hause: Maxim, die beiden Onkel und ein Kirchendiener – er prügelte später einen Droschkenkutscher tot und wurde entlassen. Sie kamen aus der Jamskaja-Straße und lockten Maxim auf den Djukow-Teich, angeblich, um auf dem Eis zu schlittern wie kleine Jungen, sie lockten ihn also auf den Teich und stießen ihn in ein Eisloch – das habe ich dir schon mal erzählt . . .«

»Weshalb sind die Onkel so böse?«

»Sie sind nicht böse«, entgegnet die Großmutter gelassen und nimmt eine Prise Tabak. »Sie sind nur – dumm! Mischka ist listig, aber blöde, und Jakow – nun ja, ein einfältiger Narr . . . Sie stießen ihn also ins Wasser, er tauchte auf und klammerte sich am Rande des Eislochs fest, aber sie schlugen nach ihm, traten ihm mit den Absätzen auf die Hände, zertrampelten ihm die Finger. Ein Glück für ihn, daß er nüchtern war und sie betrunken, er streckte sich mit Gottes Hilfe, ich weiß nicht wie, unter dem Eise aus, hielt sich mit dem Gesicht nach oben in der Mitte des Eislochs und atmete, während sie ihn nicht erreichen konnten, noch eine Weile mit Eisstückchen nach seinem Kopfe warfen und schließlich gingen – er wird, sagten sie sich, schon von selber ertrinken! Er kletterte aber heraus, und im Laufschritt zur Polizei – die Polizei ist, wie du weißt, gleich nebenan, um die Ecke. Der Reviervorsteher, der ihn und unsere ganze Familie kannte, fragte: ›Wie ist das gekommen?‹ «

Großmutter bekreuzigt sich und fährt dankbar fort: »Habe ihn selig, Herr, den Maxim Sawwatejitsch, mit deinen Gerechten allen, er verdient es! Hat er doch alles vor der Polizei verborgen! ›Ich bin‹, so erklärte er, ›in angetrunkenem Zustand auf den Teich geraten und in ein Eisloch gestolpert.‹ Der Reviervorsteher sagte: ›Das stimmt nicht, ich weiß, daß du nicht trinkst!‹ Wie dem auch sei, sie rieben ihn bei der Polizei mit Sprit ab, zogen ihm trockene Sachen an, hüllten ihn in einen Schafpelz und brachten ihn im Schlitten nach Hause – der Reviervorsteher persönlich und noch zwei andere. Jaschka und Mischka aber hatten noch nicht nach Hause gefunden, sie zogen von Kneipe zu Kneipe und ließen Vater und Mutter hochleben. Deine Mutter und ich starrten auf Maxim, er war nicht wiederzuerkennen, rot im Gesicht, die Finger blutig und zerschunden und an den Schläfen etwas wie Schnee, aber Schnee, der nicht schmolz – die Schläfen waren ergraut!

Warwara schrie auf: ›Was haben sie dir angetan?‹ Der Reviervorsteher schnüffelte herum und fragte alle aus, mir aber ahnte schon – es mußte etwas Schlimmes sein! Ich hetzte Warwara auf den Reviervorsteher, während ich selbst bei Maximuschka forschte, was denn geschehen war. ›Sehen Sie zu‹, flüsterte er, ›daß Sie den Jakow und den Michailo abfangen, und bringen Sie ihnen bei, sie sollen sagen, wir hätten uns in der Jamskaja getrennt, sie hätten sich zur Pokrowka gewandt, während ich, so sollen sie sagen, in den Prjadilnyj eingebogen sei! Verwechseln Sie's nicht, sonst gibt es Schwierigkeiten mit der Polizei!‹ Ich – zu Großvater. ›Geh hin, beschwatze den Revierbullen, während ich draußen vor dem Tor auf unsere Söhne warte!‹ Und ich erzählte ihm, was alles vorgefallen war. Er zog sich an, zitterte und murmelte: ›Habe ich's doch gewußt, hab ich doch drauf gewartet!‹ Alles Schwindel, gar nichts hat er gewußt! Nun, meine Kinderchen bekamen jeder eine Maulschelle zur Begrüßung. Mischka wurde vor Schreck gleich nüchtern, während Jaschenka, der Gute, mit schwerer Zunge lallte: ›Ich weiß von gar nichts, war alles nur Michailo, er ist der Ältere!‹ Den Reviervorsteher konnten wir einigermaßen beruhigen – war ja ein netter Herr! ›Ho‹, meinte er, ›paßt auf, wenn etwas Schlimmes bei euch passiert, werde ich wissen, wer schuld ist!‹ Und damit ging er. Der Großvater aber trat auf Maxim zu und sagte: ›Nun, ich danke dir, ein anderer an deiner Stelle hätte nicht so gehandelt, das ist mir klar. Und auch dir, Tochter, danke ich, daß du einen so anständigen Menschen ins väterliche Haus gebracht hast!‹ Er, der Großvater, konnte, wenn er nur wollte, auch lieb und freundlich sein, erst später verschloß er aus Torheit sein Herz. Großvater ging, wir drei blieben allein, Maxim Sawwatejitsch brach in Tränen aus und redete wie im Fieber: ›Wofür – das mir, was habe ich ihnen Schlechtes getan? Mama – wofür?‹ Er nannte mich nicht Mutter, sondern Mama, wie ein kleines Kind, und er hatte ja auch ein Gemüt wie ein Kind. ›Wofür?‹ fragte er. Ich heulte, was blieb mir auch anderes übrig? Sie waren meine Kinder, wie sollten sie mir nicht leid tun! Deine Mutter hatte alle Knöpfe von ihrer Jacke abgerissen, saß da, zerzaust wie nach einer Schlägerei, und fauchte: ›Fahren wir von hier fort, Maxim! Die Brüder sind uns feind, ich fürchte mich vor ihnen, fahren wir!‹ Ich verbot ihr den Mund: ›Wirf keinen Kehricht ins Feuerloch, der Ofen raucht ohnehin!‹ Der Großvater schickte die beiden Schafsköpfe zu uns, sie sollten um Verzeihung bitten, Warwara stürzte auf Mischka zu, und – klatsch! – hatte er eine weg: Da hast du die Verzeihung! Dein Vater aber klagte nur: ›Wie konntet ihr, meine Lieben? Ihr hättet mich bald zum Krüppel gemacht, was wär ich denn für ein Arbeiter ohne Hände?‹ Nun ja, man söhnte sich halbwegs aus. Dein Vater lag eine Weile krank, er hat wohl sieben Wochen das Bett gehütet, und immer wieder sagte er zu mir: ›Ach, Mama, kommen Sie mit, fahren wir in eine andere Stadt – hier ist es zu traurig!‹ Bald darauf traf es sich auch, daß er nach Astrachan mußte; dort wurde zum Sommer der Zar erwartet, und dein Vater erhielt den Auftrag, einen Triumphbogen zu errichten. Sie fuhren mit dem ersten Dampfer; mir war, als nähme ich Abschied von meiner eigenen Seele, auch er war traurig und redete mir in einem fort zu, nach Astrachan mitzukommen. Warwara aber freute sich und machte nicht einmal den Versuch, es zu verbergen, die Schamlose ... So fuhren sie denn ab. Und das war – alles ...«

Sie trank einen Schluck Wodka, nahm eine Prise Tabak, sah nachdenklich zum blaugrauen Himmel auf und meinte: »Ja, dein Vater und ich waren nicht blutsverwandt, aber verwandte Seelen ...«

Gelegentlich kam, während sie erzählte, Großvater herein, warf den Iltiskopf zurück, schnupperte mit seiner scharfen Nase in der Luft herum, musterte Großmutter mit mißtrauischem Blick, hörte sich an, was sie erzählte, und murmelte: »Rede du, flunker nur ...«

Plötzlich fragte er: »Lexej, hat sie hier Wodka getrunken?« – »Nein.« – »Du schwindelst, ich seh es dir an den Augen an!«

Er ging unschlüssig davon. Großmutter zwinkerte hinter ihm her und gab irgendeine scherzhafte Wendung zum besten: »Geh vorbei, geh vorbei, mach die Pferde nicht scheu ...«

Eines Tages blieb er mitten im Zimmer stehen, sah zu Boden und fragte mit leiser Stimme: »Mutter?« – »Ja?« – »Siehst du auch, was sich tut?« – »Ja.« – »Und was denkst du darüber?« – »Schicksal, Vater! Weißt du noch, du hast früher immer von einem Edelmann gesprochen?« – »Hm – ja.« – »Jetzt ist er da.« – »Ein Habenichts.« – »Nun, das ist ihre Sache!«

Der Großvater ging. Mir ahnte nichts Gutes, und ich erkundigte mich bei der Großmutter: »Wovon habt ihr gesprochen?«

»Was du aber auch alles wissen mußt!« gab sie brummig zur Antwort, während sie mir die Beine abrieb. »Wenn du in jungen Jahren alles erfährst, weißt du im Alter nicht, wonach du noch fragen sollst . . .« Sie lachte nur und schüttelte den Kopf.

»Ach Großvater, Großvater, bist nur ein kleines Stäubchen in Gottes Auge! Das darfst du aber keinem sagen, Ljonka! Der Großvater hat sich doch völlig zugrunde gerichtet! Er hat einem Herrn, einem Gutsbesitzer, viel Geld geliehen, und der ist bankrott gegangen . . .«

Sie lächelte, versank in Nachdenken, saß lange schweigend da, während ihr großes Gesicht sich in Falten legte, verfinsterte und traurig wurde.

»Worüber denkst du nach?«

»Ja siehst du, ich denke darüber nach, was ich dir jetzt erzählen könnte«, fuhr sie aus ihren Gedanken auf. »Von Jewstignej zum Beispiel – einverstanden? Ja, also:

Es war einmal ein Schreiber, Jewstignej,
Der dünkte sich klüger als alle im Dreh,
Klüger als Popen und als Bojaren,
Klüger als Köter, noch so erfahren!
Ging aufgeblasen wie ein Puter umher,
Glaubte aber, daß er eine weise Eule wär.
Belehrt den Nachbarn, die Nachbarin,
Nichts ist ihm recht, nichts nach dem Sinn.
Er blickt auf die Kirche – zu niedrig!
Die Straße – zu eng und widrig!
Dem Apfel fehlen die roten Wangen!
Die Sonne ist viel zu früh aufgegangen!
Worauf man den Schreiber auch aufmerksam macht . . .«

Großmutter bläst die Backen auf und rollt die Augen, ihr gutmütiges Gesicht wirkt dumm und lächerlich, sie spricht mit träger, schleppender Stimme:

»Das hätte ich besser fertiggebracht,
Ich weiß mit der Sache besser Bescheid,
Nur habe ich leider niemals Zeit.«

Sie hält inne, lächelt und fährt leise fort:

»Und eines Nachts suchten den Schreiber die Teufel heim:
›Dir, Schreiber, gefällt's nicht recht hier, nein?
So komm nur mit uns in die Hölle,
Dort brennen die Kohlen schön helle!‹
Den klugen Schreiber mit seiner Glatzen
Ergriffen die Teufel mit ihren Tatzen,
Zerrten ihn, kitzelten ihn, machten Geschrei,
Selbst auf den Schultern saßen ihm zwei,
Und stießen ihn in das höllische Feuer.
›Ist es dir recht bei uns, du Schreier?‹
Jewstignejuschka briet, blickte sich um,
Zog hochmütig die Lippen krumm,
Stemmte die Fäuste in die Hüften:
›Reichlich viel Qualm hier, ihr könntet mal lüften!‹«

Sie hat die Fabel mit träger, satter Stimme zu Ende gesprochen, ihr Gesicht verändert sich, und leise lachend erläutert sie sie mir: »Er hat sich nicht ergeben, der Jewstignej, er bleibt bei dem, was er sich einmal in den Kopf gesetzt hat, er ist eigensinnig – wie unser Großvater! Und jetzt schlaf, es ist Zeit . . .«

Die Mutter kam nur selten zu mir in die Dachkammer herauf, blieb immer nur kurze Zeit und redete meist hastig. Sie wurde immer schöner, zog sich immer besser an, aber ich spürte etwas Neues an ihr, wie übrigens auch an der Großmutter, etwas, was man vor mir verbarg; ich spürte es und erriet es.

Großmutters Märchen beschäftigten mich immer weniger, selbst das, was sie mir von meinem Vater erzählte, zerstreute die unklare, aber mit jedem Tage wachsende Besorgnis nicht.

»Warum findet Vaters Seele keine Ruhe?« fragte ich die Großmutter.

»Wie will man das wissen?« entgegnete sie und blickte an mir vorbei. »Das liegt in Gottes Hand, ist Sache des Himmels, da kennt sich unsereins nicht aus . . .«

Nachts, wenn ich schlaflos durch die blauenden Fenster sah, wie am Himmel langsam die Sterne dahinzogen, erfand ich allerlei traurige Geschichten. Im Mittelpunkt stand immer mein Vater, er war stets irgendwohin unterwegs, allein, einen Stock in der Hand, gefolgt von einem zottigen Hund.

XII

Eines Tages schlief ich gegen Abend ein, und als ich erwachte, fühlte ich, daß nun auch meine Beine erwacht waren; ich ließ sie vom Bett hinunter auf den Fußboden – und sie versagten aufs neue, aber ich war jetzt sicher, daß meine Beine heil seien und ich wieder gehen würde. Das war so schön, daß ich vor Freude aufschrie, die Füße auf den Boden setzte, mich mit dem ganzen Körper auf sie stützte und hinfiel, gleich darauf jedoch zur Tür, zur Treppe kroch und mir lebhaft vorstellte, wie erstaunt unten alle sein würden, wenn sie mich erblickten.

Ich kann mich nicht erinnern, wie ich in Mutters Zimmer, zu Großmutter auf den Schoß gelangte; irgendwelche fremden Leute standen vor ihr herum, und eine dürre grüne Alte, die alle übertönte, sagte streng: »Himbeersaft zu trinken geben, in Dekken hüllen bis über den Kopf . . .«

Alles an ihr war grün, das Kleid, der Hut, das Gesicht mit der Warze unter dem Auge; sogar das Haarbüschel auf der Warze sah aus wie Gras. Sie ließ die Unterlippe hängen, zog die obere hoch und bleckte mich mit grünen Zähnen an; die Hand im schwarzen fingerlosen Spitzenhandschuh verdeckte ihre Augen.

»Wer ist das?« fragte ich verschüchtert. Der Großvater entgegnete mit unangenehmer Stimme: »Das ist deine zweite Großmutter . . .«

Die Mutter schob lächelnd Jewgenij Maximow auf mich zu.

»Und das ist dein Vater . . .«

Sie sprudelte rasch etwas Unverständliches vor sich hin; Maximow kniff die Augen zusammen, beugte sich zu mir vor und sagte: »Ich werde dir einen Tuschkasten schenken.«

Im Zimmer war es sehr hell, in der vorderen Ecke brannten auf einem Tisch zwei Silberleuchter mit je fünf Kerzen, dazwischen stand Großvaters Lieblingsikone »Weine nicht, meine Mutter«, die Perlen auf dem Metallbeschlag schimmerten und zergingen zu Lichtern, und himbeerrote Almandine funkelten und strahlten auf dem Gold der Heiligenscheine. Draußen, auf der Straße, preßten sich schweigend und flach wie Plinsen trübe runde Fratzen gegen die dunklen Scheiben, plattgedrückt klebten an ihnen die Nasen, alles ringsum verschwamm, während die grüne Alte mit kalten Fingern mein Ohr befühlte und sagte: »Unbedingt, unbedingt . . .«

»Er ist ohnmächtig geworden«, meinte die Großmutter und trug mich zur Tür.

Aber ich war nicht ohnmächtig, sondern hatte nur die Augen geschlossen und fragte, während sie mich die Treppe hinauftrug: »Wieso hast du mir nichts davon gesagt?« – »Schon gut, sei still!« – »Betrüger seid ihr . . .«

Sie legte mich aufs Bett, verbarg das Gesicht im Kissen, zuckte an allen Gliedern und weinte; ihre Schultern gingen hin und her, sie murmelte mit tränenerstickter Stimme: »So wein doch ein bißchen . . . weine . . .«

Ich hatte nicht das Bedürfnis zu weinen. In der Dachstube war es halbdunkel und kalt, ich zitterte. Das Bett schaukelte und knarrte, vor meinen Augen stand die grüne Alte, ich stellte mich schlafend, und die Großmutter ging.

Eintönig rannen einige leere Tage dahin, die Mutter war nach dem Verlöbnis fortgefahren, im Hause war es bedrückend still.

Eines Morgens trat der Großvater mit einem Stemmeisen in der Hand bei mir ein, ging zum Fenster und begann den Kitt vom inneren Rahmen, dem »Winterrahmen«, abzulösen. Die Großmutter erschien mit Wischtüchern und einem Becken voll Wasser, und der Großvater erkundigte sich leise bei ihr: »Nun, Alte?« – »Was ist denn?« – »Freust du dich nicht?«

Sie antwortete ihm wie mir auf der Treppe: »Schon gut, sei still!«

Die einfachen Worte hatten jetzt einen besonderen Sinn, hinter ihnen verbarg sich etwas Großes, Trauriges, von dem man besser nicht sprach und von dem alle wußten.

Der Großvater nahm vorsichtig den inneren Rahmen heraus und trug ihn fort, während die Großmutter das Fenster aufstieß – im Garten pfiff ein Star, die Spatzen zwitscherten, der berauschende Geruch der abgetauten Erde strömte ins Zimmer, die bläulichen Ofenkacheln blaßten verlegen aus, man fror, wenn man sie ansah. Ich schlüpfte aus dem Bett, stand auf dem Fußboden.

»Lauf aber nicht barfuß herum«, sagte die Großmutter. – »Ich geh in den Garten.« – »Es ist dort noch feucht, warte lieber ein wenig!«

Ich mochte nicht auf sie hören, der bloße Anblick der Großen war mir unangenehm.

Im Garten sprossen bereits die hellgrünen Spitzen des jungen Grases, an den Apfelbäumen schwollen die Knospen und brachen auf, das Moos auf dem Dach vor Petrownas Haus war wohltuend grün geworden, und überall gab es viele Vögel; ihr fröhliches Gezwitscher, die frische, würzige Luft verursachten einen angenehmen Schwindel. In der Grube, in der sich Onkel Pjotr die Kehle durchgeschnitten hatte, lag wirr und vom Schnee geknickt braunrotes Unkraut am Boden – es war nicht schön, in diese Grube zu blicken, sie hatte nichts Frühlingshaftes an sich; schwarz, speckig und traurig glänzten in ihr die angekohlten Balken, die ganze Grube wirkte aufreizend überflüssig. Mich überkam der heftige Wunsch, das Unkraut auszureißen, es auszuraufen, den Ziegelbruch und die verkohlten Balken fortzuschaffen, alles Schmutzige, Überflüssige aus dem Wege zu räumen, mir eine saubere Wohnstatt in der Grube einzurichten und während des Sommers dort zu hausen – allein, ohne die Großen. Ich machte mich sogleich ans Werk, es lenkte mich sofort und für lange Zeit auf angenehme Weise von allem ab, was sich im Hause tat und, wenn es mich auch immer noch sehr kränkte, mit jedem Tage an Interesse für mich verlor.

»Was schmollst du eigentlich?« fragte mich bald die Großmutter, bald die Mutter – es war mir peinlich, wenn sie mich so fragten, ich war ihnen gar nicht böse, nur war mir alles im Hause plötzlich fremd. Beim Mittagessen, beim Tee und beim Abendbrot saß oft die grüne Alte bei uns am Tisch – gleich einem morschen Pfahl in einem alten Zaune. Ihre Augen schienen durch unsichtbare Nähte am Gesicht befestigt; mühelos rollten sie aus den knochigen Augenhöhlen, bewegten sich sehr gewandt hin und her, sahen alles, bemerkten alles, erhoben sich zur Zimmerdecke, wenn man auf Gott zu sprechen kam, und senkten sich nieder auf die Wange, sobald von häuslichen Dingen die Rede war. Die Augenbrauen waren wie aus Kleie und schienen angeklebt. Ihre entblößten, auseinanderstehenden Zähne zermalmten geräuschlos, was sie zu Munde führte – mit komisch verbogener Hand und abgespreiztem kleinem Finger –, neben den Ohren rollten kleine kugelförmige Knorpel hin und her, und auch die Ohren bewegten sich, ja selbst die grünen Warzenhaare krochen auf ihrer runzligen, gelben, widerlich reinen Haut umher. Überhaupt war sie ebenso sauber wie auch ihr Sohn – es war einem unangenehm, sie oder ihn zu berühren. In den ersten Tagen versuchte sie immer wieder, mir ihre Totenhand zum Kusse hinzuhalten, ihre Hand roch nach gelber Kasaner Seife und Weihrauch, ich wandte mich jedesmal ab und lief davon.

Oft sagte sie zu ihrem Sohn: »Der Junge muß unbedingt noch gründlich erzogen werden – verstehst du mich, Shenja?«

Er neigte gehorsam den Kopf, runzelte die Brauen und schwieg. Alle runzelten in Gegenwart dieser Grünen die Brauen.

Ich haßte die Alte – und auch den Sohn –, ich haßte sie mit einem angesammelten Haß, und dieses schwere, harte Gefühl brachte mir viele Schläge ein. Eines Tages, beim Mittagessen, sagte sie unter schrecklichem Augenrollen: »Ach, Aljoschenka, warum ißt du so hastig – und immer so große Stücke! Du wirst noch ersticken, mein Lieber!«

Ich nahm den Bissen aus dem Mund, steckte ihn wieder auf die Gabel und hielt ihn ihr hin: »Bitte, wenn's Ihnen zu schade für mich ist . . .«

Die Mutter riß mich vom Stuhl, ich wurde mit Schimpf und Schande in meine Dachkammer geschickt – dann kam die Großmutter und schüttelte sich vor Lachen, hielt aber dabei die Hand vor den Mund.

»Ach du meine Güte! Du bist aber auch ein Unart, Gott verzeih dir . . .«

Es gefiel mir nicht, daß sie sich den Mund zuhielt. Ich lief davon, kletterte aufs Dach des Wohnhauses und blieb dort lange hinter dem Schornstein sitzen. Ja, ich hatte große Lust, unartig zu sein, große Lust, allen Leuten böse Worte zu sagen, es fiel mir nicht leicht, diesen Wunsch zu unterdrücken, und doch mußte ich das. Eines Tages beschmierte ich die Stühle meines zukünftigen Stiefvaters und meiner neuen Großmutter mit Kirschharz, und beide blieben an ihnen kleben; das war sehr komisch, aber dann kam, nachdem der Großvater mich verdroschen hatte, die Mutter zu mir in die Dachkammer, zog mich an sich, nahm mich fest zwischen ihre Knie und sagte: »Hör zu – warum bist du so böse auf mich? Wenn du wüßtest, was du mir für Kummer machst!«

Ihre Augen füllten sich mit hellen Tränen, sie preßte meinen Kopf an ihre Wangen – das war so niederdrückend für mich, daß ich schon wünschte, sie hätte mich lieber geschlagen. Ich versprach ihr, nie wieder die Maximows zu ärgern, nie wieder – wenn sie nur bald aufhören wollte zu weinen.

»Ja, ja doch«, sagte sie leise, »du darfst nicht unartig sein! Wir lassen uns bald trauen, dann fahren wir nach Moskau, und dann kommen wir zurück, und du wirst bei mir leben. Jewgenij Wassiljewitsch ist lieb und klug, du wirst dich wohl bei ihm fühlen. Du wirst das Gymnasium besuchen und dann studieren – so ein Student sein, wie er jetzt ist, und dann vielleicht Arzt werden. Oder was du willst – der Gebildete kann alles werden. Nun, geh schon, spiele . . .«

Alle diese »dann«, die sie aneinanderreihte, erschienen mir als Treppe, die irgendwohin in die Tiefe und von ihr fort, in die Dunkelheit, in die Einsamkeit führte – nein, diese Treppe war keine Freude für mich. Wie gerne hätte ich zu meiner Mutter gesagt: Bitte, heirate nicht, ich selber werde dich ernähren!

Aber ich brachte es nicht heraus. Die Mutter weckte immer sehr viele zärtliche Gedanken in mir, doch diese Gedanken auszusprechen – dazu entschloß ich mich nie.

Im Garten kam mein Werk gut voran: Ich riß oder hackte das Unkraut mit einem Hackmesser heraus, legte die Ränder der Grube da, wo die Erde abgebröckelt war, mit Ziegelbruch aus und baute eine breite Sitzgelegenheit aus Ziegeln – man konnte sogar auf ihr liegen. Dann suchte ich viele bunte Glas- und Geschirrscherben zusammen, strich Lehm in die Ritzen zwischen den Ziegelsteinen und drückte die Scherben hinein. Wenn die Sonne in die Grube hereinsah, flammten sie in allen Regenbogenfarben auf; es war wie in der Kirche.

»Das hast du fein gemacht!« sagte der Großvater, als er sich eines Tages meine Arbeit ansah. »Nur wirst du im Unkraut ersticken, du hast die Wurzeln dringelassen! Komm, ich grab dir die Erde um – hol einen Spaten!«

Ich brachte ihm einen eisernen Spaten, er spuckte in die Hände, krächzte und drückte das Spatenblatt mit dem Fuß tief in die fette Erde.

»Wirf die Wurzeln beiseite! Später pflanz ich dir hier Sonnenblumen und Malven hin – wird hübsch werden! Ja doch . . .«

Und plötzlich neigte er sich über den Spaten, schwieg still und erstarrte. Ich sah ihn an – aus seinen kleinen klugen Hundeaugen tropften unentwegt kleine Tränen.

»Was hast du?«

Er gab sich einen Ruck, wischte sich mit der Hand das Gesicht und sah mich trübe an.

»Ich schwitze! Sieh doch – wie viele Würmer!«

Dann begann er wieder zu graben und sagte plötzlich: »Du hast das alles umsonst hier hingebaut! Umsonst, Verehrter! Ich werde das Haus ja doch bald verkaufen. Wahrscheinlich zum Herbst. Ich brauche Geld für Mutters Aussteuer. Ja doch. Soll wenigstens sie es gut haben, Gott verzeih ihr . . .«

Er warf den Spaten hin, winkte ab und ging in die Gartenecke hinter das Badehaus, wo seine Warmbeete lagen, während ich mich ans Umgraben machte und mir sogleich einen Zeh mit dem Spaten verletzte.

Das hinderte mich, die Mutter zur Trauung in die Kirche zu begleiten. Ich vermochte nur, vor das Tor zu gehen, und sah, wie sie Arm in Arm mit Maximow, den Kopf vorsichtig zu Boden geneigt, die Füße auf das Ziegelsteinpflaster des Bürgersteigs setzte, auf das Gras, das zwischen ihnen hervorsproß – als ginge sie über spitze Nägel.

Es war eine stille Hochzeit. Man kam aus der Kirche, trank nicht gerade vergnügt seinen Tee, die Mutter zog sich sofort um und ging in ihr Zimmer, um die Koffer zu packen, während der Stiefvater sich neben mich setzte und sagte: »Ich habe dir einen Tuschkasten versprochen, aber gute Farben gibt es bei uns in der Stadt nicht, und meine kann ich dir nicht abtreten, ich schicke dir also welche aus Moskau ...«

»Und was soll ich damit anfangen?« – »Malst du denn nicht gern?« – »Ich kann nicht malen.« – »Dann schicke ich dir etwas anderes.«

Die Mutter trat auf uns zu.

»Wir sind bald wieder da, der Vater legt seine Prüfung ab, beendet sein Studium, und wir kehren zurück ...«

Es schmeichelte mir, daß sie mit mir wie mit einem Erwachsenen sprachen, aber es hörte sich doch recht sonderbar an, daß jemand, der einen Bart trug, noch immer lernte. Ich fragte: »Was lernst du eigentlich?« – »Landmeßkunde ...«

Ich hatte keine Lust zu fragen, was das denn sei. Öde Stille, eine Art dumpfes Geraschel erfüllte das Haus, ich wünschte mir, es wäre schon Nacht. Der Großvater lehnte mit dem Rücken am Ofen und blinzelte zum Fenster. Die grüne Alte half der Mutter packen, sie schalt und stöhnte, während man die Großmutter, die schon seit Mittag betrunken war, abgeschoben und in der Dachstube eingeschlossen hatte, weil man sich für sie schämte.

Die Mutter reiste am frühen Morgen des folgenden Tages ab. Zum Abschied umarmte sie mich, hob mich mühelos hoch, sah mir irgendwie fremd in die Augen, küßte mich und sagte: »Nun, leb wohl ...«

»Sag ihm, er soll mir gehorchen«, brummte verdrießlich der Großvater und blickte zu dem noch rosigen Himmel auf.

»Gehorche dem Großvater«, sagte die Mutter und bekreuzigte mich. Ich hatte erwartet, sie würde etwas anderes sagen, und ärgerte mich über den Großvater – nur er hatte sie daran gehindert.

Dann stiegen sie in eine Droschke; die Mutter mühte sich lange und ärgerlich, den Saum ihres Kleides freizubekommen – er hatte sich irgendwo verhakt.

»Hilf doch, siehst du denn nicht?« sagte der Großvater – ich tat es nicht, ich war von Wehmut wie gelähmt.

Maximow rückte geduldig die langen Beine – sie steckten in engen blauen Hosen – in der Droschke zurecht, die Großmutter drückte ihm irgendwelche Bündel in die Hände, er stapelte sie auf seinen Knien auf, stützte sie mit dem Kinn, verzog erschrokken das blasse Gesicht und flehte: »Genuuug, genuuug . . .«

In einer zweiten Droschke nahm die grüne Alte mit ihrem älteren Sohn, dem Offizier, Platz. Sie saß da wie ihr eigenes Bildnis, während er mit dem Säbelgriff in seinem Bart herumkratzte und gähnte.

»Sie ziehen also in den Krieg?« erkundigte sich der Großvater bei ihm. – »Unbedingt!« – »Das ist recht. Den Türken muß man es geben . . .«

Sie setzten sich in Bewegung. Die Mutter wandte sich mehrmals um und winkte mit dem Taschentuch, Großmutter, die sich mit der einen Hand gegen die Wand des Hauses stützte, schüttelte die andere in der Luft und vergoß bittere Tränen, und auch der Großvater fuhr mit den Fingern über die Augen und brummte abgerissen: »Es wird . . . nichts Gutes daraus . . . gewiß nicht . . .«

Ich saß auf einem Prellstein und beobachtete, wie die Droschken davonrumpelten. Schließlich bogen sie um die Ecke, und in meiner Brust verschloß sich etwas, schlug irgend etwas zu.

Es war sehr früh, die Fensterläden an den Häusern waren noch geschlossen, die Straße menschenleer – ich hatte sie noch nie so tot und öde gesehen. Aufdringlich blies in der Ferne ein Hirt.

»Gehen wir Tee trinken«, sagte der Großvater und faßte mich um die Schultern. »Es ist, wie man sieht, dein Los, mit mir zusammen zu leben; wirst weiter auf mir herumkratzen wie ein Streichholz auf einem Ziegelstein!«

Von morgens bis abends mühten wir uns im Garten. Er schaufelte Beete, band Himbeeren an Stöcken fest, entfernte Flechten von den Apfelbäumen oder zertrat eine Raupe, während ich fortfuhr, meine Behausung einzurichten und auszuschmücken. Der Großvater hieb das Ende eines angekohlten Balkens ab und steckte Stöcke in die Erde, ich hängte meine Vogelkäfige an ihnen auf, flocht einen dichten Zaun aus trockenem Steppengras und brachte zum Schutz gegen den Tau und gegen die Sonne über der Bank ein Wetterdach an – es war bei mir nun wirklich schön.

Der Großvater sagte: »Es ist nur nützlich, wenn du lernst, dich möglichst gut aus eigenen Kräften einzurichten.«

Ich schätzte seine Worte sehr; er streckte sich gelegentlich auf die Bank, die ich mit Rasenstücken belegt hatte, und unterwies mich, ohne sich zu beeilen, als hole er die Worte mit Mühe aus sich heraus.

»Du bist jetzt für deine Mutter ein abgeschnittener Kanten, es werden andere Kinder kommen, sie werden ihr näherstehen als du. Und die Großmutter hat angefangen zu trinken.«

Er schwieg lange still, als ob er lausche, und ließ aufs neue lustlos seine ernsten Worte fallen: »Es ist jetzt das zweitemal bei ihr – als Michailo zu den Soldaten sollte, hat sie auch so getrunken. Sie war es auch, die mich überredet hat, einen Freistellungsschein für ihn zu kaufen, die alte Närrin. Vielleicht wäre er beim Militär ein anderer Mensch geworden ... Ach iiihr ... Nun, ich werde bald sterben. Du bist dann allein, nur auf dich selbst gestellt, mit einem Wort, dein eigener Ernährer – hast du verstanden? Na also! Lerne, die eigene Arbeit für dich zu nutzen, und laß dich von den anderen nicht unterkriegen! Leb still und ruhig, aber sei hartnäckig! Hör alle an und tu, was dich am besten dünkt ...«

Den ganzen Sommer, von Regentagen natürlich abgesehen, verbrachte ich im Garten, in warmen Nächten schlief ich sogar dort – auf einer Filzdecke, die Großmutter mir geschenkt hatte. Nicht selten übernachtete auch sie im Garten, sie holte sich einen Armvoll Heu, breitete es neben meinem Lager aus, legte sich nieder und erzählte mir lange von diesem oder jenem, wobei sie ihre Worte öfter durch eine überraschende Bemerkung unterbrach: »Sieh – eine Sternschnuppe! Da hat eine reine Seele Sehnsucht bekommen und an die Mutter Erde zurückgedacht! Und das bedeutet – in diesem Augenblick ist irgendwo ein guter Mensch zur Welt gekommen.«

Oder sie wies mich auf etwas hin: »Ein neuer Stern ist aufgegangen! Sieh, wie er funkelt! Ach Himmel, mein Himmel, du schimmerndes Gottesgewand ...«

Der Großvater schalt: »Ihr werdet euch erkälten, närrisches Volk, ihr werdet krank werden, womöglich einen Hexenschuß bekommen. Oder es kommen Räuber und erwürgen euch ...«

Ich erinnere mich – die Sonne geht unter, feurige Ströme ergießen sich über den Himmel und verglühen, auf das samtige Grün des Gartens rieselt goldschillernde rote Asche herab, dann wird alles ringsum merklich dunkler, weitet sich, umgossen von warmem Dämmerlicht, und schwillt an, gesättigt von Sonne, senken sich die Blätter, die Gräser neigen sich zur Erde, alles wird weicher, üppiger und atmet leise vielerlei Wohlgerüche aus, die einschmeichelnd sind wie Musik – auch von den Feldern dringt Musik herüber: In den Lagern bläst man den Zapfenstreich. Es kommt die Nacht, und mit ihr ergießt sich etwas Starkes, Erfrischendes in die Brust, das an die gute Zärtlichkeit einer Mutter erinnert. Weich streichelt die Stille mit ihrer warmen, ein wenig rauhen Hand das Herz, und im Gedächtnis erlischt alles, was man vergessen muß – der ganze feine, beißende Staub des Tages. Zauberhaft ist es, mit dem Gesicht nach oben dazuliegen und zu verfolgen, wie die Sterne aufflammen, wie sie den Himmel grenzenlos vertiefen. Diese Tiefe, die sich immer weiter öffnet und den Blick auf neue Sterne freigibt, hebt mich mühelos von der Erde, und verwundert frage ich mich: Ist die Erde so klein geworden, oder bin ich so seltsam gewachsen, hab mich gedehnt, schmelze dahin und fließe mit allem ringsum zusammen? Es wird dunkler, stiller, doch überall sind unsichtbare, hellhörige Saiten gespannt, und jeder Laut – ob im Schlaf ein Vogel singt, ob ein Igel vorüberläuft oder irgendwo leise eine menschliche Stimme ertönt –, alles klingt besonders, anders als am Tage, wird durch die liebevoll hellhörige Stille betont.

Eine Harmonika spielt und verstummt, ein Frauenlachen verklingt, über das Ziegelsteinpflaster des Bürgersteigs klirrt ein Säbel dahin, irgendwo winselt ein Hund – alles das ist unnötig, alles das sind die letzten fallenden Blätter eines verblühten Tages.

Es gab auch Nächte, in denen auf dem Felde oder auf der Straße plötzlich der Schrei eines Betrunkenen aufgellte und jemand schwer stapfend vorüberlief – das war etwas Gewohntes und erregte keine Aufmerksamkeit.

Die Großmutter findet lange keinen Schlaf, sie liegt da, die Arme unter dem Kopf verschränkt, und erzählt. Sie ist leicht erregt und kümmert sich anscheinend nicht im geringsten darum, ob ich ihr zuhöre oder nicht. Und immer weiß sie ein Märchen zu wählen, das die Nacht noch bedeutend schöner macht.

Ich schlafe, ohne es zu merken, beim Klang ihrer gemessenen

Worte ein und wache morgens mit den Vögeln auf. Die Sonne scheint mir gerade ins Gesicht, die Morgenluft erwärmt sich und fächelt mir zu, von den Blättern der Apfelbäume tropft der Tau, das feuchte Grün der Gräser schimmert heller und heller und wird durchsichtig wie Kristall; ein leichter Dampf steigt über ihm auf. Am violetten Himmel entfaltet sich der Fächer der Sonnenstrahlen, der Himmel wird blau. Dem Auge unerreichbar, jubiliert hoch oben eine Lerche, und alle Farben und Töne durchsikkern die Brust wie ein Morgentau; sie rufen ruhige Freude hervor, wecken den Wunsch, rasch aufzustehen, ein Werk in Angriff zu nehmen und mit allem Lebendigen ringsum gut Freund zu sein.

Es war die stillste und beschaulichste Zeit meines ganzen Lebens, und eben in diesem Sommer gewann ich ein Gefühl des Vertrauens in meine Kraft, das immer mehr erstarkte. Ich verwilderte, wurde menschenscheu; ich hörte die Rufe der Owsjannikowschen Kinder, aber es zog mich nicht zu ihnen, und wenn die Brüder auftauchten, freute mich das keineswegs, sondern weckte nur die Besorgnis, sie könnten meine Bauwerke im Garten zerstören – das erste Werk, das ich selbständig geschaffen hatte.

Auch Großvaters Reden, die immer trockener, brummiger, plärriger wurden, beschäftigten mich nicht mehr. Er geriet jetzt häufig mit der Großmutter in Streit und jagte sie aus dem Hause; sie ging dann bald zu Jakow, bald zu Michailo. Manchmal kehrte sie mehrere Tage nicht nach Hause zurück. Der Großvater kochte selber, verbrannte sich die Finger, jammerte, schimpfte, zerschlug das Geschirr und wurde merkbar geiziger.

Gelegentlich kam er zu mir in meine Hütte, setzte sich möglichst bequem auf dem Rasenbelag zurecht und sah mir lange und wortlos zu, bis er dann plötzlich fragte: »Warum sagst du nichts?«

»Will weiter nichts heißen. Wieso?«

Und er belehrte mich: »Wir sind keine Herrschaften. Keiner lehrt uns was. Wir müssen alles von selber verstehen lernen. Für die anderen – ja, für die werden Bücher geschrieben, für die werden Schulen gebaut, aber für unsereins – nein, so weit sind wir noch nicht. Sieh zu, wo du's hernimmst . . .«

Und er versank in Nachdenken, sackte zusammen, war unbeweglich, stumm, beinahe unheimlich.

Im Herbst verkaufte er das Haus, und kurz bevor der Verkauf zustande kam, erklärte er beim Morgentee plötzlich finster und entschlossen der Großmutter: »Nun, Mutter, ich habe dich lange genug ernährt – jetzt reicht es! Sieh zu, daß du dein Brot selber erwirbst!«

Die Großmutter nahm diese Worte völlig ruhig auf, als habe sie sie längst erwartet.

Gelassen suchte sie ihre Tabakdose hervor, schob Tabak in ihre schwammige Nase und sagte: »Nun ja! Wenn's eben nicht anders ist . . .«

Der Großvater mietete zwei dunkle Zimmer im Keller eines alten Hauses, in einer Sackgasse, am Fuße eines Hügels. Als man in die neue Wohnung umzog, faßte Großmutter einen alten Bastschuh an der langen Schnur, warf ihn in die Ofenhöhlung unter dem Feuerloch, hockte nieder und beschwor den Hausgeist: »Hausgeist, lieber, komm mit hinüber, nimm diesen Schlitten und laß dich bitten ins neue Heim, ins neue Glück . . .«

Der Großvater sah aus dem Hof zum Fenster herein und rief: »Was soll das, du Ketzerin! Versuch's nur, blamier mich . . .«

»Ach, Vater, nimm dich in acht, das geht nicht gut«, warnte die Großmutter allen Ernstes, aber der Großvater wurde zornig und verbot ihr, den »Hausgeist mitzunehmen«.

Die Möbel und verschiedene andere Sachen setzte er in rund drei Tagen an tatarische Altwarenhändler ab, er feilschte und schalt grimmig mit ihnen herum, während die Großmutter im Fenster lag, bald weinte, bald lachte und leise dazwischenrief: »Schleppt nuuur, schleppt! Reißt alles nieder . . .«

Auch ich war nahe am Weinen – mir tat mein Garten, meine Laube leid.

Zwei Rollwagen brachten uns zur neuen Wohnung, und der, auf dem ich zwischen allerlei Hausrat hockte, rüttelte so schrecklich, daß es aussah, als wolle er mich abwerfen.

Und in diesem Gefühl eines hartnäckigen Gerüttels, das mich irgendwohin abzuwerfen drohte, lebte ich volle zwei Jahre, bis zum Tode meiner Mutter.

Sie tauchte auf, bald nachdem sich der Großvater in der Kellerwohnung eingerichtet hatte: blaß, abgemagert, mit riesengroßen Augen, in denen ein brennender, verwunderter Glanz lag. Sie schien immerfort alles zu mustern, als sähe sie ihren Vater, die Mutter und mich zum erstenmal – sie musterte alles und schwieg, während mein Stiefvater unermüdlich im Zimmer auf und ab ging, leise vor sich hin pfiff, hüstelte und, die Hände auf dem Rücken, mit den Fingern spielte.

»Herrgott, wie unheimlich du wächst!« sagte die Mutter zu mir und preßte meine Wangen zwischen ihren heißen Händen.

Sie war unschön angezogen. Sie trug ein weites, braun-rotes Kleid, das sich über dem Leib bauschte.

Der Stiefvater bot mir die Hand.

»Guten Tag, Freund! Nun, was machst du?«

Er schnupperte in der Luft herum und sagte: »Wißt ihr auch, es ist hier sehr feucht!«

Sie sahen beide aus, als wären sie lange gelaufen und nun sehr müde, alles an ihnen war zerknittert und schäbig geworden, sie schienen nichts zu brauchen und nur den einen Wunsch zu haben – sich irgendwo auszustrecken und auszuruhen!

Man trank trübselig Tee. Der Großvater blickte zum Fenster, gegen das der Regen peitschte, und fragte: »Dann ist also alles verbrannt?«

»Alles«, bestätigte der Stiefvater entschieden. »Wir sind selber mit knapper Not davongekommen . . .« – »Ja. Das Feuer kennt keinen Spaß.«

Die Mutter drückte sich an Großmutters Schulter und flüsterte ihr etwas ins Ohr. Großmutter kniff die Augen zusammen, als störte sie ein grelles Licht. Es wurde immer langweiliger.

Plötzlich sagte der Großvater ruhig, aber giftig und sehr laut: »Mir ist aber ein Gerücht zu Ohren gedrungen, verehrter Jewgenij Wassiljew, wonach es einen Brand gar nicht gegeben hat und du einfach alles verspielt hast . . .«

Es wurde still wie im Grabe, der Samowar spie, der Regen peitschte die Scheiben; dann brachte die Mutter heraus: »Papa . . .«

»Was denn – Papaaa?« schrie Großvater sie ohrenbetäubend an. »Was kommt noch? Hab ich dir nicht gesagt: Heirate mit dreißig nicht einen, der zwanzig ist? Da hast du es, da hast du ihn – den sauberen Herrn! Aber der Adelsstand, ja? Was denn, Tochter?«

Jetzt schrien alle vier, am lautesten der Stiefvater. Ich ging hinaus auf den Flur, setzte mich auf einen Stapel Holz und versank staunend in Nachdenken: Die Mutter war wie ausgewechselt, sie war ganz anders, gar nicht mehr wie früher. Im Zimmer fiel das nicht so auf, aber hier, im Halbdunkel, erinnerte ich mich deutlich, wie sie früher gewesen war.

Später fand ich mich, ohne recht bemerkt zu haben, wie, nach Sormowo verschlagen, in ein Haus, in dem alles neu war, die Wände ohne Tapeten, mit Werg in den Fugen zwischen den Balken und vielen Küchenschaben darin. Die Mutter und der Stiefvater bewohnten zwei Zimmer nach der Straße, während die Großmutter und ich in der Küche hausten, deren einziges Fenster auf ein Dach ging. Hinter anderen Dächern ragten wie Zeigefinger Fabrikschlote in den Himmel und stießen dicken krausen Rauch aus, der Winterwind trug den Rauch durch das ganze Dorf; immer erfüllte ein schwerer Brandgeruch unsere kalten Stuben. Frühmorgens heulte gleich einem Wolf die Fabriksirene: »Chwou, ou, ouuu . . .«

Stellte man sich auf die Bank, so sah man durch die Oberlichter des Fensters, über die Dächer hinweg, das von Laternen erleuchtete Fabriktor, offen wie der zahnlose schwarze Mund eines alten Bettlers – eine dichte Schar kleiner Menschen drängte hinein. Mittags ertönte wieder die Sirene; die schwarzen Lippen der Torflügel öffneten sich, man sah die tiefe Mundhöhle, und die Fabrik spie die zerkauten Menschen aus; sie ergossen sich als schwarzer Strom auf die Straße, der weiße, rauhe Wind pfiff durch die Straße hin, jagte die Menschen auseinander und trieb sie in die Häuser. Der Himmel war über dem Dorf sehr selten zu sehen. Tagaus, tagein hing über den Hausdächern, über den Schneewehen, die wie mit Ruß bestreut waren, ein anderes Dach, das, grau und niedrig, die Einbildungskraft erdrückte, mit seiner Eintönigkeit die Sehkraft lähmte.

Abends wogte über der Fabrik ein trübroter Feuerschein, er beleuchtete die Spitzen der Schlote, und es sah aus, als stiegen die Schlote nicht von der Erde zum Himmel auf, sondern senkten sich aus der Rauchwolke zur Erde herab – senkten sich auf sie herab, stießen ihren roten Atem aus und heulten. Wenn man das alles sah, war einem unerträglich übel zumute, und eine schlimme Trübsal nagte am Herzen. Großmutter arbeitete wie eine Hausmagd – sie kochte, scheuerte die Fußböden, hackte Holz oder schleppte Wasser, sie mühte sich von morgens bis abends und legte sich müde, ächzend und krächzend ins Bett. Manchmal zog sie sich, wenn sie die Wirtschaft besorgt hatte, eine kurze Jacke an, steckte den Rock hoch und ging in die Stadt.

»Will mal nachsehen, was der Alte macht . . .« – »Nimm mich mit!« – »Du wirst mir erfrieren, siehst doch, was für ein Schneesturm ist!«

Und sie ging sieben Werst auf einer Landstraße, die sich in den verschneiten Feldern verlor. Die Mutter, gelb und schwanger, hüllte sich frierend in ein graues, zerrissenes Fransentuch. Ich haßte dieses Tuch, das ihren großen, schlanken Körper entstellte, ich haßte es und riß die Fransen aus, ich haßte das Haus, die Fabrik, das Dorf. Die Mutter ging in ausgetretenen Filzstiefeln umher, hustete, ihr unförmig großer Bauch wogte, die graublauen Augen funkelten trocken und böse und blieben häufig an den kahlen Wänden haften, als klebten sie an ihnen fest. Manchmal sah sie eine volle Stunde aus dem Fenster auf die Straße. Die Straße erinnerte an einen Kiefer, ein Teil der Zähne war vor Alter schwarz geworden oder stand schief, andere waren ausgefallen, man hatte sie durch neue und viel zu große Zähne ersetzt.

»Warum leben wir hier?« fragte ich. Sie entgegnete: »Ach, schweig schon still . . .«

Sie sprach nur wenig mit mir, fast immer nur, um zu befehlen: »Geh, hol, bring . . .«

Auf die Straße durfte ich nur selten. Ich kehrte jedesmal, von Jungen zusammengeschlagen, nach Hause zurück – Prügeleien waren mein einziges, mein liebstes Vergnügen, ich gab mich ihnen mit Leidenschaft hin. Die Mutter züchtigte mich dafür mit einem Riemen, aber die Strafe stachelte mich nur auf, ich schlug mich nur noch erbitterter mit den Jungen herum, während die Mutter mich desto härter strafte. Eines Tages warnte ich sie: Wenn sie nicht aufhöre, mich zu schlagen, würde ich sie in die Hand beißen, davonlaufen und erfrieren. Sie stieß mich verwundert von sich, durchmaß das Zimmer und sagte, atemlos vor Mattigkeit: »Du kleines Raubtier!«

Das lebendige, zitternde Spektrum jener Gefühle, die man Liebe nennt, verblaßte immer mehr in meiner Seele, immer häufiger flammten in ihr die stickigen blauen Flämmchen des Zorns über all und jedes auf und glomm im Herzen das Gefühl einer heftigen Unzufriedenheit, das Bewußtsein der Einsamkeit in all dieser grauen, leblosen Ungereimtheit fort.

Der Stiefvater war streng zu mir und sprach nur wenig mit der Mutter, er pfiff immerfort vor sich hin, hustete, trat nach dem Mittagessen vor den Spiegel und stocherte lange und sorgsam mit einem Spänchen in seinen ungleichmäßigen Zähnen herum. Immer häufiger geriet er mit der Mutter in Streit und sagte dann ärgerlich zu ihr »Sie« – ich war über dieses Siezen schrecklich empört. Wenn sie sich stritten, machte er die Tür zur Küche immer fest zu, offenbar wünschte er nicht, daß ich seine Worte hörte, ich horchte aber dennoch auf seinen dumpfen Baß.

Einmal stampfte er mit dem Fuß und schrie: »Ihres albernen Bauches wegen kann ich niemand einladen, Sie Kuh!«

Sprachlos, kochend vor Kränkung, fuhr ich von meinem Lager auf dem Ofen hoch, stieß mit dem Kopf gegen die Decke und biß mir die Zunge blutig.

Sonnabends kamen Dutzende von Arbeitern zum Stiefvater, um ihm Gutscheine zu verkaufen, für die sie Lebensmittel im Fabrikladen einlösen konnten; sie erhielten diese Gutscheine statt Geld als Lohn, und der Stiefvater kaufte die Scheine zum halben Preis auf. Er empfing die Arbeiter in der Küche, saß dabei düster und aufgeblasen am Tisch, nahm einen Gutschein und sagte: »Anderthalb Rubel.« – »Jewgenij Wassiljew, schämen Sie sich denn nicht?« – »Anderthalb Rubel.«

Dieses unsinnige, trübselige Leben nahm für mich bald ein Ende: Bevor die Mutter das Kind bekam, brachte man mich zum Großvater. Er lebte jetzt in Kunawino, in einer engen Stube mit einem russischen Ofen und zwei Fenstern zum Hof, in einem zweistöckigen Haus der Pestschanaja-Straße, die einen Hang hinab zum Friedhof der Napolnaja-Kirche führte.

»Nuuun?« sagte er, nachdem er mich begrüßt hatte, und brach in ein winselndes Kichern aus. »Früher sagte man: Es gibt keinen lieberen Freund als die eigene Mutter, während wir heute wohl besser sagen – als den alten Satan von Großvater! Ach iiihr . . .«

Ich hatte mich auf der neuen Stelle noch nicht recht umgesehen, da trafen auch schon Großmutter und die Mutter mit dem Kind ein. Der Stiefvater war, weil er die Arbeiter ausgeplündert hatte, aus der Fabrik davongejagt worden, hatte aber irgend jemand aufgesucht und war sogleich am Bahnhof als Fahrkartenverkäufer angestellt worden.

Die Zeit lief lange leer, dann zog ich aufs neue zur Mutter, ins Kellergeschoß eines steinernen Hauses, und die Mutter steckte mich sofort in die Schule. Gegen die Schule hatte ich vom ersten Tage an einen Widerwillen.

Ich erschien dort in Schuhen von meiner Mutter, in einem Mäntelchen, das aus einer großmütterlichen Jacke umgearbeitet worden war, in gelbem Hemd und über die Schuhe fallenden Hosen, alles das wurde sogleich verlacht, und ich erhielt des gelben Hemdes wegen den Spitznamen »Karo-As«. Mit den Jungen freundete ich mich bald einigermaßen an, aber der Lehrer und der Pope mochten mich nicht.

Der Lehrer war gelb, kahlköpfig, er hatte ständig Nasenbluten, erschien vor der Klasse mit Wattebäuschchen in den Nasenlöchern, setzte sich an den Tisch, fragte mit näselnder Stimme die Aufgaben ab, hielt plötzlich inne, zog die Wattebäusche aus der Nase, betrachtete sie und schüttelte den Kopf. Sein Gesicht war flach, messingfarben, es schien zu oxydieren, in den Falten lag bläuliches Grün, besonders jedoch wurde es durch die völlig unpassenden zinngrauen Augen entstellt, die so unangenehm an meinem Gesicht klebten, daß ich ständig versucht war, mit der Hand über die Wangen zu wischen.

Mehrere Tage saß ich in der ersten Abteilung, auf der vordersten Bank, unmittelbar vor dem Tisch des Lehrers – das war unerträglich, mir schien, er sehe niemand als mich, und die ganze Zeit näselte er: »Pesko-ow, du mußt das Hemd we-echseln! Pesko-ow, s-arre nicht mit den Füßen! Peskow, du hast dir s-on wieder die S–uhe nicht abgetreten!«

Ich zahlte es ihm mit wilden Streichen heim: Eines Tages beschaffte ich mir eine halbe gefrorene Wassermelone, höhlte sie aus und befestigte sie mit einem Bindfaden oben an der Tür, die zum halbdunklen Flur führte. Als die Tür sich öffnete, ging die Wassermelone hoch, als der Lehrer sie aber schloß, stülpte sich ihm die Wassermelone wie eine Mütze über den kahlen Kopf. Ich wurde vom Pedell, dem der Lehrer einen Zettel mitgab, nach Hause gebracht und spürte die Folgen dieses Streichs am eigenen Leibe.

Ein anderes Mal schüttete ich Schnupftabak in seinen Tischkasten; er mußte danach so niesen, daß er die Klasse verließ und uns vertretungsweise seinen Schwager schickte, einen Offizier, der die ganze Klasse »Gott erhalte den Zaren« und »Ach Freiheit, du meine Freiheit« singen ließ. Wenn jemand falsch sang, klatschte er ihm mit dem Lineal auf den Kopf – das klang schrecklich laut und komisch, aber es tat nicht weh.

Der Religionslehrer, ein gut aussehender junger Pope mit üppigem Haar, mochte mich nicht, weil ich keine »Heilige Geschichte des Alten und des Neuen Testaments« besaß und weil ich seine Art zu reden nachäffte.

Sobald er in der Klasse erschien, wandte er sich zuallererst an mich: »Peschkow, hast du das Buch mitgebracht oder nicht? Ja. Das Buch?«

Ich entgegnete: »Nein. Ich habe keins mitgebracht. Ja.« – »Was heißt – ja?« – »Nein.« – »Dann mach, daß du nach Hause kommst! Ja. Nach Hause. Denn ich habe nicht die Absicht, dich zu unterrichten. Ja. Nicht die Absicht.«

Das betrübte mich nicht allzusehr, ich ging, trieb mich bis zum Schulschluß in den schmutzigen Straßen der Vorstadt herum und beobachtete ihr lärmendes Treiben.

Der Pope hatte ein wohlgestaltes Christusgesicht, zärtliche Frauenaugen und kleine Hände; auch sie waren zärtlich zu allem, was sie berührten. Jeden Gegenstand – ein Buch, ein Lineal, einen Federhalter – faßte er sonderbar zart an, als wäre dieser Gegenstand lebendig, zerbrechlich, als hätte der Pope ihn sehr lieb und fürchtete sich, ihn durch eine unvorsichtige Berührung zu beschädigen. Mit den Jungen ging er nicht ganz so behutsam um, aber sie hatten ihn immerhin gern.

Obwohl ich leidlich lernte, wurde mir bald eröffnet, man würde mich meines unwürdigen Betragens wegen von der Schule jagen. Ich war niedergeschlagen – mir drohten große Unannehmlichkeiten: Die Mutter wurde immer reizbarer und schlug mich immer öfter.

Doch es kam Hilfe – die Schule wurde überraschend von Bischof Chrisanf* besucht, der einem Zauberer ähnlich sah und, wenn ich mich recht erinnere, einen Buckel hatte.

Als er sich, klein, wie er war, in seiner weiten schwarzen Kleidung, ein komisches, eimerförmiges Käppchen auf dem Kopf, an den Tisch setzte, die Hände aus den Ärmeln befreite und sagte: »So meine Kinder, nun laßt uns miteinander reden!« – zog unversehens Wärme und Heiterkeit, etwas ungewohnt Angenehmes, in der Klasse ein.

Er rief mich nach vielen anderen an seinen Tisch und fragte ernst: »Wie alt bist du? Nicht äääilter? Da bist du aber schön lang geraten, mein Freund, nicht wahr? Hast wohl öfter im Regen gestanden, stimmt's?«

Er legte die etwas dürre Hand mit den langen, spitzen Nägeln auf den Tisch, nahm den keineswegs prächtigen Bart zwischen die Finger, heftete den gütigen Blick auf mein Gesicht und forderte mich auf: »Und nun erzähl mir aus der Heiligen Geschichte, was dir am besten gefällt!«

Als ich sagte, daß ich das Buch nicht besäße und die Heilige Geschichte darum nicht lernte, rückte er die Kappe zurecht und fragte: »Wie das? Aber das muß man doch lernen! Vielleicht weißt du trotzdem dies oder jenes oder hast schon davon gehört? Kannst du den Psalter? Das ist gut! Und auch Gebete? Na, siehst du! Was denn, Heiligenlegenden auch? In Versen? Aber da kannst du dich ja sehen lassen!«

Rot und atemlos stellte sich unser Pope ein, der Bischof erteilte ihm den Segen, als aber der Pope auf mich zu sprechen kam, hob er die Hand und sagte: »Erlauben Sie, einen Augenblick! . . . Erzähl uns doch mal von Alexej dem Gottesknecht . . .«

»Wunderschöne Verse, mein Freund, nicht wahr?« sagte er, als

* Er ist der Verfasser des bekannten dreibändigen Werkes »Die Religionen der antiken Welt«, der »Ägyptischen Metempsychose« sowie des publizistischen Aufsatzes »Von der Ehe und von der Frau«. Dieser Aufsatz, den ich in meiner Jugend las, hat mich stark beeindruckt. Ich fürchte nur, seinen Titel nicht richtig angeführt zu haben. Erschienen in einer theologischen Zeitschrift der siebziger Jahre.

ich an irgendeiner Stelle plötzlich stockte. »Weißt du vielleicht noch mehr? ... Vom König David, sagst du? Da höre ich aber gerne zu!«

Ich sah, daß er tatsächlich zuhörte und daß die Verse ihm gefielen; er fragte mich lange aus, hieß mich dann plötzlich schweigen und erkundigte sich rasch: »Das hast du nach dem Psalter gelernt? Und wer hat dich gelehrt? Der gute Großvater? Der böse, sagst du? Nein, wirklich? Und bist du eigentlich sehr unartig?«

Ich wurde verlegen und sagte schließlich – ja. Der Lehrer und der Pope pflichteten meinem Bekenntnis wortreich bei, er hörte ihnen zu, den Blick zu Boden gesenkt, seufzte und sagte: »Das alles sagt man dir nach – hast du's gehört? Komm doch mal her!«

Er legte mir die nach Zypressenholz duftende Hand auf die Stirn und fragte: »Wieso bist du denn eigentlich so unartig?«

»Das Lernen langweilt mich.« – »Es langweilt dich? Da stimmt doch etwas nicht, mein Freund! Wenn dich das Lernen langweilen würde, wärst du ein schlechter Schüler, aber die Lehrer bestätigen doch, daß du gut vorwärtskommst! Es muß wohl an etwas anderem liegen!«

Er zog ein kleines Buch aus der Brusttasche und trug darin ein: »Peschkow, Alexej. So! Du solltest dich, mein Freund, ein bißchen zusammennehmen und nicht allzu unartig sein! Ein bißchen – mag ja noch hingehen, aber zuviel des Guten ist für die Leute denn doch recht ärgerlich. Hab ich recht, Kinder?«

Eine Vielzahl von Stimmen antwortete fröhlich: »Ja!«

»Ihr selber seid doch wohl nicht allzu unartig?«

Die Jungen grinsten und wandten ein: »O doch! Wir auch. Sehr sogar!«

Der Bischof warf sich gegen die Stuhllehne, drückte mich an sich und sagte, scheinbar erstaunt und so, daß alle – sogar der Lehrer und der Pope – lachen mußten: »Nein, so was, meine Freunde! Damals, als ich so alt war wie ihr, bin auch ich ein ziemlicher Unart gewesen! Woher das wohl kommen mag?«

Die Kinder lachten, er fragte sie geschickt aus, brachte sie durcheinander, ließ sie einander widersprechen und fachte die allgemeine Heiterkeit immer mehr an. Schließlich erhob er sich und sagte: »Es plaudert sich gut mit euch, ihr Spitzbuben, aber ich muß jetzt leider fort!«

Er hob die Hand, daß ihm der Ärmel bis zur Schulter glitt, bekreuzigte alle mit ausladender Gebärde und segnete uns: »Im Namen des Vaters, des Sohnes und des Heiligen Geistes! Ich segne euch zum guten Werk! Lebt wohl!«

Alle riefen: »Leben Sie wohl, Hochwürden! Kommen Sie wieder!«

Er nickte uns mit der Kappe zu und versprach: »Ich komme wieder, ich komme wieder! Ich bringe euch Bücher mit!«

Und während er aus dem Klassenzimmer entschwebte, sagte er zum Lehrer: »Geben Sie ihnen mal frei!«

Er nahm mich an der Hand, führte mich in den Flur, beugte sich zu mir nieder und sagte leise: »Nimm dich also ein bißchen zusammen, nicht wahr? Ich verstehe schon, weshalb du unartig bist! Alsdann, mein Freund, leb wohl!«

Ich war sehr aufgeregt. Ein eigentümliches Gefühl bewegte meine Brust, so daß ich, als der Lehrer die Klasse entlassen hatte und mich noch dabehielt, um mir zu sagen, ich müsse jetzt stiller sein als das Wasser und nachgiebiger als das Gras, ihm willig und aufmerksam zuhörte.

Der Pope dröhnte, während er sich den Pelz anzog, freundlich in meine Ohren: »Von nun an mußt du bei meinem Unterricht anwesend sein! Ja. Mußt du! Aber – sitz still! Ja. Still!«

Kaum hatte sich meine Lage in der Schule gebessert, ereignete sich zu Hause eine üble Geschichte: Ich stahl der Mutter einen Rubel. Das Verbrechen geschah ohne Vorbedacht.

Eines Abends war die Mutter fortgegangen und hatte mich mit dem Kind allein zu Hause gelassen. Ich langweilte mich, schlug eines der Bücher meines Stiefvaters auf – die »Aufzeichnungen eines Arztes« von Dumas dem Älteren – und entdeckte zwischen den Seiten einen Zehnrubelschein, daneben eine Rubelnote. Das Buch war mir unverständlich, ich schlug es zu, und plötzlich sagte ich mir, daß man für einen Rubel nicht nur die »Heilige Geschichte«, sondern wahrscheinlich auch das Buch über Robinson kaufen könne. Daß es ein solches Buch gab, hatte ich kurz zuvor in der Schule erfahren. Als ich an einem frostigen Tag während der Pause den Jungen ein Märchen erzählte, bemerkte plötzlich einer von ihnen verächtlich: »Märchen sind dummes Zeug, aber Robinson – das ist eine wirkliche Geschichte!«

Es fanden sich einige Jungen, die den Robinson gelesen hatten. Alle lobten dieses Buch. Ich war gekränkt, daß ihnen Großmutters Märchen nicht gefallen hatte, und beschloß gleich damals, den Robinson zu lesen, damit ich meinerseits von ihm sagen könne: Das ist dummes Zeug!

Am folgenden Tage brachte ich eine »Heilige Geschichte« und zwei zerlesene Bändchen Andersens Märchen, drei Pfund Weißbrot und ein Pfund Wurst in die Schule mit. Im kleinen, dunklen Laden an der Umfriedung der Wladimirskaja-Kirche hatte es auch einen Robinson gegeben, ein dünnes Büchlein in gelbem Umschlag, auf dessen erster Seite ein bärtiger Mann mit Pelzmütze und einem Fell um die Schultern abgebildet war – das hatte mir nicht zugesagt, während mir die Märchen, obwohl sie so zerfleddert waren, schon äußerlich gefielen.

Während der großen Pause teilte ich mit den Jungen die Wurst und das Brot, und wir begannen das wunderbare Märchen »Die Nachtigall« zu lesen – es griff allen sofort ans Herz.

»In China, das weißt du wohl, ist der Kaiser ein Chinese, und alle, die er um sich hat, sind auch Chinesen.« Ich erinnere mich, wie angenehm mich dieser Satz durch seine einfache, heiter lächelnde Musik und etwas anderes noch, was wunderbar schön war, verblüffte.

Ich kam nicht dazu, die »Nachtigall« in der Schule zu Ende zu lesen – die Zeit reichte nicht aus, und als ich nach Hause kam, fragte mich die Mutter, die mit der Pfannengabel in der Hand am Herd stand und Spiegeleier briet, mit sonderbarer, erloschener Stimme: »Hast du den Rubel genommen?«

»Ja; hier sind die Bücher . . .«

Sie verabreichte mir mit eben jener Pfannengabel eine gründliche Tracht Prügel, nahm mir die Andersen-Bändchen fort und versteckte sie auf Nimmerwiedersehen. Das traf mich viel bitterer als die Tracht Prügel.

Mehrere Tage ging ich nicht zur Schule, und offenbar erzählte in dieser Zeit der Stiefvater seinen Arbeitskollegen von meiner Heldentat, die wieder erzählten es ihren Kindern, eines von ihnen brachte die Geschichte in die Schule mit, und als ich wieder zum Unterricht kam, empfing man mich mit einem neuen Spitznamen – »Dieb«. Das war kurz und klar, aber – falsch: Schließlich hatte ich nicht verheimlicht, daß ich den Rubel genommen hatte. Ich versuchte, es ihnen klarzumachen – man glaubte mir nicht. Da ging ich nach Hause und sagte der Mutter, ich würde nicht mehr zur Schule gehen.

Sie saß am Fenster, aufs neue schwanger, grau, mit irren, zerquälten Augen, fütterte meinen Bruder Sascha und starrte mich mit offenem Munde an – wie ein Fisch.

»Du lügst«, sagte sie leise. »Niemand kann wissen, daß du den Rubel genommen hast.«

»Geh hin und erkundige dich!«

»Dann hast du dich selber verplappert. Gib zu – du selber? Nimm dich in acht, ich werde mich morgen erkundigen, wer das in die Schule mitgebracht hat!«

Ich nannte ihr den Schüler. Ihr Gesicht verzog sich kläglich und bedeckte sich mit Tränen.

Ich ging in die Küche, streckte mich auf mein Bett, das aus Kisten bestand und hinter dem Ofen aufgeschlagen war, lag da und horchte, wie nebenan im Zimmer die Mutter wimmerte.

»Mein Gott, mein Gott . . .«

Ich hielt es nicht länger aus, im widerlichen Geruch der angewärmten, speckigen Lumpen herumzuliegen, stand auf und ging auf den Hof, aber die Mutter rief mich: »Wo willst du hin? Wohin? Komm doch mal her!«

Später saßen wir auf dem Fußboden. Sascha lag auf Mutters Knien, griff nach den Knöpfen an ihrem Kleid, nickte und sagte: »Köpfchen«, was heißen sollte: Knöpfchen.

Ich hatte mich an Mutters Seite gedrängt, während sie mich umarmt hielt und zu mir sagte: »Wir sind arm, für uns ist jede Kopeke, jede Kopeke . . .«

Und immer ließ sie etwas unausgesprochen, obwohl sie mich mit heißen Händen an sich drückte.

»So ein gemeiner Lump . . . ein Lump!« kam plötzlich ein Wort über ihre Lippen, das ich schon einmal von ihr gehört hatte.

Sascha wiederholte: »Mump!«

Er war ein seltsamer Junge. Ungelenk und großköpfig, blickte er alles ringsum aus wunderschönen blauen Augen an, lächelte leise und schien auf etwas zu warten. Er fing ungewöhnlich früh zu sprechen an, weinte nie und lebte in einem Zustand ununterbrochener stiller Heiterkeit dahin. Er war schwächlich, konnte kaum kriechen und freute sich jedesmal, wenn er mich sah, er wollte immer auf meinen Schoß und knetete mit seinen kleinen weichen Fingern, die, Gott weiß warum, nach Veilchen rochen, an meinen Ohren herum. Er starb überraschend, ohne gekränkelt zu haben. Am Morgen noch war er still und vergnügt gewesen wie immer, und abends, als man zum Spätgottesdienst läutete, lag er schon aufgebahrt auf dem Tisch. Das geschah kurze Zeit nach der Geburt des zweiten Kindes, Nikolais.

Die Mutter löste ihr Versprechen ein. In der Schule war alles wieder wie früher, nur wurde ich aufs neue zum Großvater verschlagen.

Eines Tages, als ich zur Zeit des Abendtees vom Hof in die Küche kam, hörte ich meine Mutter verzweifelt ausrufen: »Jewgenij, ich bitte dich, ich bitte dich ...«

»Dumm-hei-ten!« entgegnete der Stiefvater. – »Aber ich weiß doch – du gehst zu ihr!« – »Na und?«

Sekundenlang schwiegen beide, dann mußte die Mutter husten und sagte: »Was bist du doch für ein gemeiner Lump ...«

Ich hörte, daß er sie schlug, stürzte ins Zimmer und sah, wie sich die Mutter, auf den Knien liegend, mit dem Rücken und mit den Ellenbogen auf einen Stuhl stützte, mit vorgewölbter Brust, den Kopf zurückgeworfen, röchelnd und mit unheimlich funkelnden Augen, während er, blitzsauber, in einem neuen Uniformrock, sie mit dem langen Bein vor die Brust trat. Ich packte ein auf dem Tisch liegendes Messer mit silbergefaßtem knöchernem Griff – es wurde bei uns zum Brotschneiden benutzt und war das einzige Stück, das die Mutter von meinem Vater übrigbehalten hatte – und stieß es mit aller Wucht dem Stiefvater in die Seite.

Glücklicherweise konnte die Mutter Maximow noch beiseite reißen, das Messer streifte ihn zwar und schlitzte die Uniformjacke auf, ritzte ihm aber nur die Haut. Der Stiefvater stürzte stöhnend und sich die Seite haltend aus dem Zimmer, während die Mutter mich zu fassen bekam, in die Höhe hob und aufheulend zu Boden schleuderte. Der Stiefvater kam vom Hof zurück ins Zimmer und nahm mich ihr weg.

Spätabends, als er dann doch noch aus dem Hause gegangen

war, kam die Mutter zu mir hinter den Ofen, umarmte und küßte mich und bettelte: »Verzeih mir, ich bin schuld! Ach, Lieber, wie konntest du nur? Mit dem Messer!«

Ich erklärte ihr in aller Aufrichtigkeit und mir durchaus dessen bewußt, was ich sagte, ich würde den Stiefvater und hinterher mich selbst erstechen. Ich glaube, ich hätte das tatsächlich getan oder auf jeden Fall versucht. Selbst heute noch sehe ich dieses lange, gemeine Bein vor mir, mit der grellfarbenen Biese längs der Hosennaht, sehe, wie es ausholt und mit der Schuhspitze in die Frauenbrust tritt.

Wenn ich mich all dieser bleiern lastenden Scheußlichkeiten des rohen russischen Lebens erinnere, frage ich mich bisweilen: Lohnt es sich denn, davon zu sprechen? Und mit voller Überzeugung sage ich zu mir selbst – es lohnt sich; denn diese zählebige, gemeine Wirklichkeit ist bis auf den heutigen Tag nicht verreckt. Es ist jene Wirklichkeit, die man bis in die Wurzel hinein kennen muß, um sie mit ihrer Wurzel auszureißen – aus dem Gedächtnis, aus der menschlichen Seele, aus unserem ganzen so mühseligen und schändlichen Dasein.

Es gibt auch einen anderen, mehr positiven Grund, der mich veranlaßt, diese Abscheulichkeiten aufzuzeichnen. Wenn sie auch widerlich sind und uns beklemmen, wenn sie auch manche schöne Seele niederdrücken – der russische Mensch bleibt trotz allem noch so gesund und von Herzen jung, daß er sie zu überwinden sucht und überwinden wird.

Unser Leben ist nicht nur erstaunlich, weil die Schicht von allerlei viehischen Gemeinheiten so dick in ihm ist und so üppig weiterwuchert, sondern auch darum, weil selbst durch diese Schicht hindurch das Starke, Gesunde und Schöpferische, das Menschlich-Gute siegreich emporwächst und die unerschütterliche Hoffnung auf unsere Wiedergeburt nährt – die Wiedergeburt zu einem schönen, menschenwürdigen Leben.

XIII

Ich bin wieder einmal beim Großvater.

»Was gibt's, du Räuber?« empfing er mich und trommelte mit

der Hand auf den Tisch. »Ich werde dich jetzt nicht mehr ernähren, das soll die Großmutter tun!«

»Werde ich auch«, sagte die Großmutter. »Man denke, was das schon ist!«

»So tu's doch!« schrie der Großvater, beruhigte sich aber gleich darauf und erklärte mir: »Wir wirtschaften jetzt getrennt, jeder für sich . . .«

Die Großmutter saß am Fenster und klöppelte behende an ihren Spitzen, lustig klapperten die Klöppel, gleich einem goldenen Igel blitzte in der Frühlingssonne das dicht mit Messingnadeln gespickte Klöppelkissen. Auch die Großmutter selbst schien wie in Erz gegossen – sie veränderte sich nicht. Der Großvater dagegen war noch mehr eingetrocknet, noch stärker zusammengeschrumpft als früher, sein rotes Haar war ergraut, die ruhige Würde seiner Bewegungen einer fieberhaften Hast gewichen, die grünen Augen blickten mißtrauisch drein.

Die Großmutter erzählte mit einem spöttischen Lächeln von der Gütertrennung zwischen dem Großvater und ihr: Er hatte ihr Töpfe und Näpfe, kurz das gesamte Geschirr überlassen und gesagt: »Das gehört dir, weiter hast du von mir nichts zu beanspruchen!«

Dann nahm er ihr alle altmodischen Kleider und Kleidungsstücke, darunter auch einen weiten Mantel aus Fuchsfellen fort, veräußerte das Ganze für siebenhundert Rubel und legte das Geld gegen Zinsen bei seinem jüdischen Patensohn, einem Obsthändler, an. Er wurde endgültig vom Geiz befallen und verlor jede Scham: Er suchte seine alten Bekannten, frühere Arbeitskollegen aus der Handwerksverwaltung oder reiche Kaufleute, auf, beklagte sich bei ihnen, er sei von seinen Kindern ruiniert, und bat sie um Geld zur Linderung seiner Not. Er genoß Achtung, man gab ihm reichlich, rückte mit großen Scheinen heraus. Er fuchtelte mit den Geldscheinen vor Großmutters Nase herum, prahlte und neckte sie wie ein Kind: »Merkst du was, dumme Gans? Dir würden sie nicht mal den hundertsten Teil davon geben!«

Das so zusammengebettelte Geld verlieh er gegen Zinsen an seinen neuen Freund, einen langen, glatzköpfigen Kürschner, der in der Vorstadt den Spitznamen Chlyst, der Galgenstrick, führte, sowie an dessen Schwester, eine Krämerin. Sie war ein üppiges, rotwangiges, braunäugiges Frauenzimmer, schmachtend und süß wie Zuckersirup.

Alles im Hause war streng geregelt: Den einen Tag bereitete die Großmutter das Mittagessen aus Lebensmitteln, die sie von ihrem Geld gekauft hatte, den anderen Tag wurden Lebensmittel und Brot vom Großvater gekauft, und immer war das Mittagessen an diesen Tagen schlechter: Die Großmutter kaufte gutes Fleisch, er – Innereien, Leber, Lunge, Magen. Tee und Zucker wurden getrennt verwahrt, doch brühte man den Tee gemeinsam auf, und jedesmal fragte der Großvater besorgt: »Halt, warte mal – wieviel hast du hineingetan?«

Er schüttete die Teeblätter auf die flache Hand, zählte sie gewissenhaft nach und meinte: »Dein Tee ist feiner als der meine, ich brauche also nicht soviel zu nehmen, er ist ja großblättriger, ergiebiger.«

Er achtete genauestens darauf, daß die Großmutter ihm und sich selbst gleich starken Tee eingoß und sie gleich viele Tassen tranken.

»Für jeden von uns die letzte, nicht wahr?« fragte sie, bevor sie die Teereste ausgoß.

Der Großvater sah in der Teekanne nach und sagte: »Es ist wohl so!«

Sogar das Öl für das Lämpchen vor dem Heiligenbild kaufte jeder für sich – und das nach einem halben Jahrhundert gemeinsamer Arbeit!

Ich fand all diese Schliche des Großvaters nicht nur komisch, sondern auch widerlich, aber die Großmutter lachte nur.

»Laß ihn doch!« beruhigte sie mich. »Was ist im Grunde schon dabei? Der Alte ist eben alt geworden und spielt verrückt! Er hat ja auch seine achtzig auf dem Buckel – bring du sie erst mal hinter dich! Laß ihm doch seinen Spaß, schadet es denn irgend jemand? Ich werde für dich und mich schon ein Stück Brot verdienen, da sei nur ganz unbesorgt!«

Auch ich hatte angefangen, Geld zu verdienen: An Feiertagen nahm ich frühmorgens meinen Sack und ging in die Höfe und auf die Straßen, um Rinderknochen, Lumpen, Papier oder Nägel zu sammeln. Für ein Pud Lumpen oder Papier zahlten die Altwarenhändler zwanzig Kopeken, für Eisen ebensoviel, für ein Pud Knochen zehn, manchmal nur acht Kopeken. Ich betrieb dieses Geschäft auch wochentags nach Schulschluß und setzte jeden Sonnabend verschiedenerlei Waren für dreißig, fünfzig und, wenn ich Glück gehabt hatte, auch mehr Kopeken ab. Die Großmutter nahm mein Geld, steckte es eilig in ihre Rocktasche, schlug die Augen zu Boden und lobte mich: »Hab Dank, du gute Seele! Wir beiden sollten uns nicht durchschlagen – wir? Als wenn das eine so große Sache wäre!«

Eines Tages beobachtete ich heimlich, wie sie, meine Fünfkopekenstücke in der Hand, auf sie hinabstarrte und leise weinte; an ihrer Nase, die großporig war wie Bimsstein, hing eine trübe Träne.

Einträglicher als der Lumpenhandel war der Diebstahl von Brennholz und Brettern in den Holzlagern längs der Oka oder auf den Peski – einer Insel, auf der man während der Messe in eilig zusammengezimmerten Buden mit Eisenwaren handelte. Nach der Messe wurden die Buden abgerissen und Stangen und Bretter zu Stapeln geschichtet; sie blieben dort, auf den Peski, fast bis zum Frühjahrshochwasser liegen. Die Hausbesitzer aus dem Kleinbürgerstand bezahlten für ein gutes Brett zehn Kopeken, und zwei oder drei Stück konnte man am Tage schon stibitzen. Allerdings brauchte man, wollte man erfolgreich sein, schlechtes Wetter, Tage, an denen Schneesturm oder Regen die Wächter vertrieben und irgendwo Schutz suchen ließen.

Es fand sich eine einmütige Bande zusammen: der zehnjährige Sohn einer bettelarmen Mordwinin, Sanka Wjachir, ein lieber, zarter, stets ruhig heiterer Junge; der elternlose, alleinstehende Kostroma, zottelköpfig, knochig, mit riesigen schwarzen Augen – er hat sich später, mit dreizehn Jahren, in einer Kolonie für minderjährige Verbrecher erhängt, wohin er gebracht wurde, weil er ein Taubenpärchen gestohlen hatte; der kleine Tatare Chabi, ein zwölfjähriger kräftiger Bursche, einfältig und herzensgut; der stupsnasige Jas, Sohn eines Friedhofwächters und Totengräbers, ein Junge von etwa acht Jahren, der stumm wie ein Fisch war und an Fallsucht litt; schließlich, als ältester an Jahren, der Sohn einer verwitweten Schneiderin, Grischka Tschurka, besonnen und gerecht und ein leidenschaftlicher Faustkämpfer; alle aus ein und derselben Straße.

Diebstahl galt in der Vorstadt nicht als Sünde, er stellte eine alte Gewohnheit und fast die Existenzgrundlage der halbverhungerten Bewohner dar. Die anderthalb Monate Messe reichten nicht aus, um sie ein ganzes Jahr satt zu machen, so daß sehr viele ehrenwerte Hausbesitzer »einem Nebenerwerb auf dem Fluß nachgingen«: Sie fingen Brennholz und Holzstämme ab, die das Hochwasser weggeschwemmt hatte, oder beförderten kleine Frachten mit ihren Booten, hauptsächlich aber befaßten sie sich mit Diebstählen auf den Lastkähnen und schnappten sich auf der Wolga und der Oka alles, was nicht niet- und nagelfest war. An Feiertagen prahlten die Großen mit ihren Erfolgen, während die Kleinen ihnen lauschten und dabei lernten.

Im Frühjahr, in der heißen Zeit vor der Messe, waren die Vorstadtstraßen abends voll von betrunkenen Handwerkern, Fuhrleuten und anderem Arbeitsvolk. Stets durchsuchten die Vorstadtkinder ihre Taschen, es war ihr Gewohnheitsrecht und ein Gewerbe, das sie furchtlos, vor den Augen der Erwachsenen, betrieben.

Sie stahlen den Zimmerleuten das Handwerkszeug, den Droschkenkutschern Schraubenschlüssel, den Lastfuhrleuten Kupplungsbolzen und eiserne Achsbänder – wir, unsere Kumpanei, machten solche Sachen nicht mit. Tschurka erklärte eines Tages mit aller Entschiedenheit: »Ich stehle nicht, Mama hat's mir verboten.«

»Und ich – trau mich nicht!« sagte Chabi.

Kostroma hatte einen Widerwillen gegen die kleinen Diebe, er brachte das Wort »Dieb« stets mit besonderem Nachdruck heraus, und wenn er sah, daß fremde Jungen einen Betrunkenen ausplünderten, vertrieb er sie, bekam er aber einen zu fassen, dann bleute er ihn unbarmherzig durch. Dieser großäugige, unfrohe Junge bildete sich ein, erwachsen zu sein. Er hatte sich einen besonderen Gang, den schaukelnden Gang eines Lastträgers, zugelegt, bemühte sich, mit tiefer, grober Stimme zu sprechen, und war überhaupt irgendwie schwierig, unnatürlich und alt. Wjachir war überzeugt, daß Stehlen Sünde sei.

Doch Bretter und Stangenholz von den Peski herbeizuschleppen galt nicht als Sünde, niemand von uns fürchtete sich davor, und wir legten uns mit der Zeit eine Reihe von Kunstgriffen zurecht, die uns die Arbeit sehr erleichterten. Abends, wenn es dunkelte, oder bei schlechtem Wetter machten sich Wjachir und Jas über das nasse, aufgequollene Eis der Flußbucht zu den Peski auf – sie gingen ganz offen auf die Insel zu, bemüht, die Aufmerksamkeit der Wächter auf sich zu ziehen, während wir vier anderen unbemerkt hinüberzugelangen suchten, jeder für sich. Die Wächter, die sich durch Jas und Wjachir beunruhigt fühlten, beobachteten sie, wir sammelten uns inzwischen an dem im voraus bestimmten Stapel, suchten uns unsere Ziehlast aus und machten uns auf den Rückweg, während die schnellfüßigen Kameraden die Wächter herausforderten und sich von ihnen verfolgen ließen. Jeder von uns vieren hatte einen Strick mit einem großen, zum Haken gebogenen Nagel bei sich. Wir nahmen die Bretter oder Stangen mit Hilfe dieses Nagels ins Schlepp und zogen sie über den Schnee oder das Eis hinter uns her – die Wächter bemerkten uns fast nie; geschah es aber einmal doch, dann war es schon zu spät. Nachdem die Beute verkauft war, teilten wir den Erlös in sechs Teile auf – jeder erhielt fünf, manchmal auch sieben Kopeken.

Für dieses Geld hätte man sich den Tag über sehr ordentlich ernähren können, aber Wjachir bekam von seiner Mutter Schläge, wenn nicht ein guter Schluck Wodka für sie abfiel; Kostroma sparte – er träumte davon, sich einen Taubenschlag zuzulegen. Tschurkas Mutter war krank, und er bemühte sich, möglichst viel für sie zu verdienen. Auch Chabi sparte sein Geld, er wollte wieder in seine Geburtsstadt, aus der ihn ein Onkel hierher, nach Nishnij, gebracht hatte; der Onkel war bald nach ihrer Ankunft ertrunken. Chabi hatte vergessen, wie seine Geburtsstadt hieß, er wußte nur, daß sie an der Kama lag, unweit der Wolga.

Uns kam diese Stadt aus irgendeinem Grunde sehr komisch vor, wir neckten den schlitzäugigen kleinen Tataren und sangen:

»Stadt an der Kama,
Wie war nur dein Name?

Soviel ich auch krame,
Ich passe, erlahme!«

Zuerst ärgerte sich Chabi über uns, aber eines Tages sagte Wjachir mit einer Stimme, die wie ein Gurren klang und seinen Spitznamen »die Waldtaube« rechtfertigte, zu ihm: »Was hast du? Nimmt man denn seinen Kameraden etwas übel?«

Der kleine Tatar war ganz betreten und sang schließlich selber das Liedchen von der Stadt an der Kama mit.

Trotz allem sagte uns das Lumpensammeln mehr zu als der Bretterdiebstahl. Besonders interessant wurde es im Frühjahr, wenn der Schnee abgetaut war und Regenfälle die gepflasterten Straßen des einsamen Messegeländes blank gewaschen hatten. Dort, auf dem Messegelände, konnte man in den Gräben immer viele Nägel oder Eisenbruchstücke finden, nicht selten auch Kupfer- oder Silbermünzen; allerdings mußten wir, damit uns die Budenwächter nicht vertrieben und unsere Säcke fortnahmen, entweder ein Zweikopekenstück an sie entrichten oder lange vor ihnen herumscharwenzeln. Überhaupt kamen wir nicht leicht zu unserem Gelde, doch wir lebten sehr einträchtig zusammen, und wenn wir uns gelegentlich auch ein bißchen stritten, so kann ich mich dennoch an keine einzige Schlägerei zwischen uns erinnern.

Unser Friedensstifter war immer Wjachir, er wußte uns im richtigen Augenblick stets etwas Besonderes zu sagen, einfache Worte, die uns verwunderten oder beschämten. Er schien sich selber über sie zu wundern. Die bösen Ausfälle, die Jas sich zuschulden kommen ließ, kränkten und erschreckten ihn nicht, er fand nur alles Schlechte unnötig und lehnte es ruhig und überzeugt ab.

»Wozu denn auch das noch?« fragte er, und wir erkannten sofort – es hatte nicht den geringsten Sinn.

Seine Mutter nannte er »meine Mordwinin« – wir fanden das keineswegs komisch.

»Gestern kam meine Mordwinin wieder völlig betrunken nach Hause gewankt!« erzählte er vergnügt und funkelte mit den runden, goldbraunen Augen. »Reißt die Tür auf, setzt sich auf die Schwelle und singt, singt einfach, das alte Huhn!«

Der sachliche Tschurka erkundigte sich: »Was hat sie denn gesungen?«

Wjachir schlug mit der Hand den Takt auf sein Knie und gab mit dünnem Stimmchen das Lied seiner Mutter zum besten:

»Es klopft, es klirrt,
Der junge Hirt –
Er klopft ans Fenster mit seinem Stab,
Ich lauf auf die Straße zu ihm im Trab!
O Hirtenflöte,
O Abendröte,
Spielst du ihnen eine Weise,
Ist das ganze Dorf gleich leise!«

Er kannte eine ganze Anzahl solcher übermütiger Liedchen und trug sie sehr hübsch vor.

»Ja«, fuhr er fort, »da schlief sie denn auf der Türschwelle ein und kühlte uns die Stube aus, daß Gott erbarm, ich zitterte schon am ganzen Leibe, bin fast erfroren, schaffte es aber nicht, sie von der Schwelle fortzuziehen. Heute früh sagte ich dann zu ihr: ›Was bist du nur für ein entsetzlicher Saufbold!‹ Sie meinte nur: ›Na wennschon, hab noch ein bißchen Geduld mit mir, ich werde ja doch bald sterben!‹«

Und Tschurka bestätigte ernst: »Sie wird bald sterben, sie ist schon überall geschwollen.«

»Da wirst du dich wohl grämen?« fragte ich.

»Wie sollte ich nicht?« verwunderte sich Wjachir. »Sie ist doch immer lieb zu mir ...«

Und alle glaubten wir, daß die Mordwinin lieb war, obwohl wir wußten, daß sie Wjachir gelegentlich schlug; an Tagen, an denen uns das Mißgeschick verfolgte, schlug Tschurka manchmal sogar vor: »Los, legen wir zusammen – jeder eine Kopeke! Für Wjachirs Mutter zum Schnaps! Sonst verdrischt sie ihn!«

Lesen und Schreiben konnten bei uns nur zwei – Tschurka und ich. Wjachir, der uns deswegen sehr beneidete, zupfte an seinen spitzen Mauseohren und gurrte: »Sobald ich meine Mordwinin begraben habe, gehe auch ich in die Schule, verneige mich vor dem Lehrer bis zur Erde und bitte, daß er mich aufnimmt. Wenn ich dann ausgelernt habe, geh ich als Gärtner zum Bischof oder vielleicht sogar zum Zaren . . .!«

Im Frühjahr wurde die Mordwinin mit einer Flasche Wodka in der Hand zusammen mit einem alten Mann, der Geld für den Bau einer Kirche sammelte, unter einem zusammenstürzenden Holzstoß begraben. Man brachte die Frau ins Krankenhaus, und der gesetzte Tschurka sagte zu Wjachir: »Zieh zu mir, meine Mutter wird dich lesen und schreiben lehren . . .«

Und einige Zeit darauf entzifferte Wjachir, den Kopf im Nakken, die Aushängeschilder: »Geschimtwarenhandlung . . .«

Tschurka verbesserte ihn: »Gemischtwarenhandlung, du Vogelscheuche!« – »Seh ich ja, aber die Bücherstaben tanzen immer so auf und ab.« – »Die Buchstaben!« – »Sie tanzen – freuen sich, daß man sie liest!«

Viel wurde über seine Liebe zu Bäumen und Gräsern gelacht, sie verwunderte uns alle.

Die auf dem sandigen Boden verstreute Vorstadt war arm an Pflanzenwuchs; nur hier und da ragte in den Höfen einsam eine kümmerliche Weide oder ein krummer Holunderstrauch empor und versteckten sich längs des Zauns schüchtern einige dürre graue Grashalme. Wenn sich jemand von uns auf sie setzte, wurde Wjachir böse und schalt: »Warum zerdrückt ihr das Gras? Setzt euch doch nebenan auf den Sand, euch kann's doch egal sein!«

Man scheute sich, in seiner Gegenwart einen Weidenast oder einen blühenden Holunderzweig abzubrechen oder am Ufer der Oka eine Weidengerte herauszuschneiden – er war jedesmal erstaunt, zog die Schultern hoch und breitete die Arme aus.

»Müßt ihr denn immer alles verwüsten? Richtige Teufel!«

Und alle waren von seinem Erstaunen beschämt.

Sonnabends gab's einen fröhlichen Zeitvertreib. Wir bereiteten uns schon die ganze Woche auf ihn vor, lasen in den Straßen ausgetretene Bastschuhe auf und trugen sie in einem versteckten Winkel zusammen. Wenn dann am Sonnabendabend die Scharen der tatarischen Lastenträger von der Anlegestelle Sibirskaja nach Hause gingen, bauten wir uns irgendwo an einer Straßenkreuzung auf und bewarfen sie mit den Bastschuhen. Zuerst ärgerte sie das, sie rannten hinter uns her und schimpften, aber bald fanden auch sie Gefallen an diesem Spiel und erschienen in Voraussicht der Dinge, die ihrer harrten, mit zahlreichen Bastschuhen bewaffnet auf dem Schlachtfeld, ja, sie kundschafteten sogar aus, wo wir die Munition versteckt hatten, und nahmen sie uns mehr als einmal weg; wir beschwerten uns: »Das ist kein Spiel!«

Dann wurden die Bastschuhe aufgeteilt, wir bekamen die Hälfte, und die Schlacht begann. Gewöhnlich bauten sie sich auf einem offenen Platz auf, während wir kreischend um sie herumjagten und mit den Bastschuhen nach ihnen warfen. Auch sie grölten und brachen in ohrenbetäubendes Gelächter aus, wenn einer von uns aus vollem Lauf über einen geschickt geschleuderten Bastschuh stolperte und mit dem Kopf im Sande landete.

Wir spielten lange und eifrig, manchmal bis zum Dunkelwerden. Kleinbürger versammelten sich, lugten um die Ecken und schimpften – wohl mehr der Ordnung halber. Die grauen, staubigen Bastschuhe segelten durch die Luft wie Krähen, gelegentlich erging es dem einen oder anderen von uns recht übel; doch größer als der Ärger oder Schmerz war das Vergnügen.

Die Tataren erhitzten sich nicht weniger als wir. Oft gingen wir nach beendeter Schlacht mit ihnen in ihr Artel, sie fütterten uns dort mit süßlichem Pferdefleisch und irgendwelchen Gemüsesuppen, und nach dem Abendbrot tranken wir starken Ziegeltee und aßen süße Butterteignüsse dazu. Uns gefielen diese riesigen, ausgesucht starken Männer sehr gut, sie hatten etwas Kindliches, uns sehr Verständliches an sich. Mich verwunderte besonders ihre Sanftmut, die unerschütterliche Gutherzigkeit und die ernste Aufmerksamkeit, mit der sie sich begegneten.

Alle konnten sie wunderbar lachen, sie lachten Tränen, sie erstickten fast, und einer von ihnen – er stammte aus Kassimow, hatte eine eingeschlagene Nase und war ein Kerl von sagenhafter Kraft. Er hatte eines Tages eine siebenundzwanzig Pud schwere Kirchenglocke vom Lastkahn weit hinauf aufs Ufer getragen – er also pflegte, wenn er lachte, wiehernd auszurufen: »Wwu, wwu! Worte ist Rauch, aber ist kleine Geld auch, und wiederum manche Stunde ist Worte auch Gold im Munde!«

Eines Tages setzte er Wjachir auf seine flache Hand, hob ihn hoch in die Luft und sagte: »Da leb jetzt, am Himmel!«

An regnerischen Tagen versammelten wir uns bei Jas, auf dem Friedhof, im Pförtnerhäuschen seines Vaters. Das war ein krummes Männlein, langarmig und unansehnlich; auf seinem kleinen Kopf und im dunklen Gesicht wuchsen schmuddlige Haarbüschel; sein Kopf erinnerte an eine vertrocknete Klette, der lange, dünne Hals an ihren Stengel. Er pflegte schmachtend die gelblichen Augen zusammenzukneifen und hastig zu murmeln: »Der Herrgott bewahre uns vor Schlaflosigkeit! Hu!«

Wir kauften drei Solotnik Tee, ein achtel Pfund Zucker, Brot und für Jas' Vater – das war unerläßlich – einen guten Schluck Wodka; Tschurka ordnete barsch an: »Stell den Samowar auf, Lumpenkerl!«

Der Lumpenkerl heizte grinsend den blechernen Samowar an, wir unterhielten uns in Erwartung des Tees von unseren Geschäften, und er flocht gute Ratschläge ein: »Paßt auf – übermorgen wird bei den Trussows der vierzigste Tag seit dem Sterbefall begangen, da gibt es eine große Tafel – und Knochen, soviel ihr wollt!«

»Bei Trussows werden die Knochen von der Köchin gesammelt«, bemerkte der allwissende Tschurka.

Wjachir blickte durchs Fenster zum Friedhof und meinte verträumt: »Bald werden wir in den Wald gehen können, hach du!«

Jas, der immerfort schwieg, musterte alle ringsum mit traurigen Augen, und er schwieg auch, als er uns seine Spielsachen zeigte – hölzerne Soldaten, die er in einer Abfallgrube gefunden hatte, Pferde, die keine Beine mehr hatten, allerlei Messingbruch und Knöpfe.

Sein Vater stellte lauter ungleiche Tassen und ungleiche Becher auf den Tisch und brachte den Samowar herein. Kostroma setzte sich nieder, um den Tee einzugießen; und Jas' Vater kroch, nachdem er seinen Wodka getrunken hatte, auf den Ofen, reckte den langen Hals, ging mit Eulenaugen über uns hin und brummte: »Verrecken sollt ihr – es ist, als ob ihr gar keine richtigen Jungen wärt! Hach, Diebe ihr, bewahre uns der Herrgott vor Schlaflosigkeit!«

Wjachir widersprach ihm: »Wir sind aber keine Diebe!«

»Na schön, sagen wir – kleine Gauner!«

Wenn Jas' Vater uns auf die Nerven ging, fuhr Tschurka ihn ärgerlich an: »Laß uns in Frieden, Lumpenkerl!«

Wjachir, Tschurka und mir mißfiel es sehr, wenn er uns vorzurechnen begann, in welchem Hause es Kranke gab und wer von den Vorstadtbewohnern bald sterben werde. Er brachte das alles mitleidlos, ja mit Genuß heraus, und wenn er merkte, daß seine Reden uns unangenehm waren, drehte er, um uns herauszufordern, absichtlich auf: »Ahaaa, ihr kleinen Teufel, kriegt ihr's mit der Angst? Na also! Da wird demnächst so ein ganz Fetter sterben – hach, bis der verwest ist!«

Wir versuchten, ihm Einhalt zu gebieten, aber er fuhr unentwegt fort: »Schließlich müßt ja auch ihr einmal sterben, von den Abfallgruben könnt ihr nicht lange leben!«

»Na gut«, sagte Wjachir, »dann sterben wir eben und kommen zu den Engeln . . .«

»Wer? Ihr?« keuchte Jas' Vater verblüfft. »Ihr? Zu den Engeln?«

Er lachte schallend und forderte uns aufs neue heraus, indem er allerlei Zoten von den Verstorbenen erzählte.

Aber manchmal raunte er plötzlich gedämpft allerlei seltsame Dinge: »Hört mal zu, Kinder, wartet doch! Da haben sie hier, bei uns, vorgestern ein Weib begraben, von der, Kinder, habe ich eine Geschichte gehört – was das wohl für ein Frauenzimmer gewesen sein mag?«

Er sprach sehr oft von Frauen und immer – häßlich, und doch lag in seinen Worten viel Fragendes, Klägliches, als wolle er uns auffordern, gemeinsam mit ihm nachzudenken, und wir hörten ihm aufmerksam zu. Er sprach schlecht, geriet durcheinander, unterbrach seine Worte häufig durch Fragen, und dennoch blieben von dem, was er erzählte, irgendwelche beunruhigenden Bruchstücke im Gedächtnis haften.

»Da fragen sie sie: ›Wer ist der Brandstifter?‹ – ›Ich bin's gewesen‹. – ›Wieso denn, dämliches Frauenzimmer? Du warst doch in dieser Nacht gar nicht zu Hause, du hast im Krankenhaus gelegen.‹ – ›Ich habe den Brand gestiftet!‹ Ich frage – warum hat sie das gesagt? Hu, bewahre uns der Herrgott vor Schlaflosigkeit!«

Er kannte die Lebensgeschichte fast eines jeden Vorstadtbürgers, den er im Sand des kahlen, trostlosen Friedhofs begraben hatte, er stieß gleichsam die Haustüren vor uns auf, wir traten ein, sahen, wie die Menschen lebten, und spürten, daß alles sehr ernst und wichtig war. Er hätte wohl jedesmal die Nacht hindurch so reden können, aber kaum trübte sich das Fenster des Pförtnerhäuschens, kaum zog die Dämmerung es zu, stand Tschurka auf.

»Ich muß nach Hause, sonst ängstigt sich die Mutter. Wer kommt mit?«

Alle gingen; Jas begleitete uns bis zur Umfriedung, verschloß das Tor, preßte das dunkle, knochige Gesicht ans Gitter und sagte dumpf: »Lebt wohl!«

Auch wir riefen ihm zu: »Leb wohl!« Es war uns immer peinlich, ihn auf dem Friedhof allein zu lassen; Kostroma sah sich eines Abends nach ihm um und sagte: »Da wachen wir morgen auf, und er ist vielleicht gestorben.«

»Jas hat es von uns allen am schlechtesten«, meinte Tschurka öfter, aber Wjachir widersprach jedesmal: »Uns geht es doch gar nicht schlecht . . .«

Auch ich fand, daß es uns nicht schlecht ging. Mir gefiel dieses unabhängige Leben auf der Straße, und auch die Kameraden gefielen mir; sie weckten ein tiefes Gefühl in mir, ich hatte stets das unruhige Bedürfnis, ihnen etwas Gutes zu tun.

In der Schule hatte ich es wieder schwer, die anderen Schüler verspotteten mich, nannten mich einen Lumpensammler und Bettler und erklärten dem Lehrer eines Tages nach einem Streit, ich röche nach Abfallgrube, man könne nicht neben mir sitzen. Ich erinnere mich, wie tief mich diese Beschwerde kränkte und wie schwer es mir fiel, danach weiter in die Schule zu gehen. Die Klage beruhte auf boshafter Erfindung: Ich wusch mich jeden Morgen mit größter Sorgfalt und kam nie in der gleichen Kleidung zur Schule, in der ich Lumpen sammelte.

Doch schließlich hatte ich die Prüfung für die dritte Klasse abgelegt und bekam zur Belohnung das Evangelium, Krylows Fabeln, gebunden, und noch ein weiteres Buch, dieses broschiert – es trug den mir unverständlichen Titel »Fata Morgana«; auch ein Belobigungsschreiben wurde mir überreicht. Als ich mit diesen Gaben nach Hause kam, freute sich der Großvater sehr, war ganz gerührt und erklärte, daß man das alles aufheben müsse und er die Bücher in seinem Kasten einschließen werde. Die Großmutter lag schon mehrere Tage krank, sie hatte kein Geld, und der Großvater stöhnte und plärrte: »Ihr eßt und trinkt mich arm, ach iiihr ...«

Ich trug die Bücher in einen Bücherladen, verkaufte sie für fünfundfünfzig Kopeken und gab der Großmutter das Geld, während ich das Belobigungsschreiben mit allerlei Bemerkungen verunzierte und dem Großvater einhändigte. Er schloß das Papier, ohne es zu entfalten, sorgfältig ein und bemerkte meinen Streich nicht.

Nachdem ich die Schule los war, nahm ich mein Leben auf der Straße wieder auf, und alles war jetzt noch schöner, der Frühling war da, der Verdienst floß reichlicher, sonntags gingen wir gleich morgens alle gemeinsam auf die Felder oder ins Kiefernwäldchen und kehrten erst am späten Abend in die Vorstadt zurück, angenehm ermüdet, einander noch näher, vertrauter als sonst.

Doch dieses Leben währte nicht lange. Dem Stiefvater hatte man gekündigt, er war aufs neue irgendwohin verschwunden, die Mutter zog mit meinem kleinen Bruder Nikolai zum Großvater, und mir wurden die Pflichten eines Kindermädchens auferlegt. Die Großmutter war in der Stadt, sie lebte im Hause eines reichen Kaufmanns, für den sie eine Decke mit einer Darstellung von Christi Grablegung bestickte.

Die stumme, abgemagerte Mutter hielt sich mit Mühe auf den Beinen und sah alles mit schrecklichen Augen an, mein Bruder hatte die Knöchel voller Geschwüre, er war skrofulös und so schwächlich, daß er nicht einmal laut weinen konnte, sondern nur herzergreifend stöhnte, wenn er Hunger hatte; war er aber satt, dann dämmerte er im Halbschlaf dahin, seufzte sonderbar und schnurrte leise – wie ein Kätzchen.

Der Großvater befühlte ihn aufmerksam und meinte: »Er müßte ordentlich ernährt werden, aber wo nehme ich das Essen für euch alle her?«

Die Mutter, die in der Ecke auf dem Bett saß, seufzte heiser: »Er braucht nicht viel ...«

»Der eine braucht nicht viel, der andere nur wenig, aber zusammen ist's eine ganze Menge ...«

Er winkte ab und wandte sich an mich: »Nikolai muß viel im Freien, in der Sonne sein, er muß im Sande sitzen . . .«

Ich holte in einem Sack sauberen trockenen Sand zusammen, schüttete ihn an einen sonnigen Platz vor dem Fenster zu einem Haufen und grub den Bruder bis an den Hals darin ein, wie der Großvater mich angewiesen hatte. Dem Kleinen machte es Freude, im Sande zu sitzen, er blinzelte vergnügt zu mir herüber und strahlte mich mit seinen ungewöhnlichen Augen an – man sah kein Augenweiß, nur blaue Pupillen mit einem hellen Ring.

Ich gewann meinen Bruder sofort sehr lieb, mir schien, daß er alles verstehe, woran ich dachte, während ich neben ihm im Sande lag und aus dem Fenster die knarrende Stimme des Großvaters zu uns drang: »Sterben – ist kein Kunststück, du solltest zu leben wissen!«

Die Mutter muß lange husten . . .

Der Kleine hat die Ärmchen aus dem Sande befreit, streckt sie mir entgegen und wackelt mit dem weißen Köpfchen. Sein Haar ist dünn, es spielt ins Graue hinüber, und das Gesichtchen ist weise und schrecklich alt.

Wenn ein Huhn, eine Katze in unsere Nähe kommt, sieht Kolja sie sich lange aufmerksam an, blickt dann zu mir herüber und lächelt kaum merkbar – sein Lächeln macht mich verlegen: Ob der Bruder wohl fühlt, daß ich mich mit ihm langweile, daß ich am liebsten auf die Straße liefe und ihn allein ließe?

Der Hof ist klein, eng, voller Kehricht, vom Tor ziehen sich in die Tiefe kleine Lattenverschläge, Holzschuppen und Vorratskeller hin, sie biegen schließlich um eine Ecke und enden mit dem Badehaus. Die Dächer sind alle mit Bootstrümmern, Holzscheiten, Brettern und feuchtem Spanholz bedeckt – alles das haben die Kleinbürger während des Eisgangs und während des Hochwassers aus der Oka gefischt. Auch der Hof ist unschön durch Berge von allerlei Holz verstellt: Das Holz ist mit Wasser vollgesogen, schwitzt in der Sonne und verbreitet einen fauligen Geruch.

Nebenan liegt ein Schlachthof für Kleinvieh, fast jeden Morgen brüllen dort Kälber und blöken Hammel; der Blutgeruch ist so stark, daß ich gelegentlich meine, er schwankt in der staubigen Luft wie ein durchsichtiges, blutrotes Netz.

Wenn die Tiere, die durch einen Schlag mit dem Beilrücken zwischen die Hörner betäubt wurden, brüllten, kniff Kolja die Augen zusammen, schürzte die Lippen und wollte augenscheinlich den Laut nachahmen; er stieß jedoch nur die Luft aus: »Pfuh . . .«

Mittags steckte der Großvater den Kopf aus dem Fenster und rief: »Essen kommen!«

Er fütterte den Kleinen selber. Er hielt ihn auf seinem Schoß, kaute ein wenig Brot oder Kartoffeln vor, schob sie mit krummem Finger in Koljas Mund und beschmierte ihm die dünnen Lippen und das spitze Kinn. Nachdem er ihn ein Weilchen gefüttert hatte, hob er dem Jungen das Hemd hoch, stukte ihn mit dem Finger in seinen aufgetriebenen Bauch und überlegte laut: »Wird wohl reichen, was? Oder soll ich ihm noch etwas geben?«

Aus der dunklen Ecke neben der Tür klang die Stimme der Mutter herüber: »Sie sehen doch – er streckt die Arme nach dem Brot aus!«

»Ein Kind ist dumm! Es kann nicht wissen, wann es genug hat . . .«

Und er steckte aufs neue Vorgekautes in Koljas Mund. Diese Fütterung mit anzusehen war bis zur körperlichen Qual beschämend, tief in der Kehle würgte es mich, mir wurde übel.

»So, schon gut!« sagte schließlich der Großvater. »Hier nimm ihn, bring ihn zur Mutter!«

Ich nahm Kolja – er stöhnte und wollte zurück zum Tisch. Die Mutter, lang und dünn wie eine Tanne mit abgebrochenen Zweigen, versuchte röchelnd sich zu erheben und streckte die dürren, fleischlosen Arme zu mir aus.

Sie schien völlig stumm, nur selten brachte sie röchelnd ein Wort hervor, sonst lag sie den ganzen Tag schweigend in ihrer Ecke und starb. Daß sie starb, fühlte ich natürlich, wußte ich. Auch der Großvater sprach mir zu oft, zu aufdringlich vom Tode, besonders abends, wenn es draußen dunkelte und ein schwerer Fäulnisgeruch, warm wie ein Schaffell, durch die Fenster drang.

Großvaters Bett stand in der vorderen Ecke, fast schon unter den Heiligenbildern, er legte sich mit dem Kopf zu ihnen und zum Fenster darauf nieder, lag da und brummte lange in der

Dunkelheit: »Nun ist die Zeit zum Sterben gekommen. Mit welcher Miene werden wir Gott gegenübertreten? Was werden wir ihm sagen? Und dabei hat man sich sein Leben lang abgerackert und etwas zu schaffen geglaubt ... Mußte es dazu kommen?«

Ich schlief auf dem Fußboden zwischen Ofen und Fenster, mein Schlafplatz war mir zu kurz, ich steckte die Füße in die Ofenhöhlung unter dem Feuerloch, und die Küchenschaben kitzelten sie. Diese Ecke hat mir nicht wenig schadenfrohes Vergnügen bereitet – wenn der Großvater kochte, schlug er ständig mit den zu langen Topf- und Ofengabeln die Fensterscheiben ein. Es war komisch und seltsam, daß er, der Gescheite, nicht darauf kam, sie einfach zu kürzen.

Als ihm eines Tages ein Kochtopf überkochte, wurde er hastig und riß so heftig an der Topfgabel, daß er das Rahmenquerholz herausbrach, beide Scheiben zertrümmerte, den Topf auf der Herdstelle umriß und ihn zerschlug. Das verdroß den Alten so sehr, daß er sich auf den Fußboden setzte und weinte.

»Mein Gott, mein Gott ...«

Als er dann fortgegangen war, ergriff ich das Brotmesser und kürzte die Gabelgriffe um etwa drei Viertel, doch als der Großvater mein Werk sah, schalt er: »Satan verdammter – hättest die Säge nehmen sollen, die Säääge! Die Enden hätten Nudelrollen ergeben, die hätte man verkaufen können, du Ausgeburt der Hölle!«

Er rannte fuchtelnd in den Flur hinaus, und die Mutter sagte: »Was mischst du dich erst ein ...«

Sie starb an einem Sonntag im August, gegen Mittag. Der Stiefvater war eben von seiner Reise zurückgekehrt und wieder irgendwo angestellt.

Die Großmutter war mit Kolja schon zu ihm umgezogen, in eine saubere kleine Wohnung am Bahnhof, und auch die Mutter sollte in den nächsten Tagen dorthin gebracht werden.

An ihrem Todestage sagte sie morgens mit leiser Stimme, aber deutlicher und müheloser als sonst zu mir: »Geh zu Jewgenij Wassiljewitsch und bestell ihm, ich bitte ihn, zu mir zu kommen!«

Sie richtete sich in ihrem Bett halb auf, stützte die Hand gegen die Wand und fügte hinzu: »Lauf schon, beeil dich!«

Mir war, als lächle sie, als leuchte etwas Neues in ihren Augen. Der Stiefvater war zur Mittagsandacht in der Kirche, die Großmutter schickte mich zu einer jüdischen Händlerin nach Tabak, fertiger Tabak fand sich nicht vor, ich mußte warten, bis die Händlerin ihn gerieben hatte, und ihn danach zur Großmutter bringen.

Als ich zum Großvater zurückkehrte, saß die Mutter in einem sauberen fliederfarbenen Kleid, schön gekämmt und vornehm wie einst, am Tisch.

»Ist dir besser?« fragte ich und war aus irgendeinem Grunde ganz verschüchtert.

Sie blickte mich unheimlich an und sagte: »Komm doch mal her! Wo hast du dich herumgetrieben?«

Ich fand nicht die Zeit zu antworten. Sie packte mich an den Haaren, ergriff mit der anderen Hand ein langes, biegsames Messer, das früher eine Säge gewesen war, und schlug mit der flachen Klinge mehrmals auf mich ein – das Messer entglitt ihrer Hand.

»Heb es auf! Gib her . . .«

Ich hob das Messer auf und warf es auf den Tisch. Die Mutter stieß mich von sich. Ich setzte mich auf den Ofentritt und verfolgte ängstlich, was sie wohl tun würde.

Sie erhob sich vom Stuhl, ging langsam in ihre Ecke, streckte sich auf das Bett und wischte sich mit dem Taschentuch den Schweiß vom Gesicht. Ihre Hand bewegte sich sehr unsicher, griff zweimal am Gesicht vorbei und fuhr mit dem Taschentuch über das Kissen hin.

»Gib mir Wasser . . .«

Ich schöpfte eine Tasse voll aus dem Wassereimer, sie hob mit Mühe den Kopf, trank einen Schluck und schob mit ihrer kalten Hand die meine fort, wobei sie tief seufzte. Dann sah sie zur Ecke, auf die Ikonen, wandte den Blick zu mir, bewegte die Lippen, als ob sie spöttisch lächle, und senkte langsam die langen Wimpern. Ihre Ellenbogen preßten sich fest an die Hüften, während die Finger sich leise bewegten und die Hände auf die Brust, auf den Hals zukrochen. Über ihr Gesicht trieb ein Schatten, der nach innen, in die Tiefe drängte, die gelbe Haut spannte, die Nase spitz machte. Verwundert öffnete sich der Mund, aber es war kein Atem mehr zu spüren.

Ich stand mit der Tasse in der Hand eine unermeßliche Zeit am Bett der Mutter und sah zu, wie ihr Gesicht erkaltete und grau wurde.

Der Großvater kam herein, ich sagte zu ihm: »Die Mutter ist gestorben . . .«

Er warf einen Blick auf das Bett.

»Fasel nicht!«

Er ging zum Ofen und holte eine Pirogge heraus, wobei er ohrenbetäubend laut mit der Vorsatztür und dem Ofenblech klirrte. Ich sah ihm zu, ich wußte, daß meine Mutter tot war, und wartete, wann er es endlich begreifen würde.

Der Stiefvater kam – in einer Leinenjacke, mit einer weißen Mütze auf dem Kopf. Er griff geräuschlos nach einem Stuhl, trug ihn ans Bett der Mutter und stieß ihn plötzlich hart auf den Fußboden, wobei er laut trompetete: »Aber sie ist doch tot, sehn Sie es denn nicht . . .«

Der Großvater kam mit weit aufgerissenen Augen langsam vom Ofen herüber zum Bett. Er hielt noch das Vorsatzblech in der Hand und stolperte wie ein Blinder.

Als der Sarg der Mutter mit trockenem Sand bedeckt war und die Großmutter zwischen den Gräbern irgendwohin wie blind davonstrebte, prallte sie gegen ein Kreuz und verletzte sich das Gesicht. Jas' Vater brachte sie in das Pförtnerhäuschen, und während sie sich wusch, tröstete er mich leise: »Hach, du – der Herrgott bewahre uns vor Schlaflosigkeit – was hast du denn, was? Das ist nun einmal nicht anders . . . Habe ich recht, Großmutter? Ob arm oder reich – im Tod sind alle gleich – stimmt's, Großmutter?«

Er sah aus dem Fenster, eilte plötzlich hinaus, kehrte jedoch sogleich strahlend und wohlgelaunt mit Wjachir zurück.

»Da, sieh mal«, sagte er und hielt mir einen zerbrochenen Sporn hin, »was das für eine Sache ist! Die schenken wir dir, Wjachir und ich. Schau her – das Rädchen, was? Der Sporn hat bestimmt einem Kosaken gehört, und der hat ihn verloren . . . Ich wollte dem Wjachir das Ding ja abkaufen, ich habe ihm zwei Kopeken dafür geboten . . .«

»Lüge nicht!« sagte leise, aber ärgerlich Wjachir, während Jas' Vater vor mir herumscharwenzelte, mir zuzwinkerte und auf mich einsprach: »Dieser Wjachir, was? Keine Nachsicht! Also gut – nicht ich, er schenkt dir den Sporn, er . . .«

Die Großmutter hatte sich gewaschen, hüllte ihr blaues, angeschwollenes Gesicht ins Kopftuch und forderte mich auf, mit ihr nach Hause zu kommen. Ich wollte nicht, ich wußte im voraus, man werde bei der Totenfeier Wodka trinken und sich wahrscheinlich zanken. Onkel Michail hatte schon in der Kirche geseufzt und zu Jakow gesagt: »Heute trinken wir aber einen, nicht wahr?«

Wjachir war bemüht, mich zum Lachen zu bringen: Er klemmte den Sporn ans Kinn und versuchte, mit der Zunge bis an das Rädchen heranzukommen, während Jas' Vater absichtlich laut lachte und immer wieder ausrief: »Sieh nur, sieh, was er für Sachen macht!« Als er dann merkte, daß mich das alles nicht erheiterte, sagte er ernst: »So – genug jetzt, komm zu dir! Wir müssen alle sterben, sogar die Vögel. Weißt du was? Ich lege dir das Grab der Mutter mit Rasenstücken aus – willst du? Wir gehen jetzt gleich aufs Feld – du, Wjachir und ich; auch mein Sanka macht mit, wir stechen Rasenstücke aus und schmücken damit das Grab, daß es kein schöneres gibt!«

Das gefiel mir, und wir gingen aufs Feld.

Einige Tage nach Mutters Beerdigung sagte der Großvater zu mir: »Nun, Lexej, du bist keine Medaille, an meinem Hals ist nicht der rechte Platz für dich, geh du mal unter fremde Menschen . . .«

Und ich ging unter fremde Menschen.

Anmerkungen

15 *Zyganok* – (russ.) Zigeunerchen.

27 *Burlak* – (russ.) Treidler an der Wolga. – *Shiguli* – Gebirgszug an der Wolga, in der Nähe von Kuibyschew (bis 1935 Samara).

67 *Solotnik* – Altes russisches Gewichtsmaß, 4,26 g.

77 *Stepan Timofejew Rasin und Jemeljan Iwanow Pugatsch* – Stepan Timofejewitsch Rasin und Jemeljan Iwanowitsch Pugatschow; berühmte, in vielen Liedern besungene Anführer von Bauernaufständen im 17. und 18. Jahrhundert.

85 *Tscheremisse* – Angehöriger eines finno-ugrischen Volksstammes in der Autonomen Sozialistischen Sowjetrepublik der Mari.

106 *weltliche Druckschrift* – Die geistlichen Bücher, aus denen der Großvater Aljoscha lesen lehrte, waren in altslawischer Sprache und altertümlicher Schrift verfaßt.

109 *Schaitan* – (hebr. / arab.) Teufel, Satan.

204 *»Karo-As«* – Ein auf den Rücken des Kittels aufgenähter gelber Rhombus war das Erkennungszeichen eines kriminellen Gefangenen.

206 *Metempsychose* – Seelenwanderung; mystische Vorstellung, daß die Seele nach dem Tod des Menschen in anderer Form wiedererscheint.

221 *Artel* – Hier: Genossenschaft von Arbeitern, die einen gemeinsamen Tisch führen. Oft haben die Angehörigen dieser Artels auch eine gemeinschaftliche Kasse und wohnen zusammen. – *siebenundzwanzig Pud* – Etwa 442 kg.

222 *der vierzigste Tag* – Nach altem russischen Kirchenbrauch wurde der vierzigste Tag nach dem Tod gefeiert – in Übereinstimmung mit der christlichen Überlieferung, derzufolge die Seele Christi am vierzigsten Tag nach dem Tod zum Himmel fuhr.

Nachwort

»Der Verdienst Gorkis liegt ja nicht darin, daß er gefällt, sondern darin, daß er als erster in Rußland und in der Welt überhaupt mit Verachtung und Abscheu vom Kleinbürgertum gesprochen hat, und das gerade zu einer Zeit, da die Gesellschaft auf diesen Protest vorbereitet war. Vom christlichen sowie vom ökonomischen und von jedem beliebigen anderen Standpunkt aus ist das Kleinbürgertum ein großes Übel, es hat wie ein Wehr in einem Fluß immer nur Stillstand verursacht, und die Barfüßler, wenn sie auch nicht gepflegt, und wenn sie auch betrunken sind, stellen doch ein zuverlässiges Mittel dagegen dar... Meines Erachtens wird die Zeit kommen, da man Gorkis Werke vergessen wird, er selbst aber wird noch nach tausend Jahren nicht vergessen sein.«[1]

Anton Tschechow starb zu früh, um sich von der Haltbarkeit des Gorkischen Ruhms überzeugen zu können. Er betrachtete Gorki, weniger in ästhetischer, mehr in moralischer und gesellschaftskritischer Hinsicht, als eine Art literarischen Nachfolger. Gorki stand zu dieser Zeit, um die Jahrhundertwende, auf dem ersten Höhepunkt seiner ungewöhnlichen Schriftsteller-Karriere. Ein literarisches Wunderkind, das dem bürgerlichen Leser böse und unverhohlen eine Alltagswirklichkeit präsentierte, wie sie in der russischen Literatur bis dahin unbekannt gewesen ist. Die Geheimpolizei des Zaren ließ ihn bespitzeln und einige Male einsperren, während er von Studenten und Arbeitern öffentlich als »Dichter der Freiheit« gefeiert wurde.

Mit Skizzen und Erzählungen aus dem Leben südrussischer ›Barfüßler‹[2], hatte der Autodidakt Alexej Peschkow, 1868 in kleinbürgerlichen Verhältnissen geboren und als Waisenkind selbst zum ›Barfüßler‹ geworden, schlagartig Ruhm erlangt – in Westeuropa kaum weniger als in Rußland. Unter dem Pseudonym Maxim Gorki schrieb er auf, was er im Lauf seiner ebenso düsteren wie abenteuerlichen Jugend gesehen und gehört hatte. Geschichten, die einen neuen Ton in die russische Literatur brachten: vital, anarchistisch und kraftvoll. Sein Lieblingstypus war der Rebell. Nicht der starke, siegreiche Mann, sondern der ewige Verlierer: er war arm, er trank – aber er verweigerte, ohne sich über die Widrigkeit seiner Lebensumstände, über Not und Unglück zu beklagen, die Anpassung an eine Gesellschaft, die ihm die menschenwürdige Existenz nach eigenem Maßstab unmöglich gemacht hatte. Gorki suchte Fluchtpunkte,

[1] Brief Anton Tschechows an Sumbatow-Jushin, 1903.

[2] ›Barfüßler‹ wurden die Landstreicher genannt – Gelegenheitsarbeiter, Kriminelle, Deklassierte, meist ehemalige Angehörige höherer Gesellschaftsschichten.

Gegenwelten zu dem erdrückenden kleinbürgerlichen Milieu, in dem er aufgewachsen war. Einen Ansatz dazu sah er in dem Mut und in der Energie, die es kostet, sich außerhalb zu stellen und dort zu bleiben.

Gorki bezeichnete sich selbst als einen, der außerhalb, »auf der Seite« lebt. Er sah zu, er hörte zu und er sammelte: aufmerksam und empfindsam für alles, das ihm eigenwillig, ungewöhnlich, besonders erschien. Lew Tolstoj fand ihn unheimlich: »Er hat die Seele eines Kundschafters, er ist irgenwoher in das ihm fremde Kanaan gekommen, sieht sich alles an, merkt sich alles und berichtet über es irgendeinem Gott. Und sein Gott ist – ein Ungeheuer.«[1] In der Autobiographie *Meine Kindheit* sucht Gorki eine Ursache für seine Empfindlichkeit, und er bringt sie in Zusammenhang mit den grausamen Prügeln seines Großvaters, die ihn beinahe umgebracht hätten: »Seit jenen Tagen begann ich, die Menschen mit unruhiger Aufmerksamkeit zu beobachten, und mein Herz wurde, als hätte man die Haut von ihm abgezogen, ungemein empfindlich für jede Kränkung und jeden Schmerz, den eigenen wie den fremden.« (Seite 24f.)

Mit Aufzeichnungen aus seiner Kindheit befaßte Gorki sich schon um 1890, zu Beginn seiner schriftstellerischen Tätigkeit, sie blieben jedoch fragmentarisch. »Darlegung von Tatsachen und Gedanken, unter deren Wechselwirkung die besten Teile meines Herzens verkümmert sind.« Schon der Titel verrät eine Haltung, die dem späteren Gorki fremd war. Klage über persönliches Leid war für ihn gleichbedeutend mit Passivität. »Der Mensch aber, der sich passiv zur Welt verhält, wer auch immer es sei, ist mir ein Feind, denn ich habe mein ganzes Leben lang die Notwendigkeit einer aktiven Beziehung dem Leben und den Menschen gegenüber betont. Darin bin ich Fanatiker.«[2] Das schrieb er 1912.

Zu dieser Zeit hatte er die Beschäftigung mit dem Thema ›Kindheit‹ und ›Jugend‹ wiederaufgenommen. »Von meinem 16. Lebensjahr an bis heute war ich der Empfänger fremder Geheimnisse und Gedanken, als stände von unsichtbarer Hand auf meiner Stirn geschrieben: hier ist ein Müllhaufen. Ich weiß so viel und es ist schwer, es zu vergessen! – Aber ich habe niemals jemandem gestattet, an mein Privatleben zu rühren, und ich werde es auch nie tun. Ich – das bin ich, und es geht niemanden etwas an, daß mir etwas weh tut – wenn es weh tut. Aber der Welt seine Wunden zeigen, sie öffentlich kratzen – ... das ist widerlich und es ist natürlich schädlich.«[3]

Der erste Teil von Gorkis Autobiographie entstand auf Capri. Er hatte Rußland nach der gescheiterten Revolution von 1905 aus politischen wie aus gesundheitlichen Gründen verlassen und auf Capri eine Parteischule für russische Arbeiter, die revolutionären Kreisen nahestanden, gegründet.

[1] Gorki selbst hat diese Aussage über ihn in seinem Essay *Lew Tolstoj* festgehalten.
[2] Gorki an Leonid Andrejew, 1912.
[3] ebenda

In der Erinnerung erschien ihm seine Kindheit wie »ein düsteres Märchen«, das er selbst nicht wahrhaben, das er leugnen wollte. Ein ›Märchen‹ von solch deprimierender Gemeinheit und Grausamkeit, daß er sich auch jetzt noch gelegentlich fragte, ob es denn richtig sei, es überhaupt weiterzugeben. »Aber die Wahrheit steht über dem Erbarmen, und ich erzähle schließlich nicht von mir, sondern von jenem engen, stickigen Kreis unheimlicher Eindrücke, in dem der einfache russische Mensch lebte und – bis auf den heutigen Tag, lebt.« (Seite 14)

Gorkis Geschichte ist authentisch. Er hatte keinen Anlaß, seine Kindheit als einen Ort der Sehnsucht zu verklären. Sie war für ihn auch keine ›verlorene‹ Zeit, denn er hatte Erfahrungen gemacht. Erfahrungen, die mitteilbar waren, die nicht nur ihn allein betrafen, und aus denen sich schließlich eine unabhängige Persönlichkeit konstituierte. Gorkis *Kindheit* ist die Geschichte einer Selbstbefreiung, und sie konnte es sein, weil der ›Held‹ Alexej Peschkow in der Familie der Kaschirins von Anfang an eine Außenseiterposition einnimmt. Er wird ein mißtrauisches, eigensinniges Kind – Eigenschaften, die ihm letzten Endes dazu verhelfen, sich ganz auf sich selbst, auf die eigene Kraft zu verlassen. Er lernt: es kommt darauf an, innerlich stark zu sein; Widerstand gegen die angeblich endgültigen Wahrheiten und Ordnungsregeln der Erwachsenen zu leisten.

Die entscheidende, stabilisierende Figur seiner Kindheit ist seine Großmutter – die alte »Närrin«, wie der Großvater verächtlich sagt, die weder lesen noch schreiben kann, aber imstande ist, dem Kind mit unzähligen Erzählungen und Märchen alle Werte zu vermitteln, die für sein späteres Leben von Bedeutung sein werden. Großmutter und Großvater – zwei Extreme, Verkörperungen alles Positiven und alles Negativen einer Gesellschaftsschicht, die Gorki – bei aller kritischen Distanz – für sich selbst als identitätsstiftend begreift. In seiner Retrospektive vermeidet Gorki die Karikatur ebenso wie die Verklärung. Auch der verhaßte Großvater – der intelligente Aufsteiger, der alles verlor, weil er allzusehr von seiner Exzeptionalität überzeugt war – auch er hat Alexej Peschkow etwas beizubringen, und das Kind ist durchaus offen, von ihm zu lernen. Aber es durchschaut sein autoritäres Gebaren bald als Schwäche. Man muß sich vor ihm in acht nehmen, nicht fürchten. Ebenso verhält es sich mit dem kleinlichen, rachsüchtigen Gott des Großvaters. Er hat keine Macht über das Kind, weil es begreift, daß der Großvater ihn nach seinem eigenen Bild geschaffen hat. Die Vorstellung von einem barmherzigen, freudenspendenden Gott aber erscheint dem Kind plausibel. Das ist der Gott der Großmutter, der »allem Lebendigen ein so lieber Freund war«. Sie, die Güte und Phantasie in Person, repräsentiert für Gorki den Inbegriff der Kreativität. In ihrer Person wird die schöpferische, »weltbildende« Fähigkeit des Volkes lebendig, die in der Vergangenheit als vitales, kollektives Prinzip in Mythen, Legenden und Volksmärchen Ausdruck fand.

Alexej Peschkow erwirbt sein Wissen von der Welt aus dem permanenten Kampf um sein physisches und psychisches Überleben. Wie aber dies Wissen zu nutzen, wie es zu deuten ist, das lernt er nicht zuletzt aus den

Märchen der Großmutter. In einem späteren Essay sieht Gorki das zentrale Moment aller Märchen in der Erfindung – »die erstaunliche Fähigkeit unseres Denkens, den Tatsachen weit vorauszuschauen.«[1] Auch davon berichtet seine Autobiographie: wie wichtig es ist, ›das Erfinden zu lernen‹, zuweilen auch ›sich selbst zu erfinden‹ – gegen den Zwang der äußeren Umstände, gegen das Milieu, in das man hineingeboren wird, gegen die Erziehung.

Meine Kindheit erschien auf russisch 1913, die deutsche Übersetzung wurde bereits wenig später in der Berliner *Vossischen Zeitung* als Fortsetzungsroman abgedruckt. Gleichzeitig hatte Gorki einen Band mit Erinnerungen an seine Wanderungen durch Rußland veröffentlicht. Gorkis intensive Beschäftigung mit der persönlichen Vergangenheit markiert das Ende seines aktiven politischen Engagements in der bolschewistischen Fraktion der Sozialdemokratischen Partei Rußlands. Er hatte *Die Mutter* geschrieben und seine Märchen, die *Italienischen* und die *Russischen*, die Lenin »revolutionäre Proklamationen« nannte. Es war eine Zeit heftiger ideologischer Auseinandersetzungen mit Lenin gewesen, in deren Verlauf Gorki die Position des ›ultralinken‹ Philosophen Bogdanow bezog. Die Kontroverse betraf ebenso den Versuch, Religiosität und Sozialismus zu vereinbaren, als auch Gorkis Idee von der ›weltbildenden Energie des Volkes‹.

»Das Volk ist nicht nur die Kraft, die alle materiellen Werte schafft – es ist auch die einzige und unversiegbare Quelle der geistigen Werte, es ist der erste Philosoph und Dichter, was Zeit, Schönheit und Genialität seines Schaffens betrifft, es hat alle großen Poeme, alle Tragödien der Erde, darunter auch die größte – die Geschichte der Weltkultur, geschaffen.«[2]

Der Streit zwischen Gorki und Lenin wurde später beigelegt. Aber Gorki hat, das läßt sich auch den autobiographischen Schriften entnehmen, seine grundlegenden Ideen, die den Kern dieser Kontroverse ausmachten, nie ganz aufgegeben.

Gorkis Autobiographie nimmt in der Geschichte ihres Genres eine Sonderstellung ein. Sie unterscheidet sich von ihren literarischen Vorläufern – aristokratischen und bürgerlichen Selbstdarstellungen – nicht nur durch die Art der Lebenserfahrungen, die der Autor mitzuteilen hatte, sondern auch durch den Verzicht auf individualistische Selbstreflexion. Vor allem auf die konsequent durchgehaltene Perspektive kommt es an, auf den Blick des eigensinnigen Kindes auf seine Umwelt. So gibt Gorkis *Kindheit*, über die Informationen zur persönlichen Entwicklungsgeschichte hinaus, kritisch Bericht von einer Familie, einer Klasse und einer Zeit.

Gisela Erbslöh

[1] Maxim Gorki, *Über Märchen*, 1929.
[2] Maxim Gorki, *Die Zerstörung der Persönlichkeit*, 1909.